2021

RENATA DE LIMA
RODRIGUES

PLANEJAMENTO FAMILIAR

LIMITES E LIBERDADE PARENTAIS

2021 © Editora Foco

Autora: Renata de Lima Rodrigues
Diretor Acadêmico: Leonardo Pereira
Editor: Roberta Densa
Assistente Editorial: Paula Morishita
Revisora Sênior: Georgia Renata Dias
Capa Criação: Leonardo Hermano
Diagramação: Ladislau Lima e Aparecida Lima
Impressão miolo e capa: FORMA CERTA

Dados Internacionais de Catalogação na Publicação (CIP) de acordo com ISBD

R696p   Rodrigues, Renata de Lima

Planejamento Familiar: limites e liberdade parentais / Renata de Lima Rodrigues. - Indaiatuba : Editora Foco, 2021.

176 p. ; 17cm x 24cm.

Inclui índice e bibliografia.

ISBN: 978-65-5515-317-0

1. Direito. 2. Direito de família. 3. Planejamento Familiar. I. Título.

2021-2336   CDD 342.16   CDU 347.61

Elaborado por Vagner Rodolfo da Silva - CRB-8/9410'

Índices para Catálogo Sistemático:

1. Direito de família 342.16
2. Direito de família 347.61

DIREITOS AUTORAIS: É proibida a reprodução parcial ou total desta publicação, por qualquer forma ou meio, sem a prévia autorização da Editora FOCO, com exceção do teor das questões de concursos públicos que, por serem atos oficiais, não são protegidas como Direitos Autorais, na forma do Artigo 8º, IV, da Lei 9.610/1998. Referida vedação se estende às características gráficas da obra e sua editoração. A punição para a violação dos Direitos Autorais é crime previsto no Artigo 184 do Código Penal e as sanções civis às violações dos Direitos Autorais estão previstas nos Artigos 101 a 110 da Lei 9.610/1998. Os comentários das questões são de responsabilidade dos autores.

NOTAS DA EDITORA:

Atualizações e erratas: A presente obra é vendida como está, atualizada até a data do seu fechamento, informação que consta na página II do livro. Havendo a publicação de legislação de suma relevância, a editora, de forma discricionária, se empenhará em disponibilizar atualização futura.

Erratas: A Editora se compromete a disponibilizar no site www.editorafoco.com.br, na seção Atualizações, eventuais erratas por razões de erros técnicos ou de conteúdo. Solicitamos, outrossim, que o leitor faça a gentileza de colaborar com a perfeição da obra, comunicando eventual erro encontrado por meio de mensagem para contato@editorafoco.com.br. O acesso será disponibilizado durante a vigência da edição da obra.

Impresso no Brasil (06.2021) – Data de Fechamento (06.2021)

2021

Todos os direitos reservados à
Editora Foco Jurídico Ltda.
Avenida Itororó, 348 – Sala 05 – Cidade Nova
CEP 13334-050 – Indaiatuba – SP

E-mail: contato@editorafoco.com.br
www.editorafoco.com.br

Dedico esse trabalho e toda a minha vida ao meu Pedro, filho amado. Não planejado, não desenhado. Trouxe para nossas vidas a necessidade de lidar com a imperfeição, e nos ensinou como a disciplina pode ser forma de superação de uma circunstância que, na verdade, no fim das contas, só faz de você ainda mais doce. Literalmente. Eu não *seria* sem você, e não desejaria que você fosse de nenhum outro modo, porque assim, do jeitinho que você é, eu te amo tudo.

AGRADECIMENTOS

Diz-se que a gratidão é a memória do coração e, segundo Roberto Begnini, *"demonstrar gratidão com moderação é sinal de mediocridade"*.

Eis que segue, em abundância, e com toda intensidade, minha gratidão às amadas Brunna E. Carvalho Tonini e Ana Carolina Brochado Teixeira. Cada uma a sua maneira, e ambas em flagrante conluio, me fizeram olhar para o passado com um pouco de carinho e me permitiram trazer esta obra para o presente. Nada teria sido possível sem vocês.

Agradeço ainda à querida professora Mariana De-Lazzari Gomes, pela revisão criteriosa de cada palavra, parágrafo e capítulo. Você é única.

PREFÁCIO

"A realidade é sempre maior que todos os nossos esquemas e compensa ir a ela diretamente, sem esquemas preconcebidos."[1]

A palavra "cinema" foi cunhada em meados de 1890, pelos irmãos franceses Lumière, a partir do termo grego "kinema", que significa "movimento". É com movimento que se desenvolvem ideias. Veja-se que a criação de um filme demanda técnicas específicas para montagens, seleções de falas e imagens, edições e reedições, até que o resultado seja satisfatório e ganhe as telas.

Movimento. por em movimento. estar em movimento. Essa é uma premissa que não se restringe ao cinema, ainda que essa arte tenha sido herdeira direta da Modernidade. O Direito também se beneficia da palavra e a utiliza para construir reflexões normativas em um contexto democrático, marcado pela diversidade.

E não poderia ser diferente porque não há como refletir sobre autonomia privada tendo como pano de fundo o isolacionismo dos séculos XVIII e XIX, mas, sim, projetá-la "como fruto de autodeterminação, agregada a um vínculo de interdependência social, em que individualidades se constituem e se reconstituem."[2]

Renata de Lima Rodrigues inicia seu livro *Planejamento familiar*: limites e liberdades parentais atenta ao movimento de ideias, a partir do cinema e da literatura. A largada se dá com a lembrança do filme Gattaca e da obra de Aldous Huxley, Admirável Mundo Novo, pelos quais a autora nos convida a refletir sobre os rumos da reprodução humana e da eugenia. E, se a vida imita a arte, de fato, Huxley foi profético e o filme Gattaca também, ao nos colocar de frente com as possibilidades de práticas eugênicas por meio do diagnóstico genético pré-implantatório.

Da ficção para a realidade. Os avanços da biotecnologia abriram a caixa de Pandora, mostrando outras possibilidades na conformação do planejamento familiar e a autora pergunta: "Quanta liberdade podemos ter? Até aonde podemos ir?"

Renata lança três premissas que acompanharão o desenvolver a obra, necessárias para a construção da hipótese:

"(i) a secularização da cultura ocidental implicou a descentralização ética--cultural-religiosa de nossa sociedade"; (ii) a possibilidade de cada um edificar sua pessoalidade conforme melhor lhe convier, desde que a subjetividade seja inserida

---

1. GRACIA, Diego. *Pensar a bioética*: metas e desafios. São Paulo: São Camilo; Loyola, 2010, p. 381.
2. SÁ, Maria de Fátima Freire de; MOUREIRA, Diogo Luna. Autonomia privada e vulnerabilidade: o direito civil e a diversidade democrática. In: LIMA, Taisa Maria Macena de; SÁ, Maria de Fátima Freire de; MOUREIRA, Diogo Luna (Org.) *Autonomia e vulnerabilidade*. Belo Horizonte: Arraes, 2017, p. 1.

"em um contexto de intersubjetividades correferidas e compartilhadas" e [...] "(iii) o avanço da biotecnologia tem ampliado paulatinamente as possibilidades de escolha dos indivíduos no momento de idealizar e concretizar o projeto parental suscitando, por exemplo, como questão premente quais seriam os limites entre uma autodeterminação reprodutiva, que se revela como legítimo exercício da autonomia privada, e a prática de uma eugenia liberal condenada por nosso sistema jurídico."

A partir de tais compreensões, a autora buscou revisitar "velhos e tradicionais direitos e categorias jurídicas" para a necessária releitura num "contexto marcado por novas mundividências."

Sua proposta deixou a orientadora orgulhosa. Já dissemos, Diogo Luna e eu, que o "que a democracia está a exigir do Direito Civil, na atualidade, é que as reflexões sobre a autonomia privada perpassem, tanto a ação do indivíduo na determinação daquilo que é individual (construção da pessoalidade), quanto a legitimidade do ordenamento normativo, decorrente do reconhecimento e da efetivação da liberdade na convivência com os outros."[3]

O excelente trabalho de conclusão de tese de doutoramento, que ora se transforma em um belíssimo livro, foi defendido com louvor perante uma banca qualificada e exigente, composta, além da orientadora, pelos eminentes professores Bruno Torquato de Oliveira Naves, César Augusto de Castro Fiuza, Luiz Edson Fachin, Taisa Maria Macena de Lima e Wilba Lúcia Maia Bernardes. Para meu orgulho, coube a mim o trabalho de orientação da autora.

Renata é filha da PUC. Ali se graduou e, antes de entrar para o mestrado e o doutorado na nossa "Casa de Lopes da Costa", integrou o corpo discente do curso de especialização em Direito Civil do Instituto de Educação Continuada da PUC Minas.

Sobre a aluna, seu brilhantismo é fato. Sua escrita reúne elementos necessários a um livro de leitura obrigatória. No seu texto há metodologia, clareza, didática, profundidade e intensidade. Aliás, intensidade é a palavra, ao meu olhar, que a define. Renata é intensa, é viva, é inteira no que faz. Essas qualidades estão na professora que, com critério, dedicação e conhecimento, leva adiante a apaixonante tarefa de iluminar novas mentes.

No momento, em Caxias do Sul, no outono de 2021.

Maria de Fátima Freire de Sá

Professora da PUC/MG.

---

3. SÁ, Maria de Fátima Freire de; MOUREIRA, Diogo Luna. Autonomia privada e vulnerabilidade: o direito civil e a diversidade democrática. In: LIMA, Taisa Maria Macena de; SÁ, Maria de Fátima Freire de; MOUREIRA, Diogo Luna (Org.) *Autonomia e vulnerabilidade*. Belo Horizonte: Arraes, 2017, p.1.

APRESENTAÇÃO

O livro que ora apresento é fruto da tese de doutoramento da Profa. Renata Lima Rodrigues, que se destaca pela ousadia acadêmica de tratar de temas tão delicados com a seriedade de que só uma grande pesquisadora é capaz.

O planejamento familiar sempre foi tema carente de estudos e profundidade. Sua relevância é notável, na medida em que é vetor viabilizador de várias outras situações jurídicas e tem uma interface direta na vida das pessoas e nas ações (ou omissões) do Estado. A conjugação entre os papéis do Estado e dos direitos pessoais é o pano de fundo deste livro, pois a pesquisa pela delimitação – quantitativa e qualitativa – dos espaços de liberdade é um dos pontos fortes desta obra, em busca da configuração de um direito à autodeterminação reprodutiva, no contexto atual de franco desenvolvimento das tecnologias.

Esse direito, conquanto talhado pela pluralidade de visões de mundo permitida pelo Estado Democrático de Direito, encontra limites internos anunciados pela Constituição e propõe um olhar em que seja possível o diálogo entre autonomia e alteridade: o exercício das escolhas perpassa o reconhecimento e respeito à essência humana, em todos os níveis (embrião, feto e gerações futuras). Essa equação poderá propiciar a implementação da dignidade, que imponha um olhar para si e para o outro de forma responsável.

Nessa toada, a autora desenvolve o núcleo de garantia de exercício das liberdades do projeto parental, com foco em duas diretrizes: a fase de pré-concepção e de pós-concepção, para além do controle da quantidade da prole, propondo um olhar que inclui a qualidade dessa prole. No momento anterior à concepção, ressalta a importância de se discutir as escolhas dos pais, porquanto são muitas as possibilidades em relação ao embrião, mais que seu implante: descarte, seleção e manipulação. Por isso, dedica-se a uma revisão na Lei 9.263/96, reguladora do planejamento familiar, a qual amplie as escolhas possíveis no âmbito democrático, de maneira responsável.

Ao estabelecer as diretrizes hermenêuticas para um legítimo exercício de liberdade reprodutiva, a autora testou suas premissas teóricas, por meio do estudo do aborto, situação que precisa ser tratada de forma séria em razão dos influxos e das demandas sociais. A conclusão é pela aplicação das diretrizes desenvolvidas teoricamente, que conduzem à possibilidade do aborto eletivo no primeiro trimestre de gestação, como exercício de liberdade do planejamento familiar.

A forma corajosa e fundamentada como o livro é desenvolvido demonstra a seriedade da pesquisa desenvolvida por Renata, no âmbito do Programa de Pós-graduação da PUC Minas, sob a batuta da Profa. Maria de Fátima Freire de Sá. Eu me lembro com viva nitidez de uma tarde de 13 de março, em que a PUC Minas foi palco de uma festa acadêmica, com debates de altíssimo nível a respeito da tese.

Tenho imenso orgulho de presenciar a trajetória acadêmica dessa amiga – a qual chamo de irmã – que a vida acadêmica me deu, desde o curso de especialização no Instituto de Educação Continuada – IEC, em que era aluna e, hoje, é professora. As reflexões de Renata, desde essa época, sempre foram marcadas pela profundidade, principalmente em temas sensíveis, não se contentando com um debate raso. A coerência argumentativa, a busca pela construção de um discurso compatível com o Estado Democrático de Direito estão presentes, também, nos seus ensinamentos como professora, instigando seus alunos a terem coragem de galgar os degraus do pensamento crítico.

Escrevemos vários artigos em coautoria e um livro, do qual muito me orgulho. Os inúmeros debates que tivemos nas oportunidades de conversar sobre sua dissertação, sua tese e de pensar a respeito dos textos construídos em coautoria me deixavam orgulhosa dessa pesquisadora e abalavam as minhas premissas, até então desenvolvidas, com novas perguntas e novas janelas que a Renata sempre abria.

Este livro, *Planejamento familiar: limites e liberdades parentais*, é um grande marco no estudo das liberdades reprodutivas, que vem preencher lacunas sobre o tema em duas searas importantes: a dos direitos humanos e a da igualdade de gênero. Logo, fica o convite à leitura, porque, embora se trate de um livro jurídico, o tema é de interesse público e deve estar na pauta dos debates atuais. Por isso, cumprimento com viva alegria Renata e a editora Foco!

Belo Horizonte, abril de 2021.

Ana Carolina Brochado Teixeira

SUMÁRIO

AGRADECIMENTOS.. V

PREFÁCIO.. VII

APRESENTAÇÃO.. IX

INTRODUÇÃO 1

CAPÍTULO 1 – ESTADO DEMOCRÁTICO DE DIREITO – PLURALISMO JURÍDICO, INDIVIDUALIZAÇÃO DE ESTILOS DE VIDA E O MOSAICO DAS FAMÍLIAS BRASILEIRAS 11

1.1   O pluralismo enquanto fundamento político e a tutela da pluralidade como proposta jurídica 13

1.2   A pluralidade na família brasileira e a liberdade de planejamento familiar igualmente reconhecida a todas as entidades familiares................................. 18

CAPÍTULO 2 – CONTORNOS DO DIREITO AO LIVRE PLANEJAMENTO FAMILIAR ... 29

2.1   A cooriginariedade entre autonomia pública e privada e o fim da dicotomia oitocentista na compreensão da natureza do direito ao livre planejamento familiar 33

2.2   A tensão entre faticidade e validade na decisão da Corte interamericana de Direitos Humanos no caso Artavia Murillo e outros (fecundação *in vitro*) *versus* Costa Rica: violação do princípio da dignidade humana e do direito ao livre planejamento familiar 38

2.3   Planejamento familiar e sua complexa natureza jurídica: o papel do Estado e o papel do indivíduo 46

2.4   Regulamentação do planejamento familiar no Brasil: da Lei 9263/96 à Resolução 2.013/2013 do CFM-Lacunas, definições legais e limitações conceituais 56

2.5   Uma nova proposta de conceituação: de conjunto de ações de reprodução humana para conjunto de ações na autoria de projeto parental. Da diferenciação entre planejamento pré-concepção e planejamento pós-concepção. Do tradicional controle da quantidade da prole até o controle da qualidade da prole 71

CAPÍTULO 3 – PLANEJAMENTO FAMILIAR NO ÂMBITO DA AUTONOMIA PRIVADA... 77

3.1 A conformação da autonomia privada no Estado Democrático de Direito brasileiro 81

3.2 Quanta liberdade queremos ter? 91

3.3 Quanta liberdade podemos ter? "Característicos permanentes" (limites constitucionais) do livre planejamento familiar 98

CAPÍTULO 4 – APLICAÇÃO DOS PRESSUPOSTOS TEÓRICOS 109

4.1 Boas razões políticas para inserir o aborto no âmbito de autodeterminação do planejamento familiar 116

4.2 O trato jurídico do aborto nos EUA: o caso Roe *versus* Wade 119

4.2.1 A análise de Ronald Dworkin 122

4.3 A proteção do direito à vida no sistema jurídico brasileiro. Condições para transigência com a vida e a natureza humana 126

4.3.1 Análise da ADPF n. 54: aborto *versus* antecipação terapêutica do feto anencéfalo e a questão da personalidade jurídica do nascituro 130

4.3.2 Aborto e direito ao livre planejamento familiar: condições para o aborto voluntário no primeiro trimestre da gestação 137

CONCLUSÃO 143

REFERÊNCIAS 153

INTRODUÇÃO

Ideias futuristas só interessam na medida em que suas profecias nos pareçam originariamente capazes de virem a se realizar. (HUXLEY, 1931, prefácio).

O filme Gattaca, cujo roteiro foi escrito por Andrew Niccol, foi lançado no Brasil em 1997[1]. Na trama, o personagem principal, Vincent Freeman, tenta assumir a falsa identidade de um *ser humano válido*, Jerome, para conseguir o emprego de astronauta e piloto da *Gattaca Aerospace Corporation*. Jerome era um *nadador válido*, que acabou paraplégico depois de tentar o suicídio em decorrência de ter chegado em segundo lugar numa competição esportiva. Vincent Freeman, por sua vez, era um inválido, ou seja, havia sido concebido por seus pais por métodos convencionais de reprodução humana, e nasceu com 99% de probabilidade de sofrer problemas cardíacos e de apresentar miopia, doença completamente erradicada na época do contexto do filme, que se configura um futuro não muito distante. Sua expectativa de vida era de apenas 30 anos de idade.

Quando criança, Vincent sonhava em ser astronauta, embora essa realidade lhe parecesse impossível, uma vez que, na sociedade em que viviam, os filhos de casais de classe média e alta eram escolhidos através do uso do Diagnóstico Genético Pré-Implantatório (DGPI), como garantia de que possuíssem o melhor patrimônio genético possível. A sociedade era controlada e policiada por um rigoroso sistema de biometria que classificava a todos como *válidos ou inválidos*, se concebidos com o auxílio do DGPI ou pelas vias naturais, respectivamente. Os melhores empregos, e dentre eles o de piloto da *Gattaca Aerospace Corporation*, eram destinados exclusivamente aos seres humanos *válidos*. Aos *inválidos*, eram relegados os trabalhos braçais.

Os *seres humanos inválidos* eram socialmente discriminados. Vincent era desprestigiado dentro de sua própria família, que priorizava o irmão mais novo, que fora selecionado por DGPI, e era, portanto, mais bonito, forte, saudável e inteligente, e, por isso, dono de maiores e melhores possibilidades.

Muito antes da idealização de Gattaca, Aldous Huxley publicou, em 1931, uma memorável novela intitulada *Admirável Mundo Novo*, na qual apresenta certa visão profética do futuro da civilização. Sua obra retrata a civilização humana nos anos de 2540, época em que a possibilidade de reprodução natural humana havia sido banida e, portanto, todas as crianças eram gestadas dentro de incubadoras e educadas em centros de condicionamento.

---

1. Seu título faz alusão a uma sequência genética, que usa as primeiras letras de guanina, adenina, citosina e timina, que formam as bases nitrogenadas do DNA.

A sociedade ali retratada era dividida em castas: Alfas, Betas, Gamas, Deltas e Ipsilons. Cada Alfa ou Beta seria fruto de um zigoto que se transformava em um feto. Todavia, nas outras castas, de cada zigoto eram produzidas 96 crianças. Todavia, os fetos das castas inferiores recebiam um tratamento químico durante sua gestação para limitar o seu desenvolvimento cognitivo e físico. Uma passagem dessa obra narra a visionária versão do autor sobre o avanço da biotecnologia e da reprodução assistida e, sobretudo, da instrumentalização que a ela foi conferida pelo homem:

– Processo Bokanovsky, repetiu o diretor, e os estudantes sublinharam as palavras nos cadernos.

Um ovo, um embrião, um adulto – normalidade. Mas um ovo bokanovskizado tem a propriedade de germinar, proliferar, dividir-se. De oito a noventa e seis germes, e cada um deles crescerá até se tornar um embrião perfeitamente formado, e cada embrião, um adulto completo. Fazem-se noventa e seis seres humanos crescerem onde somente um crescia antes. Progresso.

[...]

Mas um dos estudantes foi bastante tolo a ponto de perguntar onde residia a vantagem.

– Meu bom menino! O Diretor virou-se rapidamente para ele. Você não vê? Não é capaz de *ver*? Levantou a mão; tomou expressão solene. O processo Bokanovsky é um dos principais instrumentos da estabilidade social.

Principais instrumentos da estabilidade social.

Homens e mulheres padronizados em turmas uniformizadas. Todo o pessoal de uma pequena fábrica fornecido pelo produto de um só ovo bokanovskizado.

– Noventa e seis gêmeos idênticos operando noventa e seis máquinas idênticas. A voz era quase trêmula de entusiasmo. Você realmente sabe para onde vai. Pela primeira vez na História. Citou o lema planetário: "Comunidade, Identidade e Estabilidade". Palavras grandiosas. Se pudéssemos bokanovskizar indefinidamente, todo o problema estaria resolvido.

Resolvido por Gamas padronizados, Deltas invariáveis, Ipsilones uniformes. Milhões de gêmeos idênticos. O princípio da produção em massa finalmente aplicado à biologia.

– Mas, oh! O Diretor balançou a cabeça, *não podemos* bokanovskizar indefinidamente.

Noventa e seis parecia ser o limite; setenta e dois, uma boa média. (HUXLEY, 1931, p. 25-26).

Nesse novo mundo, as pessoas eram idealizadas, concebidas e condicionadas especificamente para a realização de um trabalho ou função. Isto fazia com que não fossem capazes de almejar se tornar mais do que já eram. Logo, não seriam capazes de desejar outros empregos ou melhores condições de vida ou trabalho. Todos eram programados para morrer aos 60 anos, felizes e saudáveis, e não haveria parentes íntimos para lastimar sua perda.

Os protagonistas são Lenina e Bernard, Betas. Bernard era um psicólogo desconfiado de que, talvez, fosse melhor "ser ele mesmo", ao invés de permitir ser determinado pelo condicionamento. Ao longo da trama, ele tenta seduzir Lenina e a leva em uma viagem para a "Reserva de Selvagens", uma espécie de zoológico onde ficam isoladas todas as pessoas que não vivem de acordo com as regras do chamado "Governo Mundial". Na Reserva, conhecem John e Linda, um selvagem que não sabe como é a civilização e como sua mãe civilizada que se tornou selvagem. Nesse contexto, o enredo da obra passa a se concentrar em mostrar o retorno de John e Linda para o mundo civilizado.

Gattaca e *Admirável Mundo Novo* são emblemáticos, cada um à sua maneira, para que possamos refletir sobre temores latentes em torno dos rumos que se possa dar para a reprodução humana e para a eugenia. Ao sairmos da ficção e mirarmos na realidade, é possível percebermos o potencial da obra de Huxley.

Ainda não somos capazes de produzir seres humanos idênticos em série, tal como manufaturas de uma típica fábrica *taylorista*. Entretanto, os avanços da biotecnologia hoje já são tamanhos[2], e em tantas frentes, que seriam suficientes para impressionar o mais visionário dos escritores de ficção. Fala-se em clonagem de seres vivos e em reprodução humana assistida, que pode ocorrer desde o uso de técnica de fecundação artificial homóloga ou heteróloga, até a possibilidade do uso do útero de substituição. A proposta de diagnóstico genético pré-implantatório (DGPI), fundamental para as práticas eugênicas em *Gattaca*, é cogitada hoje para seleção de embriões saudáveis e "viáveis", o que nos conduz, em boa medida, ao descarte de embriões não saudáveis ou não desejados e ao uso de células tronco embrionárias para tratamento e cura de uma série de males e doenças de que padece a raça humana.

Em 2012, a imprensa brasileira divulgou o nascimento do primeiro bebê geneticamente selecionado para curar a irmã[3]. Trata-se de um casal que descartou vários embriões até encontrar um que fosse compatível com seus propósitos de terapia para a filha já nascida e portadora da doença talassemia major.

A técnica para selecionar embriões saudáveis para tentar salvar a vida de outro filho doente não é novidade e é feita através da coleta de uma única célula do embrião para análise molecular. O procedimento é feito no mundo todo desde a década de 1990. A novidade, neste caso, é que além de não carregar o gene da talassemia major, o embrião selecionado (Maria Clara) também é 100% compatível com Maria Vitória, a irmã nascida e doente, o que facilitou a realização de transplante de sangue do cordão umbilical. Segundo noticiado, o primeiro caso de seleção de embrião 100% compatível aconteceu em 2004, na Europa.

---

2. "Em 1973, conseguiu-se separar e voltar a combinar componentes elementares de um genoma. Desde essa recombinação artificial de genes, a técnica genética, especialmente na medicina reprodutiva, acelerou seu desenvolvimento, que naquele ano foram empregados nos procedimentos do diagnóstico pré-natal e, a partir de 1978, na inseminação artificial. O método da junção de óvulos e espermatozoides "in vitro" faz com que as células-tronco humanas sejam acessíveis a pesquisas e experiências sobre a genética humana fora do corpo materno. A "reprodução medicamente assistida" já havia conduzido a práticas que intervieram de maneira espetacular nas relações entre as gerações e na relação tradicional de parentesco social e de ascendências biológica. Refiro-me às "barrigas de aluguel", aos doadores anônimos de esperma e às doações de óvulos, que possibilitam a gravidez após a menopausa, ou ao uso perversamente protelado de óvulos congelados. No entanto, somente o encontro da medicina reprodutiva e da técnica genética conduziu ao método de diagnóstico genético pré-implantatórios, assim como criou perspectivas para a produção de órgãos e intervenções para a modificação genética para fins terapêuticos". (HABERMAS, 2004, p. 23-24).

3. Disponível em: http://bit.ly/2d89WSz. Acesso em: 10 set. 2016.

Na verdade, não precisamos ir tão longe, imaginando as possibilidades desveladas pelas técnicas de reprodução assistida. Basta pensarmos como o exame de ultrassom, hoje tão comum e corriqueiro no acompanhamento pré-natal, revolucionou os direitos reprodutivos, escancarando as portas para a discussão em torno da possibilidade jurídica do aborto de fetos não desejados, não saudáveis, não perfeitos e não viáveis, como é o caso do aborto do feto anencéfalo, ato hoje considerado lícito e constitucionalmente legítimo em nosso sistema jurídico, desde o julgamento pelo Supremo Tribunal Federal da ADPF 54[4], que conferiu à gestante a autonomia de abortar nestas situações.

Segundo o STF, interpretar tal ato como aborto, conduta tipificada como crime, seria uma interpretação em desconformidade com a principiologia constitucional. A Corte decidiu que não se trata de aborto propriamente dito, mas de antecipação terapêutica do parto de feto anencéfalo, pois, diante da *inviabilidade da vida extrauterina*, não há que se falar em aborto, pois não há violação do direito à vida. Sem dúvida, trata-se de discussão controversa, que permite diferentes conclusões, sobretudo, diante de argumentos e análises estabelecidos a partir de Ciências ou perspectivas metodológicas diferentes.

No contexto da Bioética, devemos considerar que a realidade em torno do planejamento familiar e do aborto é sempre muito complexa, exigindo uma postura de humildade:

> Falamos do que acreditamos e cremos ser a melhor visão possível do assunto tratado, mas nunca podemos perder de vista que nós, como pessoas, somos maiores do que nossas ideias e decisões. Muitas de nossas ideias e decisões ficam no passado e nós temos sempre a possibilidade de crescer, superar obstáculos e superar a nós mesmos. Não podemos, portanto, em bioética nos colocar a favor ou contra pessoas, formar grupos para se opor a outros grupos, mas sim colocar as nossas ideias a serviço de uma compreensão mais ampla e mais profunda da realidade, colocar nossas ideias a serviço da vida. Falar com humildade é tomar consciência de que há muitos fatores que limitam nossa fala. (SANCHES; VIEIRA; MELO, 2012, p.11).

---

4. A ADPF 54 foi proposta pela Confederação Nacional dos Trabalhadores em Saúde (CNTS) com o objetivo de impugnar os artigos 124, 126, *caput* e 128, incisos I e II, do Código Penal brasileiro como causadores de violações a dispositivos constitucionais. Com isso, almejava-se a declaração de inconstitucionalidade, com efeitos *erga omnes* e vinculantes, da interpretação destes dispositivos como impedientes da chamada "antecipação terapêutica do parto do anencéfalo", desde que diagnosticado por médico habilitado, para reconhecer a liberdade da gestante em interromper a gravidez sem necessidade de autorização judicial prévia. O Ministro relator Marco Aurélio Mello concedeu medida cautelar, a qual foi posteriormente e parcialmente cassada pela maioria do Plenário do STF, para proibir até o julgamento de mérito definitivo, a realização do procedimento que não tivesse sido autorizado por ordem judicial própria. Após, o Plenário do Supremo Tribunal Federal julgou a ação procedente: Estado – Laicidade. O Brasil é uma república laica, surgindo absolutamente neutro quanto às religiões. Feto anencéfalo – Interrupção da gravidez – Mulher – Liberdade sexual e reprodutiva – Saúde – Dignidade – Autodeterminação – Direitos fundamentais – Crime – Inexistência. Mostra-se inconstitucional interpretação de a interrupção da gravidez de feto anencéfalo ser conduta tipificada nos artigos 124, 126 e 128, incisos I e II, do Código Penal (BRASIL, 2012, p. 1).

INTRODUÇÃO **5**

O que se vê é que o avanço da biotecnologia descortina um admirável mundo novo e amplia os espaços de autodeterminação reprodutiva[5]. Diante de novas técnicas e do desejo humano por novas possibilidades de liberdade, alguns questionamentos surgem: Quanta liberdade podemos ter? Até onde podemos ir? Mesmo na novela de Huxley, limites se impunham: "Mas, oh! O Diretor balançou a cabeça, não podemos bokanovskizar indefinidamente. Noventa e seis parecia ser o limite; setenta e dois, uma boa média" (HUXLEY, 1931, p. 25-26).

Progressos científicos como os aqui expostos implicam a necessidade de reelaboração do sistema jurídico, seja através da releitura de velhos e tradicionais direitos e categorias jurídicas, diante de um novo contexto marcado por novas mundividências, seja por meio da idealização de novos constructos jurídicos que permitam a atualização do sistema frente às novas pretensões, aspirações e conhecimentos dominados pelo ser humano. Para Marcelo Sarsur Lucas da Silva,

> A emergência de um novo direito não depende apenas da conscientização social quanto a sua necessidade, mas também dos conhecimentos técnicos disponíveis a uma determinada sociedade. Os direitos acompanham, à distância e com cautela, a marcha do progresso científico, conferindo novas pretensões e novas aspirações aos seres viventes. A norma jurídica, por ter como objeto de intervenção a conduta humana, pode transformar a realidade natural na exata medida em que a atuação antrópica é capaz de fazê-lo. A evolução técnica dos seres humanos hoje permite alterações naturais – sejam elas benfazejas ou nocivas – em escala planetária, o que, por consequência, tornou ainda mais importante as tarefas de reflexão sobre os impactos advindos dessas transformações (campo próprio das ciências da Ecologia e da Bioética) e de regulação de comportamentos lesivos e de risco (campo próprio do Direito). É condição de possibilidade de um novo direito a disponibilidade técnica, a capacidade de se produzir o resultado almejado, é dizer, a alteração na realidade fenomênica, por meio da conduta humana voluntária. Deste modo, resta superada a antiga distinção entre *physis* (a realidade fenomênica) e *logos* (a realidade cultural), vez que o ser humano, como ente natural e cultural a um só tempo, pode influir em ambas as dimensões por meio das normas jurídicas. (SILVA, 2014, p. 13-14).

Nesse sentido, é forçoso reconhecer que as discussões éticas e jurídicas sobre a autonomia reprodutiva não são mais tema apenas de novelas de ficção científica, mas devem ser inseridas na pauta deliberativa do Direito e da Bioética. Juridicamente, esta discussão se desvela através da conformação do direito ao livre planejamento familiar, constitucionalmente garantido a todos de exercer, dentre outras liberdades reprodutivas e de concretizar – ou não – prole.

Inúmeras questões jurídicas contemporâneas esbarram no que a Constituição da República brasileira denominou em seu artigo 226, §7º, por direito ao livre pla-

---

5. Segundo Maria de Fátima Freire de Sá e Bruno T. O. Naves: "O final do século XX foi palco de inúmeras e aceleradas transformações advindas dos avanços biotecnológicos. E, nesse contexto, a reprodução assistida trouxe consigo, além das avançadas técnicas que permitem o sonho de se ter um filho, a possibilidade de efetivação das experiências genéticas que envolvam embriões humanos. As recentes descobertas relacionadas à Genética clínica colocam-nos diante da possibilidade da abertura de uma "caixa de Pandora", porquanto dos fatos novos, novos e inquietantes conflitos emergem" (NAVES; SÁ, 2009, p. 110).

nejamento familiar. Podemos afirmar, de saída, que o grande problema em torno da amplitude do conceito do direito ao livre planejamento familiar se articula sobre três premissas que não podem ser ignoradas e que, aqui, serão articuladas: (i) a secularização da cultura ocidental implicou a descentralização ética-cultural-religiosa de nossa sociedade[6]. A fragmentação desse arcabouço social implica a necessidade de uma abertura política e jurídica capaz de recepcionar a multiplicidade de estilos de vida individuais que vêm sendo construídos a partir disso[7]. Isso porque o ideal de vida boa de cada um assume contornos tão pessoais quanto as próprias escalas de valores individuais, conduzindo os sujeitos (ii) à possibilidade de cada um edificar sua pessoalidade[8] conforme melhor lhe convier, desde que, para tanto, a construção da subjetividade figure no contexto das intersubjetividades correferidas e compartilhadas.

Nisto se insere o fato de cada um ter a possibilidade de constituir a família a partir do "modelo", ou da "ausência de modelo", que bem atenda às suas necessidades de livre desenvolvimento da personalidade e de proteção de sua concepção de dignidade. Esta é a razão pela qual o direito de família contemporâneo se alicerça sobre uma principiologia que assegura a pluralidade de entidades familiares e a igualdade material entre todas elas, quer se trate de uma família tipificada na legislação (ou não), quer se trate de família formal e solene (ou não).

Nesse sentido é que Habermas se refere ao fracasso de vertentes filosóficas que tentaram, por muito tempo, designar determinados modos de vida como exemplares ou universalmente corretos:

> A "sociedade justa" deixa ao critério de todas as pessoas aquilo que elas querem "iniciar com o tempo de suas vidas". Ela garante a todos a mesma liberdade para desenvolver uma autocompreensão ética, a fim de formar uma concepção pessoal da "boa vida" segundo capacidades e critérios próprios. Naturalmente, os projetos individuais de vida não se formam independentemente dos contextos partilhados intersubjetivamente. (HABERMAS, 2004, p. 05).

---

6. Ao contrário do tipo de realidade social vivenciada no período medieval, de acordo com retrato conferido por Lúcio Antônio Chamon Júnior: "Porque antes tínhamos uma sociedade fundada em razões religiosas que, desde fora desta mesma sociedade, eram assumidas como determinantes dos contatos interpessoais e ofereciam 'a' concepção de 'vida boa', qual seja, a vida pautada no exercício da fé, é que esta mesma compreensão sacra acabou por condensar um núcleo gravitacional referente a quaisquer práticas, sejam teóricas, normativas ou estéticas. Uma vez que cerne inquestionável, porque absoluto e eterno, tal interpretação religiosa acabou por absorver as diversidades em sociedade ora como justificadas em princípios divinatórios, a exemplo da distinção entre nobres e servos, ora como capazes de serem expurgadas e aniquiladas em nome das mesmas razões, de uma *lex naturalis* enquanto participação dos homens, como natureza racional, na *lex eterna*". (CHAMON JÚNIOR, 2005, p. XX).
7. Como se sabe, essa textura aberta da ordem jurídica só pode ser garantida através da construção de um sistema eminentemente principiológico que, aliado ao sistema de direitos fundamentais, seja capaz de refletir a pluralidade social e acompanhar suas aceleradas transformações que, conforme adverte Habermas, "contribuem para que modelos éticos de condutas de vida pessoal ou coletiva entrem em declínio mais rapidamente". (HABERMAS, 2004, p. 04).
8. Sobre a distinção entre personalidade e pessoalidade: MOUREIRA, Diogo Luna. *Pessoas e autonomia privada*: dimensões reflexivas da racionalidade e dimensões operacionais da pessoa a partir da teoria do direito privado. Rio de Janeiro: Lumen Juris, 2011.

INTRODUÇÃO **7**

Tal atribuição de autonomia aos indivíduos na consecução de seus interesses existenciais, decorrente do conteúdo do princípio da dignidade da pessoa humana, autoriza que cada um utilize de suas possibilidades de autodeterminação também naquilo que concerne aos seus ideais de reprodução e de planejamento familiar, respeitadas, evidentemente, as conformações impostas pela ordem pública e pela subjetividade alheia, restando como dúvida em que medida essas limitações devem ser operadas[9].

Dessa forma, há, ainda, a terceira premissa, qual seja, a de que (iii) o avanço da biotecnologia tem ampliado paulatinamente as possibilidades de escolha dos indivíduos no momento de idealizar e concretizar o projeto parental suscitando, por exemplo, como questão premente, quais seriam os limites entre uma autodeterminação reprodutiva, que se revela como legítimo exercício da autonomia privada, e a prática de uma eugenia liberal condenada por nosso sistema jurídico.

Nesse âmbito, a complexidade em torno da presente temática se revela na medida em que o planejamento familiar se caracteriza como um misto de atos que se referem a um espaço de profunda intimidade, mas que apresentam sérias reverberações públicas, sobretudo, por força da ampliação de possibilidades oferecidas pelo avanço da biotecnologia, forçando a definição dos contornos estruturais e do funcionamento desse direito fundamental.

Através da conjugação de fatores como a secularização da sociedade ocidental e o surgimento de múltiplos estilos de vida; a autodeterminação na edificação da pessoalidade e construção de modelos familiares que melhor atendam às necessidades que decorrem do livre desenvolvimento da personalidade; e o avanço biotecnológico, bem como a ampliação das possibilidades de reprodução humana e de controle sobre os seus resultados, devemos perquirir quais atos de autonomia podem ser considerados legítimos no exercício do direito ao livre planejamento familiar frente ao nosso sistema de direitos fundamentais e à principiologia constitucional, mormente aqueles princípios expressamente[10] impostos como "limites" à liberdade

---

9. Jorge Reis Novaes perfilha uma concepção acerca da função do princípio da dignidade da pessoa humana, que vai de encontro com as premissas acima estabelecidas: "O princípio da dignidade da pessoa humana acaba, assim, por constituir o fundamento da concepção dos direitos como trunfos, porque é dessa igual dignidade de todos que resulta o direito de cada um conformar autonomamente a existência segundo as suas próprias concepções e planos de vida que têm, à luz do Estado de Direito fundado na dignidade da pessoa humana, o mesmo valor de quaisquer outras concepções ou planos de vida, independentemente da maior ou menor adesão social que concitem. Daí resulta a inadmissibilidade de a maioria política, mesmo quando formada democraticamente, impor ao indivíduo concepções ou planos de vida com que ele não concorde, por mais valiosas que essas concepções sejam tidas pela maioria. Essa tentativa seria, não apenas moral e politicamente inaceitável, como, sobretudo, e para o que aqui nos importa, juridicamente vedada, já que constituiria uma restrição do livre desenvolvimento da personalidade, inadmissível à luz do princípio da dignidade da pessoa humana e, enquanto tal, constitucionalmente rejeitada (NOVAIS, 2007, p. 88).

10. Art. 226, § 7º, CF/88 e Art. 1565, § 2º, CC: "Fundado nos princípios da dignidade da pessoa humana e da paternidade responsável, o planejamento familiar é livre decisão do casal, competindo ao Estado propiciar recursos educacionais e científicos para o exercício desse direito, vedada qualquer forma coercitiva por parte de instituições oficiais ou privadas".

de exercício desse direito, sendo eles, o princípio da dignidade da pessoa humana e o da paternidade responsável.

Pretende-se, portanto, em última instância, traduzir o perfil da relação público-privado nas decisões que competem aos indivíduos na realização do projeto parental, de modo a responder às seguintes questões: Como as escolhas se inserem no âmbito de autodeterminação dos indivíduos? Em que medida decisões concernentes ao aborto, ao uso do diagnóstico genético pré-implantatório (DGPI), à manipulação e descarte de embriões, ou ainda, à eugenia e à reprodução assistida admitem interferências e condicionamentos no exercício da autonomia reprodutiva? De que forma é possível operacionalizar os princípios da dignidade da pessoa humana e da parentalidade responsável frente ao exercício do direito ao livre planejamento familiar?

Em outras palavras, como obter um mapa técnico-jurídico, que se pretenda coerente e racional, capaz de nos traduzir o *iter* de operacionalização do direito ao livre planejamento familiar, demarcando o espaço de autonomia privada subjacente ao complexo exercício desse direito? Dessa forma, todo o trabalho se desenvolve metodologicamente na busca por correção normativa em torno da aplicação do direito ao livre planejamento familiar, sem pretender enumerar quais atos são ou não são típicos de planejamento familiar, assim evitando criar um conceito hermético do que seja planejamento familiar. Tal enumeração não se coadunaria com o arcabouço plural, poroso e fragmentado do *mundo da vida*, no qual pretendemos operacionalizar esse direito.

Para tanto, todas as premissas acima serão articuladas. Em um primeiro momento, nos dedicaremos à pluralização das entidades familiares, decorrente da secularização da sociedade e da individualização dos estilos de vida, para compreender como este arcabouço traz impactos relevantes na hora de talharmos a operacionalização do direito ao livre planejamento familiar que a todas as famílias e indivíduos é conferido, independentemente de suas diferenças materiais.

Feito isso, nos concentraremos em traçar os contornos do planejamento familiar como situação de complexa natureza jurídica, para compreendermos a geografia desenhada entre autonomia pública e privada na conformação de seus contornos. Após esse passo, vamos nos concentrar no âmbito de liberdade que é reconhecido pelo sistema a cada um na realização do projeto parental, vertendo atenção ao estudo da autonomia privada e de sua inerente conformação no marco de nosso Estado Democrático de Direito.

Quando todo o arcabouço teórico se apresentar delineado, passaremos a testar nossas hipóteses em atos relacionados com a autonomia reprodutiva, para perquirir se os mesmos podem se apresentar, ou não, como legítimos espaços de liberdade reconhecidos pelo sistema na autoria e concretização do projeto parental, quais sejam, o aborto e a instrumentalização do embrião humano através do uso do diagnóstico genético pré-implantatório, com consequente descarte de embriões.

O aborto e a instrumentalização do embrião foram propositadamente escolhidos como provas de nossa argumentação por sua aparente semelhança: ambos os procedimentos interrompem o desenvolvimento de uma vida humana, ainda que se trate de estágios diferentes de evolução, ou seja, o nascituro e o embrião, respectivamente. Como a ideia central da presente tese é aplicar coerência à operacionalização do direito ao livre planejamento familiar, a contraposição entre esses comportamentos volitivos humanos é tida aqui como necessária para validar nossas deliberações teóricas.

Tendo em conta que a pesquisa a ser desenvolvida envolve aspectos multidisciplinares, que abrangem teoria geral do direito privado, direito de família, biodireito, direito constitucional e filosofia do direito, adotaremos marcos teóricos específicos, delimitados a cada um desses ramos jurídicos, mas que se entrelaçam de maneira a compor a tese que sustentamos.

Para trabalhar temas afeitos ao direito de família, partiremos da concepção contemporânea de um direito de família mínimo, democrático, plural e eudemonista, defendido por muitos autores que compõem a melhor doutrina nacional, dentre eles Luiz Edson Fachin[11] e Ana Carolina Brochado Teixeira[12]. Em relação aos inúmeros tópicos de biodireito que serão estudados, partiremos do conjunto de ideias construído na doutrina de Maria de Fátima Freire de Sá[13], aproveitando-nos, para tanto, das noções de filosofia do direito defendidas por Jürgen Habermas e muito bem trabalhadas por Lúcio Antônio Chamon Júnior, no que toca à justificação procedimental do direito e da dignidade da pessoa humana[14].

Além disso, tendo em conta a unificação da dicotomia público-privada que marca o perfil contemporâneo do Direito brasileiro, a tese parte do pressuposto teórico de que os direitos fundamentais possuem eficácia horizontal imediata nas relações privadas, sendo fonte de deveres e direitos nessas relações, conforme leciona Daniel Sarmento[15]. Contudo, cabe aqui resguardar, desde já, as profundas objeções teóricas que guardamos com a visão axiológica do Direito defendida por esse último autor e com o procedimento de ponderação por ele defendido como teoria argumentativa apta a solucionar "conflitos" entre direitos fundamentais. Nesse sentido, cumpre frisar que a teoria argumentativa a ser adotada consiste no *método de adequação*,

---

11. FACHIN, Luiz Edson. Elementos críticos do direito de família. In: LIRA, Ricardo Pereira (Coord.). *Curso de direito civil*. Rio de Janeiro: Renovar, 1999.
12. TEIXEIRA, Ana Carolina Brochado. Novas entidades familiares. *Revista Trimestral de Direito Civil*, Rio de Janeiro, v. 16, p. 3-30, out./dez. 2003.
13. SÁ, Maria de Fátima Freire de; NAVES, Bruno Torquato de Oliveira. *Manual de Biodireito*. Belo Horizonte: Del Rey, 2009.
14. CHAMON JUNIOR, Lúcio Antônio. *Teoria Geral do Direito Moderno*. Por uma reconstrução crítico-discursiva na Alta Modernidade. Lumen Juris: Belo Horizonte, 2006. CHAMON JUNIOR, Lúcio Antônio. Estudo prévio – Dignidade e diferença: Há um futuro para os direitos de personalidade? In: FIUZA, César; NAVES; Bruno Torquato de Oliveira; SÁ, Maria de Fátima Freire. *Direito civil: atualidades IV*. Belo Horizonte: Del Rey, 2010. p. 71-88.
15. SARMENTO, Daniel. *Direitos fundamentais e relações privadas*. 2. ed. Rio de Janeiro: Lumen Juris, 2010.

preconizado por Klaus Günter[16] e Jürgen Habermas, e amplamente defendido no Brasil pelos autores Marcelo Campos Galuppo[17] e Marcelo Cattoni[18].

O conceito de *integridade do direito*[19] elaborado por Ronald Dworkin será utilizado, assim como o é nas teorias de Klaus Günther e de Habermas, para formulação do conceito de princípios e do procedimento de solução de aparente concorrência entre eles no caso concreto.

---

16. GÜNTHER, Klaus. *Teoria da argumentação no direito e na moral:* justificação e aplicação. Trad. Cláudio Molz. São Paulo: Landy Editora, 2004.
17. GALUPPO, Marcelo Campos. *Igualdade e diferença:* Estado Democrático de Direito a partir do pensamento de Habermas. Belo Horizonte: Mandamentos, 2002.
18. CATTONI, Marcelo. *Devido Processo Legislativo.* Belo Horizonte: Mandamentos, 2000.
19. Conceito central da teoria de Dworkin, responsável pela atribuição de legitimidade ao sistema jurídico, relacionado, ainda, com as razões que constituem o substrato das normas jurídicas. Conecta-se diretamente ao conceito de justiça, imparcialidade e igualdade. Para Dworkin, uma decisão justa respeita a integridade do sistema e fornece a resposta correta para o caso.

Capítulo 1
ESTADO DEMOCRÁTICO DE DIREITO – PLURALISMO JURÍDICO, INDIVIDUALIZAÇÃO DE ESTILOS DE VIDA E O MOSAICO DAS FAMÍLIAS BRASILEIRAS

> No romance Stiller, Max Frish faz o promotor público perguntar: "O que o homem faz com o tempo de sua vida? Uma questão da qual eu mal tinha consciência, ela simplesmente me irritava". Frish faz essa pergunta no indicativo. O leitor reflexivo, inquietando-se consigo mesmo confere-lhe uma versão ética: "O que devo fazer com o tempo de minha vida?" Durante muito tempo, os filósofos acharam que dispunham de meios adequados para tal pergunta. No entanto, hoje, após a metafísica, a filosofia já não se julga capaz de dar respostas definitivas a perguntas sobre a conduta pessoal ou até coletiva. (HABERMAS, 2004, p. 03).

A séria releitura pela qual passa o direito privado nas últimas décadas é tomada pelos doutrinadores como fruto da necessidade de adequação dos institutos jusprivatísticos ao paradigma do Estado Democrático de Direito.

A densificação normativa dos dispositivos presentes na Constituição de 1988, que num primeiro momento atingiu apenas o direito público e as questões de ordem pública atinentes ao direito privado, provoca agora uma reestruturação desse ramo do Direito como um todo, conformando não só os parâmetros de interpretação e aplicação da norma, mas sua própria fundamentação (RODRIGUES, RÜGER; 2004, p.12-13).

A consequência de tal fenômeno é que o Estado Democrático de Direito passa a ser o marco teórico para o estudo de movimentos que preconizam a "constitucionalização do direito civil"[1,] forçando a instrumentalização de institutos basilares,

---

1. Nas palavras de Paulo Luiz Netto Lobo, "A constitucionalização do Direito Civil, entendida como inserção constitucional dos fundamentos de validade jurídica das relações civis, é mais do que um critério hermenêutico formal. Constitui-se a etapa mais importante do processo de transformação, ou de mudanças de paradigmas, porque passou o direito civil, no trânsito do estado liberal para o social" (LÔBO, 2003, p. 216). É certo que tal fenômeno ou sua nomenclatura são criticados por parte da doutrina, pois afirmar que o direito civil contemporâneo é constitucionalizado pode nos levar a crer que este ramo ordinário do Direito nunca esteve submetido à força hierarquicamente superior da Constituição, subvertendo a vigente ordem normativa. Para alguns críticos, as transformações que vêm modelando o caráter do direito civil hodiernamente são fruto simplesmente da mudança de paradigma de nossa organização política, através

como a propriedade, o contrato e a família, os quais se encontram atualmente funcionalizados ao desenvolvimento pleno da pessoa humana, com fincas no princípio fundamental da dignidade da pessoa humana.

Desta feita, não sem razão, a evolução do regime político brasileiro – uma república que se apresenta como Estado Democrático de Direito e que tem como fundamentos primordiais a defesa do pluralismo e a promoção da dignidade da pessoa humana, dentre outras causas, é reiteradamente citada pelos doutrinadores de direito privado como substrato da *crise do direito civil*[2] experimentada nas últimas décadas.

Ao lado do fundamento da dignidade da pessoa humana, que marca a conotação de nosso Estado como personalista, o pluralismo se apresenta em nosso texto constitucional como outro fundamento da república. A conjugação destes dois pressupostos força uma revolução estrutural e hermenêutica nas instituições de direito privado, que pode ser resumida através da afirmação de que, no Estado Democrático de Direito brasileiro, as tradicionais dicotomias oitocentistas entre ser e dever-ser, e ainda entre público e privado, cedem espaço a um sistema que se operacionaliza a partir de uma necessária complementariedade entre público-privado e entre ser e dever-ser para reduzir a tensão entre faticidade e validade.

Assim sendo, as instituições jurídicas passam a se revelar sempre como instrumentos garantidores e promotores do princípio da dignidade da pessoa humana, aqui, inexoravelmente, compreendido como norma que comanda a garantia de iguais espaços de liberdade de atuação indistintamente distribuídos a todos para a realização de seus projetos de vida boa ou de vida digna na maior medida possível, em um ambiente de intersubjetividades compartilhadas, que devem coexistir de forma harmônica e pacífica:

---

da evolução do Estado Social até a inauguração do atual Estado Democrático de Direito, que se funda em uma ordem de coisas, em tudo e por tudo, diversa daquela instalada pelo Estado Liberal, em vigor no período das grandes codificações oitocentistas. Contudo, defensores do movimento, como Gustavo Tepedino, defendem a "constitucionalização", afirmando: "A adjetivação atribuída ao direito civil, que se diz constitucionalizado, socializado, despatrimonializado, se por um lado quer demonstrar, apenas e tão somente, a necessidade de inserção no tecido normativo constitucional e na ordem pública sistematicamente considerada, preservando, evidentemente, a sua autonomia dogmática e conceitual, por outro lado poderia parecer desnecessária e até errônea. Se é o próprio direito civil que se altera, para que adjetivá-lo? Por que não apenas ter a coragem de alterar a dogmática, pura e simplesmente? Afinal, um direito civil adjetivado poderia suscitar a impressão de que ele próprio continua como antes, servindo os adjetivos para colorir, como elementos externos, categorias que, ao contrário do que se pretende, permaneciam imutáveis. A rigor, a objeção é pertinente, e a tentativa de adjetivar o direito civil tem como meta apenas realçar o trabalho árduo que incumbe ao intérprete. Há de se advertir, no entanto, desde logo, que os adjetivos não poderão significar a superposição de elementos exógenos do direito público e privado, de tal maneira a se reelaborar a dogmática do direito civil" (TEPEDINO, 2004, p. 22).

2. César Fiúza leciona que: "A crise do Direito Civil pode ser analisada sob diversos aspectos. Em primeiro lugar, a crise das instituições do Direito Civil, basicamente de seus três pilares tradicionais: a autonomia da vontade, a propriedade e a família. Em segundo lugar, a crise da sistematização. Em terceiro lugar, a crise da interpretação. (...) Veremos, entretanto, que estes três pilares entraram em crise, principalmente diante do paradigma do Estado Democrático de Direito, o que veio a acarretar graves consequências gerais e, especificamente, para a interpretação do Direito Privado". (FIUZA, 2003, p. 24).

Por todas as questões colocadas até aqui, não fica difícil compreender que o reconhecimento da pluralidade se coloca de maneira central e determinante desde os primeiros passos de construção da Modernidade. Esta é a questão que marca de maneira inafastável o processo de modernização social: o desafio de nos organizarmos socialmente, nos mais variados setores da vida, sem com isso fazer prevalecer a nossa concepção ética, nossa visão em torno de vida boa, sobre os demais de maneira *naturalizada* ou mesmo *materializada*, mas tão somente por meio de entendimento comunicacional, único capaz de garantir a todos *igual* respeito, o que em domínios funcionalmente institucionalizados, como no caso do Direito, há que implicar o respeito, nas mais variadas esferas, do ideal de imparcialidade. (CHAMON JUNIOR, 2010, p. 29).

Diante de um mundo eticamente fragmentado, é importante despir o princípio da dignidade da pessoa humana de qualquer carga valorativa naturalizada, que, por sua subjetividade intrínseca, não poderia ser universalizada em um mundo que se pretenda plural, por princípio democrático.

1.1 O PLURALISMO ENQUANTO FUNDAMENTO POLÍTICO E A TUTELA DA PLURALIDADE COMO PROPOSTA JURÍDICA

Diferentemente de seus antecessores, o Estado Democrático brasileiro lida com as geografias pública e privada de forma absolutamente inusitada. O Estado Liberal, justificado por seu contexto histórico, econômico e cultural, não limitava liberdades individuais, por julgar que a intervenção do Estado na vida privada seria contraproducente e arbitrária; o Estado social, no afã de combater as mazelas herdadas do liberalismo, suprimiu liberdades individuais em nome daquilo que ousou denominar bem comum ou coletivo. Por sua vez, o atual Estado Democrático de Direito, para superar as sequelas do socialismo, que se desnaturou em tirania e em totalitarismo em muitas partes do mundo, previu a limitação de liberdades individuais, mas nunca em nome do chamado interesse coletivo. Habilmente, conseguiu se articular de tal forma que qualquer limite às liberdades individuais só existe mesmo em nome de iguais liberdades individuais.

Nesse sentir, cumpre frisar que a noção de interesse dentro do Direito precisa ser cuidadosamente assumida e tratada. Bruno Torquato de Oliveira Naves elaborou construções teóricas sobre a noção de interesse como (não) categoria jurídica que aqui se apresentam de enorme utilidade. Segundo o autor, o sistema jurídico contém uma série de instrumentos para a proteção dos mais variados interesses, mas estes mesmos não são elementos legítimos de aplicação do Direito, pois não consistem em elementos normativos formados a partir de um discurso de justificação que sobrevive ao teste da tensão entre facticidade e validade (NAVES, 2009, p. 308-309). Desta feita, o autor critica a ideia tão bem difundida de que, por exemplo, a função social dos contratos seria a subordinação dos interesses individuais dos contratantes aos interesses públicos ou coletivos.

Todo esse arcabouço teórico é facilmente observável ao analisarmos o perfil contemporâneo da tríade institucional que compõe o direito civil: contrato, propriedade e família. Ao contrato e à propriedade impõe-se a ideia de função social, que nunca poderia se confundir com a submissão dos interesses individuais do proprietário ou contratante ao interesse público, mas tão somente a garantia de instrumentos que irão permitir que a relação entre proprietário e não proprietários e a relação entre contratante e contratado se estabeleça no respeito à garantia de iguais liberdades de atuação a todos os envolvidos, de modo que cada um tenha os mesmos espaços de autorrealização e afirmação de seus direitos[3].

Na família, a revolução se apresenta ainda mais contundente a ponto de encontrarmos na doutrina especializada a discussão se a família tem função social ou se é função social. Quanto às suas transformações, por interessarem de modo particular ao desenvolvimento deste estudo, elas serão analisadas de modo particular no tópico seguinte.

Percebemos, portanto, que algumas características de nosso regime político, que diziam respeito apenas à ação estatal e às chamadas liberdades públicas, passaram a ser a chave de leitura para a compreensão do direito privado, como um todo, e para o estudo da autonomia privada, de maneira particular.

Ao comentarem o *caput* do Art. I-2[o4] da *Constituição da União Europeia*, Branco, Coelho e Mendes (2008, p. 149) acentuam características que fundam a essência de um Estado Democrático de Direito como uma estrutura política, em que o poder emana do povo e é exercido direta ou indiretamente por representantes escolhidos em eleições periódicas, mediante sufrágio universal. Mas, sobretudo, os autores ressaltam que a marca desta nossa estrutura política se dá na instância das relações concretas de poder entre Estado e cidadão, de modo que ao primeiro cabe assegurar aos seus cidadãos mecanismos para o amplo e efetivo exercício de todos os seus direitos civis, políticos, sociais, econômicos, culturais, entre outros. Cabe aqui ressaltar que os

---

3. Em relação à função social dos contratos, Bruno T. O Naves explica que: "é certo que a funcionalização dos contratos exerce papel de grande relevância nessa transformação, desde que entendida como garantia de iguais liberdades fundamentais no interior da relação jurídica contratual. Todavia, não é dessa forma que a doutrina costuma trabalhá-la. Há, com frequência, indisfarçável axiologismo, fazendo com que o contrato volte-se a um aspecto de *utilidade social*" (NAVES, 2009, p. 304). Quanto à função social da propriedade, outra boa construção, que se coaduna com o paradigma aqui defendido, é de Diogo Moureira Luna, que afirma: "A dimensão público x privado não diz respeito a interesses jurídicos, mas de realidades em complexos argumentativos diferenciados. A fronteira público x privado deve ser vista como uma tensão que permite a coexistência de ambos mas que não implica contradição, nem sobreposição, nem tampouco anulação. [...] Conclui-se pois que a função social desempenhada pela propriedade privada é funcional e apenas pode ser evidenciada na medida em que se possibilita que os indivíduos que integram a rede social de interlocução possam exercer liberdades e não liberdades de forma igualitária (intersubjetividade). A efetivação desta possibilidade cabe ao Direito" (MOUREIRA, 2010, p. 478).

4. O *caput* do Artigo I-2° da Constituição da União Europeia assim estabelece: "A União funda-se nos valores do respeito pela dignidade humana, da liberdade, da democracia, da igualdade, do Estado do Direito e do respeito dos direitos, incluindo os direitos das pessoas pertencentes a minorias. Estes valores são comuns aos Estados-Membros, numa sociedade caracterizada pelo pluralismo, a não discriminação, a tolerância, a justiça, a solidariedade e a igualdade entre mulheres e homens".

autores também preconizam nosso marco político como instância de síntese e de equilíbrio entre o público e privado, inalcançada nas estruturas políticas anteriores:

> Noutras palavras, como se verá em capítulo específico, o Estado Democrático de Direito, é aquele que se pretende *aprimorado*, na exata medida em que não renega, antes incorpora e supera, dialeticamente, os modelos *liberal* e *social* que o antecederam e que propiciaram seu aparecimento no curso da História. A essa luz, o Estado Democrático de Direito aparece como um superconceito do qual se extraem – por derivação, inferência ou implicação – diversos princípios como o da *separação dos Poderes*, o do pluralismo político, o da isonomia, o da legalidade, e, até mesmo, o princípio da dignidade da pessoa humana, em que pese, com relação a este último, a opinião de inúmeros filósofos e juristas de maior relevo, como Miguel Reale, por exemplo, para quem a pessoa é o *valor-fonte* dos demais valores, aos quais serve de fundamento como categoria ontológica pré-constituinte ou supra-nacional *(sic)*. (BRANCO; COELHO; MENDES, 2008, p. 149).

No tocante à referência que os autores fazem à posição de Miguel Reale[5] sobre a natureza da dignidade humana como *valor-fonte*, cabem aqui algumas considerações sobre a concepção de dignidade adotada neste trabalho e já mencionada rapidamente acima. É sempre necessário distinguir dignidade humana, enquanto valor, e princípio da dignidade da pessoa humana, enquanto norma. O conteúdo da dignidade pode e deve ser assumido e talhado nestas duas instâncias, a partir de perspectivas absolutamente distintas, mas complementares.

Os discursos em torno do conceito de dignidade e seus contornos são completamente diversos quando assumidos dentro da pauta deliberativa da Moral e do Direito. Na primeira, ele irá assumir um caráter absolutamente subjetivo e contingencial, enquanto que, na segunda, como princípio jurídico, torna-se obrigatoriamente parte de uma categoria jurídica que se pretende universalizante, objetiva e racional.

Muitos se esforçaram na tarefa de alcançar a correta delimitação do caráter objetivo e universal do princípio da dignidade da pessoa humana[6]. Ousamos divergir

---

5. REALE, Miguel. *Pluralismo e liberdade*. São Paulo: Saraiva: 1963.
6. Exemplo relevante na doutrina do direito privado é a versão trabalhada por Maria Celina Bodin de Moraes que, na busca pela diferença entre dignidade-valor e dignidade-norma, advoga a tese de que a expressão jurídica desse princípio constitucional é garantir que os renovados valores humanitários que informam a atual democracia brasileira sejam respeitados e efetivados, não somente pelo sistema de garantias e liberdades individuais da Constituição Federal, mas por todo o ordenamento jurídico. Segundo a concepção da autora, trata-se de norma que condensa em si a ampla tutela à pessoa humana, sobretudo, em situações de vulnerabilidade, conferindo "unidade axiológica e a lógica sistemática, necessárias à recriação dos institutos de direito privado" (MORAES, 2006, p. 118). Nesse sentido, a autora argumenta que a amplitude semântica e a extensão desse princípio a todos os setores do ordenamento jurídico brasileiro tornam difícil o seu delineamento metodológico (MORAES, 2006, p. 118). Todavia, acreditamos que a dificuldade está para além disso: determinar o conteúdo jurídico do princípio da dignidade da pessoa humana é tarefa espinhosa, sobretudo, porque, a despeito de ser um princípio que consagra proteção a essa qualidade imanente do ser humano, cada indivíduo irá construir, a partir de suas escolhas, sua própria noção de dignidade ou de vida boa. Dessa forma, precisar o conteúdo jurídico desse princípio é transitar em terreno árido, porque ele consiste apenas em um invólucro que é preenchido pelo legítimo exercício da autonomia individual. Além disso, enquanto princípio, seu conteúdo só pode ser pesquisado no momento de se interpretar e aplicar a norma, segundo legítimos discursos de argumentação. Até aqui não discordamos do raciocínio da autora. Entretanto, para explicitar seu ponto de vista acerca do conteúdo jurídico do princípio da dignidade da

de boa parte de ciosa doutrina e partimos da premissa de que não há como, *a priori*, trabalhar a ideia de um substrato material para este princípio que seja universalizante, a ponto de condensar em si todo o mínimo existencial, de todos e de cada um, em torno do que seja vida boa ou vida digna, sem assim pretender defender uma visão totalitarista de mundo, o que não se coaduna com a proposta democrática que aqui tentamos esmiuçar. A dignidade da pessoa humana é só um "invólucro" que deve envolver um conteúdo construído a partir das escolhas individuais de cada um. Enquanto norma, o princípio da dignidade da pessoa humana se transforma, como já expusemos, em instrumento garantidor desta autonomia, comandando a proteção a iguais espaços de atuação para que cada um se torne o que quer ser[7] em um ambiente de intersubjetividades correferidas, no qual o limite da autonomia será sempre as iguais liberdades do outro. Somente diante de uma proposta democrática, plural e personalista, é que esse respeito à subjetividade alheia pode ser alcançado.

Nosso pano de fundo é um Estado Democrático personalista e plural. Portanto, são pertinentes aqui algumas considerações sobre essa estrutura política. Para José Afonso da Silva, a democracia é um conceito histórico e relativo. Não vale por si e não possui um valor intrínseco absoluto:

> (...) meio e instrumento de realização de valores essenciais de convivência humana, que se traduzem basicamente nos direitos fundamentais do homem, compreende-se que a historicidade destes a envolva na mesma medida, enriquecendo-lhe o conteúdo a cada etapa do evolver social, mantido sempre o princípio básico de que ela revela um regime político em que o poder repousa na vontade do povo. Sob esse aspecto, democracia não é mero conceito político abstrato e estático, mas é um processo de afirmação do povo e de garantia dos direitos fundamentais que o povo vai conquistando no correr da história. (SILVA, 1997, p. 126-127).

A partir da ideia de Estado democrático e republicano, de cunho personalista, nosso estudo deve considerar o pressuposto de que os membros de nossa comunidade são conscientes de que dependem uns dos outros, de tal sorte que se associam como parceiros livres e iguais, sob a vigência da lei. Neste contexto, a solidariedade e a alteridade, como contrapesos do individualismo, conduzem ao necessário reconhecimento recíproco de sujeito, e se apresentam como fontes imprescindíveis de integração social. Nas palavras de Habermas, a razão de ser do Estado republicano:

---

pessoa humana e de suas possibilidades de concreção, Bodin de Moraes recorre a postulados kantianos com o escopo de estabelecer o substrato material desse princípio, concluindo que os princípios da igualdade, da integridade psicofísica, da liberdade e da solidariedade seriam corolários desse conteúdo. Assim, decompondo o princípio fundamental nesses quatro "subprincípios, de igual importância hierárquica, o fiel da balança, a medida de ponderação, o objetivo a ser alcançado, já está determinado, *a priori*, em favor do conceito da dignidade humana. Somente os corolários, ou subprincípios em relação ao maior deles, podem ser relativizados, ponderados, estimados" (MORAES, 2006, p. 119).

7. Neste ínterim, é válido recomendar a leitura da obra: STANCIOLI, Brunello. *Renúncia ao exercício de direitos de personalidade*. Ou como alguém se torna o que quer ser. Belo Horizonte: Del Rey, 2010. O autor também aplica as concepções aqui defendidas no (não) exercício dos direitos de personalidade, relendo juridicamente a noção de dignidade atrelada à garantia estatal de autonomia e de iguais espaços de liberdade de atuação.

(...) não reside fundamentalmente na proteção de direitos privados iguais, mas na garantia de uma formação abrangente da vontade e da opinião, processo no qual cidadãos livres e iguais chegam a um entendimento em que objetivos e normas se baseiam no igual interesse de todos (HABERMAS, 1995, p. 109).

Dessa forma, o grande desafio das democracias modernas, de orientação republicana, é combinar o público e o privado, os interesses individuais e coletivos, na busca de conceber uma vida social melhor – razão porque Habermas estuda a cidadania como forma de garantir a autonomia privada dos indivíduos, defendendo a ideia, tão bem difundida, de uma necessária complementariedade estre as esferas de autonomia pública e de autonomia privada.

O exercício da cidadania não se resume, evidentemente, ao direito de sufrágio universal, ou seja, de votar e ser votado. O texto constitucional estabelece, logo de saída, em seu art. 1º, que a cidadania é fundamento da república brasileira e de nosso Estado Democrático de Direito. José Afonso da Silva esclarece que a cidadania, em sentido amplo, deve ser concebida como o estado de

(...) pertinência à sociedade estatal como titular de direitos fundamentais, da dignidade como pessoa humana, da integração participativa no processo de poder, com igual consciência de que essa situação subjetiva envolve também deveres de respeito à dignidade do outro, de contribuir para o aperfeiçoamento de todos. (SILVA, 2005, p. 36).

O Estado, democrático e republicano, é a "institucionalização autoconsciente de uma comunidade ética" (HABERMAS, 1995, p. 115), na qual a solidariedade surge como fonte de equilíbrio entre o poder econômico e o poder administrativo. Desta feita, o ordenamento jurídico só tem validade na medida em que resiste ao teste que concilia interesses particulares concorrentes de maneira compatível com o bem comum, que aqui deve ser entendido em perspectiva procedimental, ou seja, como instrumentos de garantias de iguais espaços de liberdade de atuação a todos no âmbito público e social de intersubjetividades compartilhadas.

Nesse contexto, o tratamento reclamado pelo princípio da autonomia, é o mesmo e igualmente problemático que reivindicam todos os chamados direitos humanos, que, na sua acepção positiva, recebem o nome e *status* de direitos fundamentais. Consistem em núcleos de normatividade que, pela evolução cultural do mundo ocidental, radicam tanto na moral quanto no direito[8], gênese que torna sua

---

8. Habermas (1997) preconiza uma necessária relação de complementariedade entre Direito e Moral e explica que o Direito Moderno, ao manter a distinção entre direito natural e direito positivo, promove uma duplicação da relação da Moral com o Direito, ou seja, uma subordinação do Direito à Moral (Razão Prática). Para o autor, as regras jurídicas e as regras morais se colocam lado a lado como dois tipos diferentes de normas de ação, que se complementam. Trata-se, na verdade, de uma relação de complementariedade recíproca. Para ele, uma ordem jurídica só pode ser legítima quando não contrariar princípios morais, pois através dos componentes de legitimidade e validade, o Direito adquire uma relação com a Moral. Mas tal relação não subordina o Direito à Moral, no sentido de hierarquia de normas: "No nível do saber cultural, as questões jurídicas se separam das morais e éticas. No nível institucional, o direito positivo separa-se dos usos e costumes, desvalorizados como simples convenções. É certo que as questões morais e jurídicas referem-se

compreensão, densificação e coexistência especialmente controversa. A feição que a autonomia privada assume nesse contexto possui contornos de função social, pois consagra o não individual, na medida em que pressupõe ou prescinde de intersubjetividade, sem ignorar a realização dos interesses individuais.

1.2 A PLURALIDADE NA FAMÍLIA BRASILEIRA E A LIBERDADE DE PLANEJAMENTO FAMILIAR IGUALMENTE RECONHECIDA A TODAS AS ENTIDADES FAMILIARES

> Mudam os homens. Mudam os agrupamentos sociais. Mudam as instituições. Mudam os institutos jurídicos. Muda a família. Mudam as relações familiais, não para serem outras, mas para desempenharem novos e distintos papéis (HIRONAKA, 2013, p. 20).

A mudança da natureza jurídica da família na contemporaneidade, transmutando-se de instituição rígida[9] e patriarcal para um núcleo funcional, democrático e eudemonista, traz à tona esta inquieta questão de fundo, delineada no tópico acima: a tensão originada pela definição dos espaços concernentes à ordem pública e à autonomia privada, os quais vêm sendo constantemente realinhados desde a consolidação dos primeiros Estados de Direito e suas transformações políticas e jurídicas experimentadas ao longo dos últimos séculos.

Os direitos fundamentais, seu conteúdo e forma de aplicação, têm papel fundamental nessa tensão. Tais direitos, desde o Estado Liberal até o advento do Estado Democrático de Direito, exercem a função de assegurar a autonomia privada dos cidadãos[10], entretanto, de maneira muito distinta ao longo desses paradigmas polí-

---

aos mesmos problemas, a partir de ângulos distintos. Todavia, mesmo tendo pontos em comum, a moral e o direito distinguem-se prima facie, porque a moral pós-tradicional representa apenas uma forma do saber cultural, ao passo que o direito adquire obrigatoriedade também no nível institucional. O direito não é só um sistema de símbolos, mas também um sistema de ação" (HABERMAS, 1997, p. 141). Lúcio Chamon Junior destaca, portanto, que: "é exatamente por essa complementariedade que Habermas acentua no epílogo à quarta edição alemã de Faktizität und Geltung que esta relação entre Direito e Moral não implica uma neutralidade moral do Direito. Mas a falta de uma neutralidade moral não deve ser entendida, repita-se, como subordinação do Direito à Moral, mas antes o coestabelecimento originário de ambos sistemas em um contexto pós-convencional em que apresentam em comum tão somente o 'princípio do Discurso'. Antes de especificarmos este princípio, basta esclarecer que a não neutralidade moral do Direito se deve ao fato de haver uma abertura nos discursos de justificação do Direito a argumentos morais que, penetrando e se fazendo valer enquanto razões, permitem uma conexão interna entre Direito e Moral, implicando uma cooriginalidade sob a égide do 'princípio do discurso' neutro, este sim, tanto frente ao Direito como a Moral. Somente assim o Direito pode ser entendido como fonte de justiça" (CHAMON JUNIOR, 2005, p. 245-246).

9. A Constituição de 1967 trazia a orientação, em seu artigo 167, § 1º, de que o casamento era indissolúvel, considerando em seu *caput* que as noções de casamento e família eram coimplicantes, de modo que não haveria família fora do casamento. A todo o resto de relações afetivas e informais entre homens e mulheres, independentemente de serem proibidas ou não pelo Direito, era relegada a vala comum do concubinato.

10. Tal ponto será esmiuçado de forma mais aprofundada no tópico seguinte, ao tratarmos da cooriginariedade entre autonomia pública e autonomia privada na teoria de Jürgen Habermas para a legitimação e o estudo da natureza do direito ao livre planejamento familiar como direito fundamental dentro do sistema jurídico e que prescinde, ainda, da coatuação do Estado e do indivíduo para sua plena efetivação.

ticos, tendo em conta a redefinição do conceito de autonomia privada e do efetivo papel do Estado na dinâmica das relações interprivadas.

O Estado Democrático de Direito consiste em marco político no qual a plena realização do ser humano depende do fim das dicotomias entre público e privado e entre ser e dever-ser. A Constituição Federal assume, material e formalmente, a centralidade sistêmica de nossa ordem jurídica para tornar-se norte hermenêutico para todos os sistemas de direito privado, implicando, por consequência, o fim da neutralidade das normas em relação ao seu próprio conteúdo e à insuficiente concepção do homem como sujeito abstrato, mas sim sujeito concreto, permeado de necessidades e vulnerabilidades.

A vulnerabilidade da pessoa humana é tutelada em todas as suas manifestações[11]. Os direitos e prerrogativas de determinados grupos considerados frágeis recebem especial proteção da lei, tais como crianças, adolescentes, idosos, portadores de deficiências físicas e mentais, os não proprietários, consumidores, etc. (MORAES, 2009, p. 314). Normas relativas à regulação da família e à tutela de crianças, adolescentes, idosos, mulheres e deficientes são publicizadas, revelando um certo grau de intervenção estatal no regramento de matérias[12] tradicionalmente reguladas pelo direito privado, em nome da efetivação do projeto plural e personalista do texto constitucional.

De forma complementar ao movimento de intervenção pública no direito de família, este se *constitucionaliza* e a família se transmuda, para deixar de ser um instituto centrado no casamento, formal e absolutizado, para se apresentar instrumento de concretização da pluralidade, diante da orientação da principiologia constitucional, que se mostra atenta a quaisquer projetos de vida marcados pela dignidade, solidariedade e afetividade. Logo, o que se discute é a *medida* de tal intervenção.

O que se sabe é que a tradicional tensão, oriunda da dicotomia oitocentista público-privado, gerou, ao longo da história, a necessidade de estabelecimento de um novo sistema normativo fundado no reconhecimento de direitos fundamentais vistos como núcleos de universalidade possíveis dentro de uma sociedade pluralista marcada pela ruptura ética do mundo contemporâneo. Por esta razão, o Estado

---

11. Veremos, mais à frente, que a vulnerabilidade do feto também é fator relevante na análise da definição da interrupção da gravidez como liberdade de planejamento familiar ou como aborto, conduta tipificada como crime.

12. "Neste ambiente, de um renovado humanismo, a vulnerabilidade da pessoa humana será tutelada, prioritariamente, onde quer que ela se manifeste. De modo que terão precedência os direitos e as prerrogativas de determinado grupos considerados, de uma maneira ou de outra, frágeis e que estão a exigir, por conseguinte, a especial proteção da lei. Nestes casos estão as crianças, os adolescentes, os idosos, os portadores de deficiências físicas e mentais, os não proprietários, os consumidores, os contratantes em situação de inferioridade, as vítimas de acidentes anônimos e de atentados a direitos de personalidade (...)" (MORAES, Maria Celina Bodin de. Vulnerabilidades nas relações de família: o problema da desigualdade de gênero. In: DIAS, Maria Berenice (Org.). *Direito das famílias*: Contributo do IBDFAM em homenagem a Rodrigo da Cunha Pereira. São Paulo: Revista dos Tribunais, 2009, p. 314.

Democrático define que todo direito subjetivo deve sua existência a uma ordem jurídica objetiva, que irá possibilitar e garantir a integridade de uma vida autônoma, mas em comum, fundada em uma ordem de coisas que tenham como vetor o mútuo respeito, a alteridade e a tolerância.

Nesse contexto, a Constituição se apresenta como elemento normativo primordial, cujos princípios são respostas consistentes e institucionalizadas que garantem o equilíbrio entre o individual e o coletivo. Ana Carolina Brochado Teixeira e esta autora se referem a essas transformações, retratando como a família reagiu a essa nova operacionalização jurídica delineada com o passar dos séculos, afirmando:

> Podemos afirmar, então, que a família passou dos desmandos do *pater* à uma efetiva democracia em seu interior. Ademais, a independência feminina – tanto sob o aspecto financeiro, quanto sob o sexual – também contribuiu de forma preponderante para que se rompesse a ideia da manutenção do casamento a qualquer custo, com o escopo de preservar a paz doméstica – valores da sociedade dos idos dos novecentos. O grupo familiar passa de instituição a grupo íntimo caracterizado por uma concepção eudemonista. João Baptista Villela aduz que ela é, gradativamente, liberada de certas atribuições que são, então, transferidas a quem de direito: Estado, Igreja, escola, empresa. Segundo o autor, a família sempre se mostrou marcada por um caráter instrumental. Todavia, outrora, revelava-se como instrumento condicionado a interesses extrínsecos, notadamente, da Igreja e do próprio Estado. Essa é a grande *virada de Copérnico* na família contemporânea: a função familiar volta-se para seu interior, com vistas à realização mútua e pessoal e se orienta pela busca por felicidade (RODRIGUES; TEIXEIRA. 2010, p. 94).

De outra forma, Giselda Hironaka registra, com licença poética, a travessia da família ao logo dos séculos e seu atual estado da arte:

> A independência econômica da mulher a faz erguer-se, na foto, sair de trás do patriarca, levantar os olhos confiantes de quem, ao lado de seu parceiro de vida, organiza e administra a estrutura familiar. Quanto aos filhos, seu papel também deixa de ser secundário e eles assumem boa elevação econômica na ordem familiar, assim como se destacam pelas suas qualidades próprias, seu preparo intelectual e sua crescente capacidade de decisão. O divórcio, o controle da natalidade, a concepção assistida, bem como a reciprocidade alimentar, são valores novos que passam a permear o tecido familiar, para torná-lo mais arejado, mais receptivo, mais maleável, mais adaptável às concepções atuais da humanidade e da vida dos humanos. A fidelidade, como valor que não se desprendia da virtude e da abnegação no anterior tempo, hoje se descortina como aspiração individualista do amor autêntico, não eivado de mentira ou mediocridade, como descreve Gilles Lipovetsky em A sociedade pós-moralista: o crepúsculo do dever e a ética indolor dos tempos democráticos, mas, acima de tudo, espalhado pela ideia de afetividade, como o grande parâmetro modificador das relações familiares, estando a querer demonstrar que o verdadeiro elo entre as pessoas envolvidas nessas relações de núcleo, nesse tecido, consubstancia-se no afeto. (HIRONAKA, 2013, p.18-19).

Na atualidade, é outorgada a liberdade aos indivíduos para se relacionar e para pôr fim a seus relacionamentos, construindo a família segundo o que melhor lhes convier na realização de suas aspirações pessoais. A família contemporânea significa, ao mesmo tempo, um espaço dinâmico de engajamento pela realização existencial da pessoa humana, de compromisso com a própria felicidade e com a felicidade do outro. Nesse âmbito, João Baptista Villela[13] observa, com precisão, que a família representa as aspirações libertárias do homem e sua aptidão para o engajamento.

O princípio da pluralidade de entidades familiares se apresenta como derivação necessária dessa nova tessitura personalista, plural e democrática do texto constitucional. O reconhecimento de novos arranjos familiares capazes de refletir a multiplicidade de projetos de vida existentes, em uma sociedade plural e dessacralizada, é consectário lógico do arcabouço político e jurídico.

Nesse contexto de profundas revoluções sofridas por uma instituição perene em todos os contextos civilizatórios humanos (HIRONAKA, 2013, p. 17), a família se supera em busca de sua perpetuação. Como célula-base de uma sociedade, adapta-se e reflete com enorme velocidade todas as mudanças culturais, filosóficas, políticas, econômicas e morais experimentadas pelo homem. Como espelho da identidade de seus membros, é o núcleo social que consolida essas tradições e busca reproduzi-las às próximas gerações. Ao mesmo tempo, como espelho que é, de lá partem as mais profundas rupturas de paradigmas que se irradiam em toda a dinâmica de um tempo e de um contexto social.

A secularização da sociedade nos conduz à aceitação de um mundo fragmentado de muitas maneiras, mas, sobretudo, eticamente descentralizado. A valorização da dignidade do homem caminha no sentido da valorização de sua autonomia e de sua responsabilidade. O Estado Democrático de Direito brasileiro, atento à realidade em que pretende se inserir e regular, absorve essas aspirações e as insculpe sob a forma de princípios fundamentais da república: dignidade e pluralidade. Para a conciliação e consagração de todos os modos de vida, sem deixar de ser omisso, mas tampouco totalitário, nossa estrutura política se articula a partir de uma engrenagem que conta com mecanismos que permitem ou garantem iguais liberdades individuais de atuação na intenção de propiciar o florescimento de todas as individualidades, nos limites da lei e da subjetividade alheia. Como já dito, as liberdades individuais são garantidas na medida em que se apresentam como iguais liberdades a todos, indistintamente distribuídas.

Neste pano de fundo institucional, político e jurídico, insere-se o artigo 226 da Constituição Federal de 1988[14], que impõe uma nova tessitura principiológica à família contemporânea. E o faz ao mencionar que a família brasileira não se emoldura

---

13. "E onde, mais que na família, se manifesta a contradição entre as aspirações libertárias do homem e a sua fundamental vocação para o engajamento? Ela é aqui o locus privilegiado de um conflito tendencial profundo. Mas, por outro lado, é de sua estrutura institucional e de sua modelação interna que se podem extrair, mais certamente que de qualquer outra criação, os ingredientes para a resposta às gerais perplexidades do homem moderno, dividido entre a autodeterminação individual e a heteronomia social". (VILLELA, 1980, p.10).

14. O *caput* e os § 2º, 3º, 4º do artigo 226 da Constituição Federal de 1988 refletem a pluralização da família no texto da Carta Magna: A família, base da sociedade, tem especial proteção do Estado.

§ 1º O casamento é civil e gratuita a celebração.

§ 2º O casamento religioso tem efeito civil, nos termos da lei.

pelo casamento, como fazia a Constituição de 1967[15]. Por algum tempo, a doutrina especializada se dedicou à discussão se o rol de entidades familiares expresso na Constituição seria exemplificativo ou taxativo. Essa discussão é aparentemente relevante, mas desnecessária ao analisarmos este arcabouço social reproduzido na principiologia constitucional, uma vez que um Estado que se pretenda de Direito e Democrático, de vertente personalista e pautado na dignidade do homem e no pluralismo jurídico, político e social, e que emerge como uma resposta consistente às falhas do liberalismo e do socialismo, não pretende (nem nunca pretendeu) limitar arbitrariamente os *modus vivendi* assumidos em torno da construção de vida digna e da proteção a iguais liberdades indistintamente distribuídas a todos.

O rol de entidades familiares, enumerado no artigo 226 da CF/88, é, sem dúvida, meramente exemplificativo, de modo que a Constituição Federal, em vista da pluralidade social, reconhece e protege como família quaisquer grupos ou núcleos sociais que sejam fundados na dignidade de seus membros e na solidariedade entre eles:

> A busca da proteção da dignidade humana e da felicidade dos componentes do núcleo familiar, introduzida pela Constituição de 1988, contempla formas plurais de entidades familiares. Diversas modalidades de convivência foram emolduradas pela Carta Constitucional, deixando em aberto, também, o acobertamento de inúmeras outras formas de família, implicitamente, passando então a ter existência e relevância jurídica, recepcionando a igualdade, a família sem casamento, a monoparentalidade, afastando quaisquer barreiras ao reconhecimento dos filhos, independe de sua origem, por exemplo. (TEIXEIRA, 2003, p. 6).

O sistema abandona o formalismo e direciona a tutela familiar para núcleos moldados em torno de um conteúdo marcado pela comunhão de vida. Pietro Perlingieri destaca que a família ganha respaldo jurídico não porque é "portadora de um interesse superior e superindividual, mas, sim, em função da realização das exigências humanas, como lugar onde se desenvolve a pessoa" (PERLINGIERI, 2002, p. 243). Desta feita, não há legitimidade em torno de qualquer discurso que se articule a partir de argumentos que imprimam trato discriminatório entre certos grupos sociais, impedindo seu reconhecimento como núcleos familiares, apenas em virtude da forma em que se revestem.

A pluralidade da família brasileira no texto constitucional é um ponto a ser especialmente sobrelevado aqui. Mas ainda há outra premissa que precisa ser especialmente pontuada. Além da pluralidade de entidades familiares, a Constituição Federal prega a igualdade e, por consequência, a ausência de hierarquia entre elas.

---

§ 3º Para efeito da proteção do Estado, é reconhecida a união estável entre o homem e a mulher como entidade familiar, devendo a lei facilitar sua conversão em casamento.

§ 4º Entende-se, também, como entidade familiar a comunidade formada por qualquer dos pais e seus descendentes.

15. Artigo 167 da Constituição Federal de 1967: A família é constituída pelo casamento e terá direito à proteção dos Poderes Públicos.

O princípio da igualdade previsto no texto constitucional se projeta com luzes especiais e muito contribui para o atual estado da arte da família brasileira. Ele é vértice principiológico que se descortina em uma tríade fundamental na hermenêutica e na estrutura do direito familiar: impõe igualdade de gêneros, igualdade entre filhos, independente de sua origem, e igualdade entre entidades familiares.

Isto não implica, de maneira alguma, a uma "equiparação" entre entidades familiares. Neste quadro, um argumento muito difundido na tutela das uniões estáveis é o de que o texto constitucional equiparou a união estável ao casamento. Evidente q – o que não ocorreu. Trata-se de entidades familiares em tudo e por tudo distintas, já que uma é formal e a outra, informal, regulamentadas pelo legislador infraconstitucional de forma distinta, em razão de suas inerentes diferenças fáticas. Tratar a união estável como família não é igualá-la ao casamento, mas apenas valorar estas situações de fato e torná-las merecedoras de tutela jurídica a partir de suas circunstâncias e vicissitudes próprias[16]. Ao analisarmos o direito de família regulado no Código Civil, percebemos que o legislador dedica centenas de artigos à regulamentação do casamento e apenas 5 dispositivos (arts. 1723 a 1727, CC) para a tutela da união estável. Tal discrepância não implica hierarquia, pois as formalidades inerentes à celebração e formalização do casamento requerem maior regulamentação. O mesmo não ocorre com uma família que nasce do fato e por ele se dissolve, como é a união estável.

Entretanto, não podemos dizer o mesmo do trato sucessório. As diferenças formais justificam um trato pelo direito familiar desigual entre união estável e casamento. Contudo, no direito sucessório não há traços distintivos relevantes, a nosso ver, que justifiquem um trato desigual por parte do legislador. Isto porque tanto o casamento quanto a união estável são núcleos marcados pela comunhão de vida, pela solidariedade recíproca e pela mútua assistência moral e material. Sendo assim, o direito sucessório como conjunto de regras fruto da combinação dos institutos propriedade e família, e como expressão de solidariedade familiar, não encontra justificativa legítima para conferir trato diferenciado entre cônjuges e companheiros no momento de estabelecer sua vocação hereditária – razão pela qual concordamos

---

16. Nesse sentido, esclarecedora é a obra de Celso Antônio Bandeira de Mello, *O conteúdo jurídico do princípio da igualdade*, na qual ele nos fornece um *iter* racional de operacionalização deste princípio: "O princípio da igualdade interdita tratamento desuniforme às pessoas. Sem embargo, consoante se observou, o próprio da lei, sua função precípua, reside na exata e precisamente em dispensar tratamentos desiguais. Isto é, as normas legais nada mais fazem que discriminar situações, à moda que as pessoas compreendidas em umas ou em outras vêm a ser colhidas por regimes diferentes. Donde, a algumas são deferidos determinados direitos e obrigações que não assistem a outras, por abrigadas em diversa categoria, regulada por diferente plexo de obrigações e direitos. (...) Em quaisquer dos casos assinalados, ela erigiu algo em elemento diferencial, vale dizer: apanhou, nas diversas situações qualificadas, algum ou alguns pontos de diferença a que atribuiu relevo para fins de discriminar situações, inculcando a cada qual efeitos jurídicos correlatos e, de conseguinte, desuniformes entre si" (BANDEIRA DE MELLO, 2004, p.13).

com a inconstitucionalidade do artigo 1790, CC, frequentemente suscitada pela doutrina e reconhecida na jurisprudência[17].

Ao lado do casamento e da união estável, emergem outras formas de família, como a família monoparental e a anaparental, representada pela comunidade de irmãos. O paradigma do heteropatriarcalismo[18] é cada vez mais abandonado, descortinando-se a possibilidade de ampla tutela às famílias homossexuais, quer seja sob a roupagem de união estável, quer seja sob a roupagem de casamento, conforme leitura constitucional imposta pelo STF ao julgar a ADI n. 4277 e a ADPF n. 132[19] em maio

---

17. Ementa: Agravo de instrumento. Inventário. Sucessão da companheira. Abertura da sucessão ocorrida sob a égide do novo código civil. Aplicabilidade da nova lei, nos termos do artigo 1.787. Habilitação em autos de irmão da falecida. Caso concreto, em que merece afastada a sucessão do irmão, não incidindo a regra prevista no 1.790, III, do CCB, que confere tratamento diferenciado entre companheiro e cônjuge. Observância do princípio da equidade. Não se pode negar que tanto à família de direito, ou formalmente constituída, como também àquela que se constituiu por simples fato, há que se outorgar a mesma proteção legal, em observância ao princípio da equidade, assegurando-se igualdade de tratamento entre cônjuge e companheiro, inclusive no plano sucessório. Ademais, a própria Constituição Federal não confere tratamento iníquo aos cônjuges e companheiros, tampouco o faziam as Leis que regulamentavam a união estável antes do advento do novo Código Civil, não podendo, assim, prevalecer a interpretação literal do artigo em questão, sob pena de se incorrer na odiosa diferenciação, deixando ao desamparo a família constituída pela união estável, e conferindo proteção legal privilegiada à família constituída de acordo com as formalidades da lei. Preliminar não conhecida e recurso provido (*sic*) (Agravo de Instrumento 70020389284, Sétima Câmara Cível, Tribunal de Justiça do RS, Relator: Ricardo Raupp Ruschel, Julgado em 12.09.2007).

18. Ana Carla Harmatiuk Matos revela que a postura discriminatória em relação a famílias homossexuais é uma das barreiras ainda não completamente superadas pelo direito de família contemporâneo, apesar de notórios avanços, à qual ela denomina heteropatriarcalismo (MATOS, Ana Carla Harmatiuk. Filiação e homossexualidade. *Anais do V Congresso Brasileiro de Direito de Família*. São Paulo: IOB Thomson, 2006. p. 69-101).

19. Ementa: 1. Arguição de descumprimento de preceito fundamental (ADPF). Perda parcial de objeto. Recebimento, na parte remanescente, como ação direta de inconstitucionalidade. União homoafetiva e seu reconhecimento como instituto jurídico. Convergência de objetos entre ações de natureza abstrata. Julgamento conjunto. Encampação dos fundamentos da ADPF 132-RJ pela ADI 4.277-DF, com a finalidade de conferir interpretação conforme à Constituição ao art. 1.723 do Código Civil. Atendimento das condições da ação.

2. Proibição de discriminação das pessoas em razão do sexo, seja no plano da dicotomia homem/mulher (gênero), seja no plano da orientação sexual de cada qual deles. A proibição do preconceito como capítulo do constitucionalismo fraternal. Homenagem ao pluralismo como valor sócio-político-cultural. Liberdade para dispor da própria sexualidade, inserida na categoria dos direitos fundamentais do indivíduo, expressão que é da autonomia de vontade. Direito à intimidade e à vida privada. Cláusula pétrea. O sexo das pessoas, salvo disposição constitucional expressa ou implícita em sentido contrário, não se presta como fator de desigualação jurídica. Proibição de preconceito, à luz do inciso IV do art. 3º da Constituição Federal, por colidir frontalmente com o objetivo constitucional de promover o bem de todos. Silêncio normativo da Carta Magna a respeito do concreto uso do sexo dos indivíduos como saque da kelseniana norma geral negativa, segundo a qual o que não estiver juridicamente proibido, ou obrigado, está juridicamente permitido. Reconhecimento do direito à preferência sexual como direta emanação do princípio da dignidade da pessoa humana: direito a autoestima no mais elevado ponto da consciência do indivíduo. Direito à busca da felicidade. Salto normativo da proibição do preconceito para a proclamação do direito à liberdade sexual. O concreto uso da sexualidade faz parte da autonomia da vontade das pessoas naturais. Empírico uso da sexualidade nos planos da intimidade e da privacidade constitucionalmente tuteladas. Autonomia da vontade. Cláusula pétrea.

3. Tratamento constitucional da instituição da família. Reconhecimento de que a constituição federal não empresta ao substantivo "família" nenhum significado ortodoxo ou da própria técnica jurídica. A família

de 2011. Nesta oportunidade, os ministros consideraram que a natureza jurídica das uniões homossexuais era a mesma das uniões estáveis. Diante da argumentação ali defendida, e da possibilidade de se converter uniões estáveis em casamento, abriu-

---

como categoria sociocultural e princípio espiritual. Direito subjetivo de constituir família. Interpretação não reducionista. O *caput* do art. 226 confere à família, base da sociedade, especial proteção do Estado. Ênfase constitucional à instituição da família. Família em seu coloquial ou proverbial significado de núcleo doméstico, pouco importando se formal ou informalmente constituída, ou se integrada por casais heteroafetivos ou por pares homoafetivos. A Constituição de 1988, ao utilizar-se da expressão família, não limita sua formação a casais heteroafetivos nem a formalidade cartorária, celebração civil ou liturgia religiosa. Família como instituição privada que, voluntariamente constituída entre pessoas adultas, mantém com o Estado e a sociedade civil uma necessária relação tricotômica. Núcleo familiar que é o principal lócus institucional de concreção dos direitos fundamentais que a própria Constituição designa por intimidade e vida privada (inciso X do art. 5°). Isonomia entre casais heteroafetivos e pares homoafetivos que somente ganha plenitude de sentido se desembocar no igual direito subjetivo à formação de uma autonomizada família. Família como figura central ou continente, de que tudo o mais é conteúdo. Imperiosidade da interpretação não reducionista do conceito de família como instituição que também se forma por vias distintas do casamento civil. Avanço da Constituição Federal de 1988 no plano dos costumes. Caminhada na direção do pluralismo como categoria sócio-político-cultural. Competência do Supremo Tribunal Federal para manter, interpretativamente, o Texto Magno na posse do seu fundamental atributo da coerência, o que passa pela eliminação de preconceito quanto à orientação sexual das pessoas.

4. União estável. Normação constitucional referida a homem e mulher, mas apenas para especial proteção desta última. Focado propósito constitucional de estabelecer relações jurídicas horizontais ou sem hierarquia entre as duas tipologias do gênero humano. Identidade constitucional dos conceitos de entidade familiar e família. A referência constitucional à dualidade básica homem/mulher, no § 3° do seu art. 226, deve-se ao centrado intuito de não se perder a menor oportunidade para favorecer relações jurídicas horizontais ou sem hierarquia no âmbito das sociedades domésticas. Reforço normativo a um mais eficiente combate à renitência patriarcal dos costumes brasileiros. Impossibilidade de uso da letra da Constituição para ressuscitar o art. 175 da Carta de 1967/1969. Não há como fazer rolar a cabeça do art. 226 no patíbulo do seu parágrafo terceiro. Dispositivo que, ao utilizar da terminologia entidade familiar, não pretendeu diferenciá-la da família. Inexistência de hierarquia ou diferença de qualidade jurídica entre as duas formas desconstituição de um novo e autonomizado núcleo doméstico. Emprego do fraseado entidade familiar como sinônimo perfeito de família. A Constituição não interdita a formação de família por pessoas do mesmo sexo. Consagração do juízo de que não se proíbe nada a ninguém senão em face de um direito ou de proteção de um legítimo interesse de outrem, ou de toda a sociedade, o que não se dá na hipótese sub judice. Inexistência do direito dos indivíduos heteroafetivos à sua não equiparação jurídica com os indivíduos homoafetivos. Aplicabilidade do § 2° do art. 5° da Constituição Federal, a evidenciar que outros direitos e garantias, não expressamente listados na Constituição, emergem do regime e dos princípios por ela adotados, *verbis*: Os direitos e garantias expressos nesta Constituição não excluem outros decorrentes do regime e dos princípios por ela adotados, ou dos tratados internacionais em que a República Federativa do Brasil seja parte.

5. Divergências laterais quanto à fundamentação do acórdão. Anotação de que os Ministros Ricardo Lewandowski, Gilmar Mendes e Cezar Peluso convergiram no particular entendimento da impossibilidade de ortodoxo enquadramento da união homoafetiva nas espécies de família constitucionalmente estabelecidas. Sem embargo, reconheceram a união entre parceiros do mesmo sexo como uma nova forma de entidade familiar. Matéria aberta à conformação legislativa, sem prejuízo do reconhecimento da imediata auto aplicabilidade da Constituição.

6. Interpretação do art. 1.723 do Código Civil em conformidade com a constituição federal (técnica da interpretação conforme). Reconhecimento da união homoafetiva como família. Procedência das ações. Ante a possibilidade de interpretação em sentido preconceituoso ou discriminatório do art. 1.723 do Código Civil, não resolúvel à luz dele próprio, faz-se necessária a utilização da técnica de interpretação conforme à Constituição. Isso para excluir do dispositivo em causa qualquer significado que impeça o reconhecimento da união contínua, pública e duradoura entre pessoas do mesmo sexo como família. Reconhecimento que é de ser feito segundo as mesmas regras e com as mesmas consequências da união estável heteroafetiva (STF, ADI 4277 DF, Tribunal Pleno, Ministro relator Ayres Britto, j. 05.05.2011, p. 14.10.2011).

-se precedente para a celebração do casamento entre pessoas do mesmo sexo, hoje regulamentada pelo Conselho Nacional de Justiça, através da Resolução n. 175 de 2013, com vigência em todo território nacional.

Como se vê, são muitos os arranjos de famílias conjugalizadas possíveis em nosso ordenamento jurídico. Certo é que nenhum deles se caracteriza pela presença de prole ou pela finalidade reprodutiva, mas não há como negar que o desejo de se perpetuar na pessoa dos filhos é bem compartilhado por muitos seres humanos, de modo que a família deve ser ambiente propício para realização deste projeto pessoal e conjugal.

Portanto, é direito constitucionalmente garantido a todo e qualquer tipo de família o denominado direito ao livre planejamento familiar, assegurado no artigo 226, § 7o[20], da Carta Magna e reproduzido no artigo 1.565, § 2º, CC.

O sistema jurídico brasileiro deve garantir a toda e qualquer entidade familiar o direito ao livre planejamento familiar, e deve fazê-lo em nome do princípio da isonomia e da tutela ao pleno desenvolvimento da personalidade humana de todos aqueles que fazem parte de uma família e que, através dela, desejam se realizar plenamente, inclusive, perpetuando-se na pessoa de seus filhos. Ao albergar toda a pluralidade familiar no texto constitucional, abandonando o formalismo da família oitocentista, o direito deve se apresentar permeável a permitir a todos os tipos de família a consecução do projeto parental, independentemente do formato de cada família. Ao mesmo tempo, deve levar em conta o formato de cada família para permitir que, a despeito de diferenças materiais, variadas possibilidades e técnicas de reprodução sejam legitimamente oportunizadas em nome de iguais possibilidades de concretização do ideal de constituir prole.

Exemplo disso é, de certo modo, a dificuldade em boa medida já superada de admitir às famílias homossexuais o direito de adotar conjuntamente, em face da *cláusula de barreira* positivada no revogado[21] artigo 1626 do CC, que apenas estendia a possibilidade de adoção conjunta a pessoas que vivessem maritalmente ou em união estável. Até que o STF decidisse pela constitucionalidade das uniões estáveis homossexuais, e, via de consequência, pela constitucionalidade de casamentos homossexuais, a adoção conjunta se restringiria a entidades familiares eminentemente heterossexuais.

Apesar da discussão não ter sido tratada pela ótica do direito ao livre planejamento familiar, o que se vê é que este tipo de dispositivo legal feria o princípio da

---

20. Art. 226, § 7º, CF/88: "Fundado nos princípios da dignidade da pessoa humana e da paternidade responsável, o planejamento familiar é livre decisão do casal, competindo ao Estado propiciar recursos educacionais e científicos para o exercício desse direito, vedada qualquer forma coercitiva por parte de instituições oficiais ou privadas".

21. Revogado pela Lei Nacional de Adoção, Lei n. 12.010/2009, mas infelizmente por ela reeditado e inserido no ECA, no artigo 42, § 2º, onde se lê: "Para adoção conjunta, é indispensável que os adotantes sejam casados civilmente ou mantenham união estável, comprovada a estabilidade da família".

isonomia também por interditar às famílias homossexuais, independentemente do reconhecimento de sua natureza jurídica como uniões estáveis ou matrimônio, o direito ao livre planejamento familiar, a elas igualmente garantido pelo texto constitucional.

Todo casal homoafetivo tem a prerrogativa de deliberar livremente sobre as formas de constituição de sua prole comum, merecendo a mesma assistência técnica, financeira e educacional por parte do Estado nesse sentido. Por razões óbvias, suas possibilidades se restringem ao uso de técnicas de reprodução assistida e à adoção, revelando a latente inconstitucionalidade da cláusula de barreira (LOBO, 2003, p. 162), anteriormente imposta pelo artigo 1622 do CC.

O que pretendemos ressaltar, através desta ilustração, é que a conjugação entre a pluralidade de entidades familiares, encampada no texto constitucional, e direito ao livre planejamento familiar nos força a um exercício técnico jurídico de coerência e correção normativa, que nos exige abandonar posturas formalistas, tradicionais e preconceituosas para permitir que esse direito se concretize plenamente no âmbito de qualquer tipo de família, independentemente de suas diferenças fáticas, o que torna ainda mais árdua a operacionalização deste direito em nosso Estado Democrático de Direito[22].

---

22. "A reprodução humana está relacionada com a família, embora a simples existência de genitor e prole não dê automaticamente início à instituição que as sociedades chamam de família. As ciências sociais reconhecem a existência de diversos modelos de família, como agrupamentos de pessoas por meio de vínculos sociais, jurídicos e afetivos, além do vínculo de consanguinidade. Deste modo a relação entre reprodução e família e, portanto, toda a discussão sobre o planejamento familiar se abre para algo além da dimensão biológica de gerar filhos, e se estabelece ao redor da condição de ser pais e ser filhos. Portanto, estudar a condição humana de parentalidade é parte dos estudos sobre família, e planejar esta condição é entendido como planejamento familiar" (SANCHES, 2014, p.08).

Capítulo 2
CONTORNOS DO DIREITO AO LIVRE PLANEJAMENTO FAMILIAR

Desvelamos um pano de fundo fundamental para compreendermos parte da complexidade que cerca a correta interpretação e aplicação do direito ao livre planejamento familiar na atualidade, qual seja, uma sociedade plural, democrática, personalista, fragmentada e que se modifica de forma acelerada. Portanto, algumas das premissas apontadas como necessárias na introdução já foram desenvolvidas, para que possamos, a partir daqui, delimitar a amplitude que o direito ao livre planejamento familiar pode alcançar dentro de nosso sistema jurídico.

Este arcabouço é imprescindível, pois desconsiderar a fragmentação ética da sociedade no estudo da operacionalização deste direito poderia acirrar, profundamente, a tensão subjacente ao Direito, que se equilibra entre faticidade (imposição das normas no mundo fático – coerção) e validade (aceitação racional das normas ou internalização das normas – legitimidade).

Diante disso, é necessário concentrarmos esforços na análise da complexidade da natureza jurídica deste direito em nosso Estado Democrático de Direito. Para tanto, utilizaremos a teoria de Jürgen Habermas como marco teórico para a compreensão de que o direito ao livre planejamento familiar radica sua natureza não só na autonomia privada dos cidadãos, mas também em sua autonomia pública, e acaba por assumir dentro de nosso sistema jurídico a condição de direito fundamental, o qual não pode ser tratado exclusivamente como um direito subjetivo privado, ou como liberdade negativa, uma vez que depende da atuação do Estado para sua consecução plena. Não se trata, portanto, de pura esfera individual de liberdades subjetivas de ação, delimitadas pela lei, mas de um direito que necessita de uma atuação positiva do Estado para a sua promoção plena e igualitária.

Nesse sentir, cumpre frisar que a elevação do princípio da dignidade da pessoa humana como princípio fundamental do Estado representa a premissa essencial para a realização do fenômeno jurídico contemporâneo: que o homem é a razão de todo o direito e que, enquanto, sujeito de necessidades, tem à sua disposição um amplo sistema de direitos fundamentais[1], fruto de um consenso mínimo acerca do

---

1. Acerca do significado dos direitos fundamentais, José Afonso da Silva define: "Direitos fundamentais do homem constitui a expressão mais adequada a este estudo, porque, além de referir-se a princípios que resumem a concepção do mundo e informam a ideologia política de cada ordenamento jurídico, é expressão reservada para designar, no nível do direito positivo, aquela prerrogativa e instituição que ele concretiza

que uma sociedade precisa garantir para realizar as necessidades humanas. Não se pode descurar que, em uma sociedade multifacetada e fragmentada eticamente, esse consenso está longe de ser pleno. Por isso, afirmamos que os direitos fundamentais consistem em um denominador comum[2], que deve ser talhado através do exercício da autonomia individual para que cada um construa a sua própria noção de vida boa, a partir de escolhas individuais que, assentadas nesse denominador comum, possam ser legitimamente opostas aos demais membros da sociedade.

Assim sendo, o ordenamento jurídico brasileiro, ao se organizar sobre este feixe de direitos fundamentais, tem por finalidade viabilizar mecanismos jurídicos que, diante de um pano de fundo fragmentado pela infinita pluralidade humana, assegurem, no maior grau possível, a individualidade de cada um. Trata-se, em última instância, da limitação da liberdade individual em nome do reconhecimento de iguais liberdades de ação distribuídas a todos.

Daí a grande e fundamental importância do princípio da dignidade da pessoa humana, que quer reafirmar a efetividade desse sistema de direitos, sem os quais o ser humano não pode se realizar. Por esta razão, dentre outras, é que o texto constitucional reafirma no artigo 226, §7°, o princípio da dignidade da pessoa humana como baliza conformadora do direito ao livre planejamento familiar.

Além disso, não se pode perder de vista que o planejamento familiar vem, há décadas, e gradativamente, sendo alvo de proteção em âmbito internacional, a partir de uma série de acordos e tratados supranacionais, sob a roupagem de direito humano. Mostra disso é que em 1979 o planejamento familiar foi objeto de regulamentação na Convenção sobre a Eliminação de todas as formas de discriminação sobre mulheres (CEDAW) nos artigos 10, alínea h, 12 e 14[3].

---

em garantias de uma convivência digna, livre e igual de todas as pessoas. No qualificativo 'fundamentais', acha-se a indicação de que se trata de situações jurídicas sem as quais a pessoa humana não se realiza, não convive e, às vezes, nem mesmo sobrevive; fundamentais do homem no sentido de que a todos, por igual, devem ser, não apenas formalmente reconhecidos, mas concreta e materialmente efetivados. Do homem, não como macho da espécie, mas no sentido de pessoa humana. Direitos fundamentais do homem significa 'direitos fundamentais da pessoa humana' ou 'direitos humanos fundamentais'. É com esse conteúdo que a expressão 'Direitos Fundamentais' encabeça o Título II da Constituição, que se completa, como direitos fundamentais da pessoa humana, expressamente no artigo 17" (SILVA, 1997, p. 176-177).

2. Conforme Lúcio A. Chamon Junior, os direitos fundamentais são condição de possibilidade do próprio Estado Democrático de Direito e de uma prática discursiva orientada ao entendimento: "A centralidade de um Direito Constitucional que, modernamente, veio a positivar direitos fundamentais iguais e recíprocos a todos, ao mesmo tempo em que institucionalizou processos em que a abertura à participação dos afetados é marca indelével – e que, enquanto socialmente construído pode ser sociologicamente observado como contingente –, por outro lado é capaz de simultaneamente ser garantidor de condições que garantem não somente a própria produção legítima do direito, mas que também resguardam uma autonomia privada, sem com isto perder o papel de mediador da economia e do poder administrativo" (CHAMON JUNIOR, 2006, p. 17).

3. Art. 10. Os Estados-Partes adotarão todas as medidas apropriadas para eliminar a discriminação contra a mulher, a fim de assegurar-lhe a igualdade de direitos com o homem na esfera da educação e em particular para assegurar, em condições de igualdade entre homens e mulheres: h) Acesso a material informativo específico que contribua para assegurar a saúde e o bem-estar da família, incluída a informação e o

CAPÍTULO 2 • CONTORNOS DO DIREITO AO LIVRE PLANEJAMENTO FAMILIAR **31**

Pouco mais de uma década depois, em setembro de 1994, a Conferência Internacional sobre População e Desenvolvimento (CIPD), conhecida como Conferência do Cairo, foi realizada como o maior evento de porte internacional sobre temas populacionais. Consistiu em um prolongamento do Programa de Ação, baseado no consenso internacional que se desenvolveu a partir da Conferência Mundial de População, em Bucareste, em 1974, e da Conferência Internacional sobre População na Cidade do México, em 1984, e acabou abordando, de forma profunda, o tema do planejamento familiar.

A partir da realização da CIPD, em 1994, houve uma profunda mudança de perspectiva em torno das políticas e programas populacionais, que deixaram de se concentrar em controle de crescimento da população como condição para melhorias econômicas e sociais dos países, para então pensar no reconhecimento do pleno exercício dos direitos humanos e na ampliação dos meios de ação da mulher como fatores determinantes da qualidade de vida dos indivíduos. Sob este prisma, todos os delegados participantes assentiram que a saúde reprodutiva é um direito humano. Diante disso, a comunidade internacional estabeleceu, como consenso, três metas a serem alcançadas até 2015: redução da mortalidade infantil e materna; acesso à educação, especialmente para meninas; e acesso universal uma ampla gama de serviços de saúde reprodutiva, incluindo o planejamento familiar.

No ano seguinte, em 1995, a Conferência Mundial da Mulher em Pequim resultou em uma Plataforma de Ação, cujos artigos 94 e 95 sobrelevavam o direito à saúde reprodutiva e ao planejamento familiar como direitos humanos merecedores de tutela ampla e especializada, trazendo conceitos e definições que aqui merecem destaque:

94. A saúde reprodutiva é um estado de completo bem-estar físico, mental e social, em todos os aspectos relacionados com o sistema reprodutivo e suas funções e processos, e não a mera ausência de enfermidade ou doença. A saúde reprodutiva implica, assim, a capacidade de desfrutar de uma vida sexual satisfatória e sem risco, a capacidade de procriar e a liberdade para decidir fazê-lo ou

---

assessoramento sobre planejamento da família. Por sua vez, o artigo 12 da Convenção preceitua: 1. Os Estados-Partes adotarão todas as medidas apropriadas para eliminar a discriminação contra a mulher na esfera dos cuidados médicos a fim de assegurar, em condições de igualdade entre homens e mulheres, o acesso a serviços médicos, inclusive os referentes ao planejamento familiar. 2. Sem prejuízo do disposto no parágrafo 1º, os Estados-Partes garantirão à mulher assistência apropriada em relação à gravidez, ao parto e ao período posterior ao parto, proporcionando assistência gratuita quando assim for necessário, e lhe assegurarão uma nutrição adequada durante a gravidez e a lactância. Por fim, o artigo 14 ainda faz referência ao planejamento familiar no seguinte contexto: Artigo 14: 1. Os Estados-Partes levarão em consideração os problemas específicos enfrentados pela mulher rural e o importante papel que desempenha na subsistência econômica de sua família, incluído seu trabalho em setores não monetários da economia, e tomarão todas as medidas apropriadas para assegurar a aplicação dos dispositivos desta Convenção à mulher das zonas rurais. 2. Os Estados-Partes adotarão todas as medidas apropriadas para eliminar a discriminação contra a mulher nas zonas rurais a fim de assegurar, em condições de igualdade entre homens e mulheres, que elas participem no desenvolvimento rural e dele se beneficiem, e em particular assegurar-lhes-ão o direito a: b) Ter acesso a serviços médicos adequados, inclusive informação, aconselhamento e serviços em matéria de planejamento familiar.

não fazê-lo, quando e com que frequência. Essa última condição implica o direito para o homem e a mulher de obter informação sobre métodos seguros, eficientes e exequíveis de planejamento familiar e de ter acesso aos de sua escolha, assim como a outros métodos por eles escolhidos para regularização da fertilidade, que não estejam legalmente proibidos, e o direito de acesso a serviços apropriados de atendimento à saúde que permitam às mulheres o acompanhamento seguro durante a gravidez, bem como partos sem riscos, e deem aos casais as melhores possibilidades de terem filhos sãos. Em consonância com essa definição de saúde reprodutiva, o atendimento à saúde reprodutiva se define como o conjunto de métodos, técnicas e serviços que contribuem para a saúde e o bem-estar reprodutivo, ao evitar e resolver os problemas relacionados com a saúde reprodutiva. Inclui também a saúde sexual, cujo objetivo é o desenvolvimento da vida e das relações pessoais e não meramente a assistência social e o atendimento relativo à reprodução e às enfermidades sexualmente transmissíveis.

95. Levando em conta a definição anterior, os direitos de reprodução abarcam certos direitos humanos que já estão reconhecidos nas legislações nacionais, em documentos internacionais relativos aos direitos humanos e em outros documentos e consensos. Tais direitos têm por base o reconhecimento do direito fundamental de todos os casais e indivíduos a decidir livre e responsavelmente o número de seus filhos, o momento de seu nascimento e o intervalo entre eles, a dispor de informação sobre os meios para isso e a alcançar o mais alto nível de saúde sexual e reprodutiva. Também inclui seu direito de adotar decisões relativas à reprodução sem sofrer discriminação, coações nem violências, em conformidade com o que estabelecem os documentos relativos aos direitos humanos. No exercício desse direito, os casais e os indivíduos devem ter em conta as necessidades de seus filhos nascidos e por nascer e suas obrigações para com a comunidade. A promoção do exercício responsável desses direitos por todos os indivíduos deve ser a base primordial das políticas e programas estatais e comunitários na área da saúde reprodutiva, inclusive planejamento da família. Como parte desse compromisso, deve-se prestar plena atenção à promoção de relações de respeito mútuo e igualdade entre os homens e mulheres e, particularmente, às necessidades dos adolescentes em matéria de informação e de serviços, a fim de que possam assumir sua sexualidade de modo positivo e responsável. A saúde reprodutiva está fora do alcance de muitas pessoas em todo o mundo, por força de fatores como conhecimentos insuficientes sobre a sexualidade humana e informação e serviços também insuficientes; persistência de comportamentos sexuais de alto risco; práticas sociais discriminatórias; atitudes negativas em relação às mulheres e meninas e o poder limitado que muitas delas têm sobre sua vida sexual e reprodutiva. Na maioria dos países, os adolescentes são particularmente vulneráveis, por causa de sua falta de informação e de acesso aos serviços pertinentes. As mulheres e os homens de mais idade têm problemas especiais em matéria de saúde reprodutiva e sexual, que nem sempre merece a devida atenção.

Em setembro de 2000, dirigentes mundiais dos 191 países do mundo, reunidos na Cimeira do Milénio, reafirmaram as suas obrigações comuns para com todas as pessoas, especialmente as mais vulneráveis e, em particular, as crianças do mundo. Comprometeram-se, na ocasião, a atingir um conjunto de objetivos específicos, os chamados Objetivos de Desenvolvimento do Milénio (ODM), que iriam guiar os seus esforços coletivos nos próximos anos no que diz respeito ao combate à pobreza e ao desenvolvimento sustentável. Dentre esses objetivos, ficou estabelecido no item 5 a necessidade de se melhorar a saúde da mãe, reduzindo em três quartos a mortalidade materna.

No relatório anual sobre a população mundial, divulgado pelo Fundo de População das Nações Unidas (UNFPA) em 12/10/2005, a ONU considerou o planejamento familiar como um direito fundamental para a capacidade das mulheres de moldar seus destinos e livrar suas famílias da pobreza, situando-se como um dos investimentos mais sábios e eficazes para qualquer país realizar em termos de políticas públicas. O relatório revelou que, da estimativa de aumento da população mundial dos 6,5 bilhões em 2005 para 9,1 bilhões em 2050, a maior parte ocorrerá nos 50 países mais pobres[4]. Nessas regiões, calcula-se que a população deve passar do dobro do tamanho atual. Diante dessa realidade, o planejamento familiar permitiria que as mulheres adiassem a maternidade até concluir sua educação, participar da força de trabalho e adquirir qualificações e experiência. Outros benefícios do planejamento familiar apontados pelo relatório seriam proporcionar melhor qualidade de vida, devido à redução no tamanho das famílias; queda da mortalidade materno-infantil; prevenção contra o HIV, em função do uso de preservativos; desenvolvimento econômico e social; e equilíbrio entre os recursos naturais e as necessidades da população (por meio de um crescimento demográfico mais lento).

Em setembro de 2010, a Cúpula das Nações Unidas sobre os Objetivos de Desenvolvimento do Milênio (ODM) se reuniu novamente e terminou com a adoção de um plano de ação global para alcançar as oito metas até a data limite de 2015 e o anúncio de novos e importantes compromissos para a saúde das mulheres e das crianças, entre outras iniciativas contra a pobreza, a fome e as doenças. O documento final da cúpula, que se encontrou durante três dias, intitulado "Cumprindo a promessa: unidos para alcançar os Objetivos de Desenvolvimento do Milênio", reafirmou o compromisso dos líderes mundiais em relação aos ODMs e estabeleceu uma agenda de medidas concretas para alcançar as metas até 2015, dentre elas ações voltadas ao planejamento familiar.

2.1 A COORIGINARIEDADE ENTRE AUTONOMIA PÚBLICA E PRIVADA E O FIM DA DICOTOMIA OITOCENTISTA NA COMPREENSÃO DA NATUREZA DO DIREITO AO LIVRE PLANEJAMENTO FAMILIAR

Já afirmamos que o Estado Democrático de Direito consiste em um marco político no qual a plena realização do ser humano depende do fim das dicotomias entre público e privado e entre ser e dever-ser. Ao comentar a obra de Habermas, Lúcio Antônio Chamon Júnior explica:

> Em uma compreensão procedimental do Estado Democrático de Direito não há que se falar na prevalência do público ou do privado, mas antes numa codependência que não pode ser cortada senão sob o perigo de não se considerar a construção legítima das decisões políticas e da produção do Direito. Neste sentido, portanto, se a autonomia privada se refere a uma seara em que

---

4. De acordo com o documento, nos países mais pobres as mulheres ainda têm, em média, cinco filhos, e 5 milhões delas não têm acesso a métodos eficazes de contracepção. "Se tivessem uma opção, muitas adotariam o planejamento familiar", diz o relatório. O documento revela que na África somente 20% das mulheres casadas usam métodos de contracepção, enquanto a média mundial é de 54%.

indivíduos reconhecem reciprocamente, e a todos, determinados direitos a fim de possibilitar a construção de um projeto de vida rumo a sua própria e individual (privada) auto-realização ética – inclusive reconhecendo âmbitos para o agir estratégico –, a autonomia pública, por sua vez, é referente a um campo aberto de discussões, enfim um espaço discursivo aberto em que, também aqui, reconhecem-se, a todos, direitos de igual inserção nos debates. Assim é que fica estabelecida uma co-dependência entre a autonomia pública e privada. (CHAMON JUNIOR, 2005, p. 250).

Segundo a teoria habermasiana, no Estado Democrático de Direito, o devido processo legislativo garante que o processo de formação das normas esteja aberto a toda comunidade. Para tanto, o autor radica o fundamento da autoridade das normas jurídicas – ou seja, o fundamento de legitimidade do próprio Direito – no *Princípio do Discurso*, de modo que os próprios destinatários das normas sejam também, ao mesmo tempo, seus autores.

Para chegar a esta colocação, o autor irá estabelecer uma interconexão entre soberania de um povo e direitos humanos, partindo das críticas que opõe às teorias de Kant e Rousseau ao afirmar que ambos se equivocaram ao atribuir a capacidade de autodeterminação exclusivamente ao indivíduo, como Kant faz em *Crítica da Razão Prática*, ou ao Estado, como Rousseau faz em *Contrato Social*.

Na visão de Habermas, Kant se aproximou de um modelo liberal, que enxerga os direitos humanos como garantia de menor intervenção possível do Estado, ao passo em que Rousseau, por sua vez, se avizinhou do modelo republicano, que trata os direitos humanos como critério de realização ética da sociedade:

> Kant não interpretou a ligação de soberania popular aos direitos humanos como restrição, porque ele partiu do princípio de que ninguém, no exercício de sua autonomia como cidadão, poderia dar a sua adesão a leis que pecam contra sua autonomia privada garantida pelo direito natural. Por isso, era preciso explicar a autonomia política a partir do nexo interno entre a soberania do povo e direitos humanos. Ora, a construção do contrato da sociedade deve proporcionar precisamente isso. Todavia, a linha kantiana de fundamentação da doutrina do direito, que passa da moral para o direito, não valoriza o contrato da sociedade, afastando-se, pois, da inspiração de Rousseau. Rousseau parte da constituição de autonomia do cidadão e introduz *a fortiori* um nexo interno entre a soberania popular e os direitos humanos. No entanto como a vontade soberana do povo somente pode exprimir-se na linguagem de leis abstratas e gerais, está inscrito naturalmente nela o direito a iguais liberdade subjetivas, que Kant antepõe, enquanto direito humano fundamentado moralmente, à formação política da vontade. Por isso, em Rousseau, o exercício da autonomia política não está mais sob a reserva de direitos naturais; o conteúdo normativo dos direitos humanos dissolve-se no modo de realização da soberania popular. Através do *medium* de leis gerais e abstratas, a vontade unificada dos cidadãos está ligada a um processo de legislação democrática que exclui *per se* todos os interesses não universalizáveis, permitindo apenas regulamentações que garantem a todos as mesmas liberdades subjetivas. (HABERMAS, 1997, p. 135-136).

Habermas se afasta destes dois modelos para preconizar que o nexo interno entre soberania do povo e direitos humanos reside no conteúdo normativo de um "*modo de exercício da autonomia política* que é assegurado através da formação discursiva da opinião e da vontade, não através da forma de leis gerais" (HABERMAS, 1997, p. 137, grifos nossos).

Através de um processo dialógico, a sociedade decide quais normas são válidas, de modo que a linguagem tem papel fundamental para a integração social, pois os atores comunicativos estão ligados intersubjetivamente por processos comunicacionais de entendimento[5]. Nisso se insere, de forma fundamental, a ideia de *mundo da vida* desenvolvida pelo autor supracitado, que visa a representar um pano de fundo que, apesar de multifacetado, conecta-se através do entendimento, afastando o risco do dissenso e desintegração social.

De outro modo, podemos ainda considerar que o *mundo da vida* diz respeito a um conjunto de saberes não problematizados, que asseguram um pano de fundo interpretativo e possibilitador de interação social, amortizando o risco de pretensões de validade serem sempre recusadas pelos interlocutores, o que geraria instabilidade. Ou seja, para que toda comunicação seja possível, devemos pressupor certas evidências interpretativas do *mundo da vida*:

> O conceito de mundo da vida, da teoria da comunicação, também rompe com o modelo de uma totalidade que se compõem de partes. O mundo da vida configura-se como uma rede ramificada de ações comunicativas que se difundem em espaços sociais e épocas históricas; e as ações comunicativas, não somente se alimentam das fontes tradicionais e das ordens legítimas, como também dependem das identidades de indivíduos socializados. Por isso, o mundo da vida não pode ser tido como uma organização superdimensionada, à qual os membros se filiam, nem como uma coletividade que se compõe de membros. Os indivíduos socializados não conseguiriam se afirmar na qualidade de sujeitos, se não encontrassem apoio nas condições de reconhecimento recíproco, articuladas nas tradições culturais e estabilizadas em ordens legítimas e vice-versa. A prática comunicativa cotidiana, na qual o mundo da vida certamente está centrado, resulta, com a mesma originariedade, o jogo entre reprodução cultural, integração social e socialização. A cultura, a sociedade e a pessoa se pressupõem reciprocamente. (HABERMAS, 1997, p. 111-112).

O Direito surge como uma espécie de transformador que impede que essa rede geral de comunicações se rompa, exercendo, portanto, uma função de integração neste espaço aberto pela racionalização e pulverização do mundo da vida (HABERMAS, 1997, p. 82). Essa função de integração (Direito como *medium*) prescinde de um equilíbrio entre facticidade e validade, ou seja, um equilíbrio, respectivamente, entre imposição fática das normas que garantem a ordem (coerção) e aceitabilidade racional das normas (legitimidade).

---

5. "O surgimento da legitimidade a partir da legalidade não é paradoxal, a não ser para os que partem da premissa de que o sistema tem que ser representado como um processo circular que se fecha recursivamente, legitimando-se a si mesmo. A isso opõe-se à evidência de que as instituições jurídicas da liberdade decompõem-se quando inexistem iniciativas de uma população acostumada à liberdade. Sua espontaneidade não pode ser forçada através do Direito; ele se regenera através das tradições libertárias e se mantém nas condições associacionais de uma cultura política liberal. Regulações jurídicas podem, todavia, estabelecer medidas para que os custos das virtudes cidadãs pretendidas não sejam muito altos. A compreensão discursiva do sistema dos direitos conduz o olhar para os dois lados: de um lado, a carga dos cidadãos desloca-se para os procedimentos de formação discursiva da opinião e da vontade, institucionalizados juridicamente. De outro lado, a juridificação da liberdade comunicativa significa também que o Direito é levado a explorar fontes de legitimação das quais ele não pode dispor" (HABERMAS, 1997, p. 168).

Para que este equilíbrio seja alcançado, Habermas recorre ao princípio do discurso e da democracia, evidenciando que a autoridade das normas jurídicas reside na deliberação autônoma de sujeitos livres e iguais dentro de um Estado Democrático de Direito, ou seja, naquilo que o autor se refere como sendo um modo de exercício da autonomia política, como mencionado acima.

Desta feita, se as normas jurídicas são feitas a partir de um processo dialógico racional, intermediado pela linguagem, é possível equilibrar a tensão entre facticidade e validade, permitindo que o Direito efetivamente promova ou garanta integração social, respondendo a uma das grandes questões da contemporaneidade, que é exatamente esta: como o Direito é capaz de promover ordem e integração social na atualidade, momento em que os projetos de vida são multifacetados e, muitas vezes, antagônicos?

Através do discurso e da linguagem são levantadas pretensões de validade, as quais garantem um processo comunicacional, que possibilita um resgate discursivo, já que devem ser justificadas através de argumentos, possibilitando a validade que garante a força do ato da fala. Ou seja, as pretensões de validade visam a transmitir confiança, que pode ser conquistada a partir da força de bons argumentos, os quais irão, por sua vez, garantir o consenso. Senso assim, o consenso nada mais é que o reconhecimento intersubjetivo das pretensões de validade levantadas no discurso.

Portanto, a construção das normas legítimas, que irão garantir liberdades individuais, prescinde do uso da autonomia pública dos cidadãos, uma vez que tal legitimidade só pode ser obtida na medida em que as pretensões de validade contidas na norma tenham sido discutidas por todos a partir de um agir comunicativo, voltada para o entendimento e para o consenso.

Para tanto, é fundamental que sejam garantidas a todos, indistintamente, iguais liberdades de atuação e distribuição equânime de direitos fundamentais, de modo que todos tenham as mesmas oportunidades e que possam participar dos processos de deliberação, pois um sistema jurídico legítimo, no âmbito de um Estado Democrático de Direito, "deve contemplar os direitos fundamentais que os cidadãos são obrigados a se atribuir mutuamente, caso queiram regular sua convivência com os meios legítimos do direito positivo" (HABERMAS, 1997, p. 154).

Habermas irá utilizar destas construções[6] para fundamentar os direitos subjetivos privados e o uso da autonomia privada em um Estado Democrático de Direito.

---

6. Na verdade, a cooriginariedade entre autonomia pública e privada, democracia, soberania e direitos fundamentais forma um amálgama fundamental na teoria de Habermas na defesa da legitimidade do Direito e de sua função como gerador de integração social. Essa ideia não se afasta de todo das premissas defendidas, a seu modo, por Norberto Bobbio, em *A Era dos Direitos*: "O reconhecimento e a proteção dos direitos do homem estão na base das constituições democráticas modernas. A paz, por sua vez, é o pressuposto necessário para o reconhecimento e a efetiva proteção dos direitos do homem em cada Estado e no sistema internacional. Ao mesmo tempo, o processo de democratização do sistema internacional, que é o caminho obrigatório para a busca do ideal da 'paz perpétua', no sentido kantiano da expressão, não pode avançar sem

Através da interconexão entre o princípio do discurso e da democracia, o autor afirma a existência de um mecanismo de gênese lógica dos direitos, que ocorre através da institucionalização jurídica de condições para um exercício discursivo da autonomia política, e que acaba por equipar a autonomia privada com a forma jurídica (HABERMAS, 1997, p. 158). Este tipo de sistema jurídico deve conter os direitos que os cidadãos são obrigados a se atribuir reciprocamente, caso pretendam regular sua convivência com os meios do direito positivo, pois determinam o *status* das pessoas de direitos. Eles são os direitos fundamentais que garantem o próprio direito à maior medida possível de iguais liberdades subjetivas de ação, que protegem o estatuto de um membro numa associação voluntária de parceiros de direito; que tutelam a possibilidade de postulação judicial de direitos e proteção jurídica individual; e que garantem, em última instância, a participação nos processos de formação de opinião e vontade, nos quais se exercita a autonomia política, possibilitando a criação de direito legítimo (HABERMAS, 1997, p. 158-159).

Concebendo o Direito como um *medium* de integração social, no qual as pretensões de validade ou normas de ação levantadas se tornam válidas porque todos aqueles por elas atingidos são capazes de dar o seu assentimento na qualidade de participantes de discursos racionais de justificação, a facticidade das normas (coerção) passa a ser constitutiva de interações sociais destituídas de peso moral. O Direito, enquanto medium pressupõe direitos que definem o status de pessoas como entes portadores de direitos em geral, os quais podem ser talhados pela liberdade de arbítrio de cada um, mas que são moldados externamente por leis coercitivas, isto é, por leis que limitam os espaços de opção a partir de fora para compatibilizar as liberdades subjetivas imputáveis individualmente. Habermas ainda afirma que a autonomia privada garante uma "liberação das obrigações da liberdade comunicativa"[7] (HABERMAS, 1997, p. 155), ou seja, voltada para o entendimento ou consenso.

Para Habermas, quem toma decisões em nome de suas liberdades subjetivas de ação não precisa se preocupar se os argumentos que são decisivos para cada um

---

uma gradativa ampliação do reconhecimento e da proteção dos direitos do homem, acima de cada Estado. Direitos do homem, democracia e paz são três momentos necessários do mesmo movimento histórico: sem direitos do homem reconhecidos e protegidos não há democracia; sem democracia não existem condições mínimas para a solução pacífica dos conflitos. Em outras palavras, a democracia é a sociedade dos cidadãos, e os súditos se tornam cidadãos quando lhe são reconhecidos alguns direitos fundamentais" (BOBBIO, 2004, p. 01).

7. "Liberdade comunicativa só existe entre atores que desejam entender-se entre si sobre algo num enfoque performativo e que contam com tomadas de posição perante pretensões de validade reciprocamente levantadas. Essa característica da liberdade comunicativa, que depende sempre de uma relação intersubjetiva, explica porque ela se liga a obrigações ilocucionárias. Para alguém poder tomar uma posição, dizendo "sim" ou "não", é preciso que o outro esteja disposto a fundamentar, caso se torne necessário, uma pretensão levantada através de atos de fala. Uma vez que os sujeitos que agem comunicativamente se dispõem a ligar a coordenação de seus planos de ação a um consentimento apoiado nas tomadas de posição recíprocas em relação a pretensões de validade e no reconhecimento dessas pretensões, somente contam os argumentos que podem ser aceitos em comum pelos participantes. São os mesmos argumentos que têm uma força racionalmente motivadora" (HABERMAS, 1997, p. 156).

podem ser aceitos pelos outros. A autonomia privada circunscreve um espaço para o qual o sujeito pode se retirar sem *prestar contas* publicamente dos argumentos que justificam sua ação:

> Por isso a autonomia privada de um sujeito de direitos pode ser entendida essencialmente como a liberdade negativa de retirar-se do espaço público das obrigações ilocucionárias recíprocas para uma posição de observação e de influenciação recíproca. *A autonomia privada vai tão longe, que o sujeito do direito não precisa prestar contas, nem apresentar argumentos aceitáveis para seus planos de ação. Liberdades de ações subjetivas justificam a saída do agir comunicativo e a recusa de obrigações ilocucionárias; elas fundamentam uma privacidade que libera do peso da liberdade comunicativa atribuída e imputada reciprocamente.* (HABERMAS, 1997, p. 156, grifos nossos).

Ao reconhecermos o direito ao livre planejamento familiar como direito fundamental, devemos atribuir a ele um papel capital na estrutura democrática de nosso sistema jurídico-político. Conforme destacado anteriormente, no item 95 da Plataforma de Ação da Conferência Mundial da Mulher em Pequim os direitos de reprodução abarcam certos direitos humanos que já estão reconhecidos em uma série de legislações nacionais, bem como em documentos internacionais.

Estes configuram-se direitos humanos que têm por base o reconhecimento equânime de que todos os casais ou indivíduos podem e devem decidir livre e responsavelmente sobre o número de filhos que desejam ter, o momento de seu nascimento e o intervalo entre eles, além de dispor de plena informação sobre os meios para isso, alcançando o mais alto nível de saúde sexual e reprodutiva. Outrossim, reconhecem a liberdade de poder de tomar decisões concernentes à reprodução sem sofrer discriminação, coação ou violência, em nome do livre desenvolvimento de sua personalidade humana.

2.2 A TENSÃO ENTRE FATICIDADE E VALIDADE NA DECISÃO DA CORTE INTERAMERICANA DE DIREITOS HUMANOS NO CASO ARTAVIA MURILLO E OUTROS (FECUNDAÇÃO *IN VITRO*) *VERSUS* COSTA RICA: VIOLAÇÃO DO PRINCÍPIO DA DIGNIDADE HUMANA E DO DIREITO AO LIVRE PLANEJAMENTO FAMILIAR

De acordo com a teoria habermasiana, o reconhecimento de iguais liberdades subjetivas de ação igualmente distribuídas necessita, como condição de possibilidade, do reconhecimento de iguais direitos fundamentais a todas as pessoas, conforme exposto anteriormente. O não reconhecimento destes direitos fundamentais gera uma crise de legitimidade em torno de decisões e comandos jurídicos, pois compromete o processo de (re)construção do Direito, impedindo que os destinatários das normas participem de sua elaboração legítima e discursiva.

Para comprovar a aplicação desses pressupostos teóricos naquilo que concerne ao direito ao livre planejamento familiar, cabe aqui analisar o julgamento da *Corte interamericana de Direitos Humanos no caso Artavia Murillo e outros (fecundação in vitro) versus Costa Rica*, cuja sentença foi proferida em 28 de novembro de 2012, quando a Corte considerou que o Estado de Costa Rica havia violado direitos como vida privada e familiar, integridade pessoal com relação à autonomia pessoal e saúde sexual, além do alegado direito de gozar dos benefícios do progresso científico e tecnológico e o princípio da não discriminação, em prejuízo de 18 pessoas, em razão dos efeitos da sentença proferida pela Sala Constitucional da Corte Suprema da Costa Rica. O ocorrido deu-se no dia 15 de março de 2000, mediante o qual declarou inconstitucional o Decreto Executivo n. 24029-S, emitido em 3 de fevereiro de 1995, pelo Ministério da Saúde, no qual se autorizava a técnica de fecundação *in vitro* (FIV) no país para casais e regulava a sua execução[8].

Antes da declaração de inconstitucionalidade, o artigo 1º do Decreto Executivo n. 24029-S regulava a realização de técnicas de reprodução assistida entre cônjuges, enquanto que o artigo 2º cuidava de definir as técnicas de reprodução assistida como todas aquelas técnicas artificiais nas quais a união de um óvulo com um espermatozoide ocorre mediante uma forma de manipulação direta das células reprodutivas em laboratório.

Além disso, o Decreto declarado inconstitucional estabelecia que o número de embriões obtidos em cada ciclo de tratamento deveria se limitar a seis[9]. Por sua vez, o artigo 10[10] obrigava a que todos os embriões obtidos no procedimento fossem necessariamente implantados em útero materno para fins de reprodução humana. Nesse ínterim, os procedimentos de manipulação genética e de experimentação científica com embriões eram completamente vedados no artigo 11[11], assim como

---

8. Segundo ementa da decisão proferida em sede de solicitação de medidas provisórias no caso Artavia Murillo y otros (fecundação *in vitro*) *versus* Costa Rica, em 31 de março de 2014: "La Sentencia de excepciones preliminares, fondo, reparaciones y costas (en adelante 'la Sentencia') emitida en el presente caso por la Corte Interamericana de Derechos Humanos (en adelante 'la Corte Interamericana', 'la Corte' o 'el Tribunal') el 28 de noviembre de 2012. La Corte determinó que la República de Costa Rica (en adelante '"el Estado' o 'Costa Rica') era internacionalmente responsable por haber vulnerado el derecho a la vida privada y familiar y el derecho a la integridad personal en relación con la autonomía personal, la salud sexual, el derecho a gozar de los beneficios del progreso científico y tecnológico y el principio de no discriminación, en perjuicio de 18 personas, en razón de los efectos de la sentencia emitida por la Sala Constitucional de la Corte Suprema de Costa Rica el 15 de marzo de 2000, mediante la cual declaró inconstitucional el Decreto Ejecutivo No. 24029-S. Ese Decreto Ejecutivo había sido emitido por el Ministerio de Salud el 3 de febrero de 1995, y en el mismo se autorizaba la técnica de la Fecundación In Vitro (FIV) en el país para parejas conyugales y regulaba su ejecución. Esa sentencia de inconstitucionalidad implicó que se prohibiera la FIV en Costa Rica y, en particular, generó que algunas de las víctimas del presente caso debieran interrumpir el tratamiento médico que habían iniciado y que otras se vieran obligadas a viajar a otros países para poder acceder a la FIV" (Corte Interamericana de Direitos Humanos. *Caso Artavia Murillo y otros versus Costa Rica*. Sentencia de 28 de noviembre de 2012). Disponível na Internet. Acesso em: 21 abr. 2014.

9. Artículo 9. En casos de fertilización in vitro, queda absolutamente prohibida la fertilización de más de seis óvulos de la paciente por ciclo de tratamiento.

10. Artículo 10. Todos los óvulos fertilizados en un ciclo de tratamiento, deberán ser transferidos a la cavidad uterina de la paciente, quedando absolutamente prohibido desechar o eliminar embriones, o preservarlos para transferencia en ciclos subsecuentes de la misma paciente o de otras pacientes.

11. Artículo 11. Quedan absolutamente prohibidas las maniobras de manipulación del código genético del embrión, así como toda forma de experimentación sobre el mismo.

qualquer tipo de comercialização, nos termos do artigo 12[12]. Essas normas, caso fossem descumpridas, geravam sanções[13] como perda de autorização sanitária e alvará de funcionamento, sem prejuízo de outras sanções legais e sanções deontológicas impostas por órgãos de classe.

Através de rápida apreciação do decreto costarriquenho, nota-se que consistia em regramento bastante rigoroso e limitador das possibilidades descortinadas pela tecnologia de reprodução humana assistida. Tratava-se de legislação mais austera que a própria Lei de Biossegurança brasileira (Lei n.11.105, de 24 de março de 2005), uma vez que limitava o número de embriões, impedia seu congelamento, descarte, pesquisa e manipulação.

Diferentemente, no Brasil, não existe limitação de número de embriões obtidos em cada ciclo. Além disso, o congelamento de embriões e sua destinação para a pesquisa são técnicas que foram julgadas em 29 de maio de 2008, em sede de jurisdição constitucional, através da ação direta de inconstitucionalidade n. 3510, como válidas e legítimas em nosso sistema jurídico.

O objeto da controvérsia levada a julgamento na Corte interamericana de Direitos Humanos cingiu-se à proteção do direito a igualdade das vítimas, supostamente violado pelo Estado da Costa Rica, através de uma ingerência arbitrária, caracterizada pela proibição absoluta do uso da fecundação *in vitro*, como técnica de reprodução assistida, na consecução do direito ao livre planejamento familiar. A vedação ao tratamento, na alegação das vítimas, impediu-os de ter acesso a uma técnica que lhes permitiria superar uma situação de desvantagem naquilo que diz respeito à possibilidade de ter filhos biológicos. Ou seja, o uso da técnica permitiria a estes casais o nivelamento no feixe de iguais liberdades de atuação em termos de planejamento familiar.

O Estado da Costa Rica apresentou três exceções preliminares à demanda, alegando que os autores não haviam esgotado todos os mecanismos judiciais internos para discussão da legitimidade e validade da proibição, intempestividade de petições apresentadas por alguns dos pleiteantes e incompetência da corte Interamericana de Direitos Humanos para conhecer da demanda, sendo todas elas rechaçadas pela Corte, que se pôs a analisar o mérito da questão acerca da violação de direitos humanos ligados à reprodução e àquilo que, no Brasil, denominamos direito ao livre planejamento familiar. Além disso, no mérito, o Estado da Costa Rica alegou que declarou inconstitucional apenas o uso da técnica de reprodução assistida que

---

12. Artículo 12. Queda absolutamente prohibido comerciar con células germinales – óvulos y espermatozoides – para ser destinados a tratamiento de pacientes en técnicas de reproducción asistida, sean éstas homólogas o heterólogas.

13. Artículo 13. El incumplimiento de las disposiciones aquí establecidas faculta al Ministerio de Salud para cancelar el permiso sanitario de funcionamiento y la acreditación otorgada al establecimiento en el que se cometió la infracción, debiendo remitirse el asunto en forma inmediata al Ministerio Público y al Colegio Profesional respectivo, para establecer las sanciones correspondientes.

implicava perda de embriões[14]. Se a técnica fosse apurada a ponto de não implicar perda ou destruição de embriões, ela seria possível.

Para enfrentar a questão, a Corte se pôs a definir conceitos básicos, tais como o da infertilidade humana, a partir de conhecimentos e provas produzidas por peritos ao longo de audiências públicas promovidas com o escopo de fornecer subsídios materiais para formação da convicção dos julgadores. Sendo assim, a Corte definiu infertilidade como a impossibilidade de se alcançar uma gravidez após relações sexuais por doze meses ou mais. Dentre as causas mais comuns de infertilidade, foram apontadas, dentre outras, danos nas trompas de falópio, aderências tubo-ováricas, fatores masculinos (por exemplo, baixo nível de esperma), endometriose, fatores imunológicos ou baixa reserva de óvulos. Estimou-se que a incidência de infertilidade atinge aproximadamente 10% das mulheres em idade reprodutiva[15].

Para superar a infertilidade e alcançar o objetivo de concretizar a prole, surgem as técnicas de reprodução assistida que, segundo a Corte, consistem em um grupo de diferentes tratamentos médicos utilizados para ajudar pessoas e casais inférteis a alcançar uma gravidez, os quais incluem manipulação de óvulos, espermatozoides ou embriões para obtenção da gravidez. Entre estas técnicas, encontramos a Fertilização *in vitro* (FIV), a transferência intratubária de gametas, a transferência intratubária de zigotos e embriões, a criopreservação de ovócitos e embriões, doação de ovócitos e embriões e o uso do útero de substituição[16].

---

14. Segundo a defesa do Estado da Costa Rica: "Por otra parte, el Estado alegó que la Sentencia "no prohíbe la FIV en general, sino que se refiere exclusivamente a la técnica que se usaba en ese momento, mediante la cual se sabe que la vida humana en un porcentaje considerable de los casos, no tiene posibilidad de continuar". Respecto a la posibilidad de practicar la FIV hoy día, el Estado indicó que "[a] la fecha la ciencia no practica una técnica in vitro que sea compatible con el derecho a la vida protegido en Costa Rica, prueba de ello, es que con ocasión del informe de la Comisión Interamericana de Derechos Humanos se intentó regular el tema y se presentó a la Asamblea Legislativa de Costa Rica un proyecto de ley que regulara esta técnica, pero que a su vez protegiera el derecho a la vida desde la concepción, tal como ha sido concebido en Costa Rica. En esa línea, el proyecto prohibía la congelación de embriones y obligaba a implantar todos los óvulos fecundados sin posibilidad de hacer selección". Agregó que es por eso que "cualquier técnica que se intente en Costa Rica protegiendo la vida desde la concepción, resultará médicamente inviable a la fecha y por eso la imposibilidad de implementación hasta este momento, doce años después de la sentencia de la Sala Constitucional".

15. No original, lê-se: "(...) la imposibilidad de alcanzar un embarazo clínico luego de haber mantenido relaciones sexuales sin protección durante doce meses o más. Las causas más comunes de infertilidad son, entre otras, daños en las trompas de Falopio, adherencias tubo-ováricas, factores masculinos (por ejemplo, bajo nivel de esperma), endometriosis, factores inmunológicos o pobre reserva ovárica. Se estima que la incidencia de la infertilidad asciende a un aproximadamente 10% de las mujeres en edad reproductiva".

16. "Las técnicas o procedimientos de reproducción asistida son un grupo de diferentes tratamientos médicos que se utilizan para ayudar a las personas y parejas infértiles a lograr un embarazo, las cuales incluyen 'la manipulación, tanto de ovocitos como de espermatozoides, o embriones [...] para el establecimiento de un embarazo'. Entre dichas técnicas se encuentran la FIV, la transferencia de embriones, la transferencia intra-tubárica de gametos, la transferencia intra-tubárica de cigotos, la transferencia intra-tubárica de embriones, la crio preservación de ovocitos y embriones, la donación de ovocitos y embriones, y el útero subrogado. Las técnicas de reproducción asistida no incluyen la inseminación asistida o artificial."

A técnica da Fertilização *in vitro* (FIV)[17], cuja constitucionalidade se viu questionada naquele julgamento, consiste em um procedimento no qual os óvulos são removidos dos ovários e são, então, fertilizados com esperma através de um procedimento laboratorial que, uma vez concluído, é sucedido pela devolução do óvulo fertilizado (embrião) ao útero da mulher. O procedimento é composto das seguintes fases: i) indução da ovulação; ii) aspiração dos óvulos de ambos os ovários; iii) inseminação dos óvulos coletados com espermatozoides; iv) observação do processo de fecundação e incubação dos embriões; e v) transferência embrionária ao útero materno[18].

A ação direta de inconstitucionalidade interposta contra o Decreto Executivo n. 24029-S que regulamentava o uso da FIV na Costa Rica baseou-se em norma constitucional que permitia seu manejo na defesa de interesses difusos que interessam à coletividade em seu conjunto, alegando, neste sentido, que o Decreto violava o direito à vida diante dos seguintes argumentos:

> [...] i) El porcentaje de malformaciones en general fue mayor al registrado en la fecundación natural; ii) la práctica generalizada [de la FIV] violenta la vida humana [y] por las características privadas y aisladas [...] en que toma lugar dicha inseminación, cualquier eliminación sería de difícil implementación y de difícil control per el Estado; iii) la vida humana se inicia desde el momento de la fecundación, por lo tanto, cualquier eliminación o destrucción de concebidos – voluntaria o derivada de la impericia del médico o de la inexactitud de la técnica utilizada – resultaría en una evidente violación al derecho a la vida contenido en la Constitución costarricense; iv) se hizo referencia a la Convención Americana sobre los derechos del niño; v) se arguyó que el negocio de la fecundación in vitro es un negocio [...] no cura [...] una enfermedad, ni es tratamiento de emergencia para salvar una vida, y vi) tan violatorio es el eliminar concebidos, o sea niños, tirándolos al basurero, como eliminarlos de forma deliberada debido a la falta de técnica en el proceso, pretendiendo jugar una especie de "ruleta rusa" con los seis niños introducidos en la madre.

---

17. O primeiro "bebê de proveta", concebido a partir do uso da FIV, nasceu na Inglaterra em 25 de julho de 1978. Louise Joy Brown foi concebida por intermédio do método criado pelo cientista Robert Geoffrey Edwards que, por sua descoberta, ganhou o Nobel de Medicina. Seus pais se valeram da técnica depois de 9 anos de tentativas de engravidar e constituir prole. A técnica desenvolvida por Edwards consiste em retirar um óvulo da mulher e fertilizá-lo com esperma. O ovo fertilizado é colocado no útero. A partir daí, o desenvolvimento do feto é idêntico ao dos demais, com a multiplicação celular gerando tecidos e dando formato ao bebê. No mundo todo, mais de quatro milhões de pessoas já nasceram por intermédio desta técnica (Disponível em http://glo.bo/2d3eKO0. Acesso em: 09 out. 2016).

18. "Por su parte, la FIV es 'un procedimiento en el cual los óvulos de una mujer son removidos de sus ovarios, ellos son entonces fertilizados con esperma en un procedimiento de laboratorio, una vez concluido esto el óvulo fertilizado (embrión) es devuelto al útero de la mujer'. Esta técnica se aplica cuando la infertilidad se debe a la ausencia o bloqueo de las trompas de Falopio de la mujer, es decir, cuando un óvulo no puede pasar hacia las trompas de Falopio para ser fertilizado y posteriormente implantado en el útero, o en casos donde la infertilidad recae en la pareja de sexo masculino, así como en los casos en que la causa de la infertilidad es desconocida. Las fases que se siguen durante el la FIV son las siguientes: i) inducción a la ovulación; ii) aspiración de los óvulos contenidos en los ovarios; iii) inseminación de óvulos con espermatozoides; iv) observación del proceso de fecundación e incubación de los embriones, y v) transferencia embrionaria al útero materno".

CAPÍTULO 2 • CONTORNOS DO DIREITO AO LIVRE PLANEJAMENTO FAMILIAR **43**

Diante da argumentação aduzida na ADI, a Sala Constitucional costarriquenha determinou que as práticas de FIV atentavam claramente contra a vida e a dignidade do ser humano, afirmando que todo ser humano é titular do direito de não ser privado de sua vida e de não sofrer ataques legítimos por parte do Estado ou de particulares. Além disso, decidiu que o poder público e a sociedade civil devem ajudar o embrião a se defender dos perigos à sua vida, pois, enquanto concebido o ser humano, estamos diante de uma pessoa com direitos que devem ser protegidos pelo ordenamento jurídico. Sendo assim, como o direito à vida é um direito que se afirma em favor de todos, sem exceção, deve-se proteger tanto o ser já nascido quanto o ser que está por nascer, independentemente do seu estágio de evolução.

Para fundamentar sua decisão, a Sala Constitucional utilizou-se de ampla normativa internacional: Declaração Americana dos Direitos e Deveres do Homem, artigo I[19]; Declaração Universal dos Direitos Humanos, artigo 3[20]; Pacto Internacional de Direitos Civis e Políticos, artigo 6[21]; Convenção Americana de Direitos Humanos (Pacto de São José da Costa Rica)[22], artigo 4, ressaltando que todas as normas supracitadas impõem a obrigação de proteger o embrião contra os abusos a que pode estar submetido em um laboratório, dentre eles, o abuso de eliminar sua existência.

Dessa forma, podemos notar que, a partir de todo este arcabouço legal, a Corte partiu da premissa da de que a vida humana é absoluta, colocada como intangível em qualquer estágio de sua evolução, mesmo que em inicial fase embrionária. Além disso, atentou para a vulnerabilidade do embrião, que não poderia se proteger por si só e colocar-se a salvo de violência. Diante desse esquema, *a priori*, para a Corte constitucional da Costa Rica, a concorrência entre o direito fundamental à vida e o direito fundamental ao planejamento familiar se torna mera aparência, uma vez afirmada a inviolabilidade da vida e a hierarquia deste direito em relação aos demais.

O não reconhecimento do pleno direito ao livre planejamento familiar, a ser exercido e efetivado a partir de técnicas propiciadas pelo progresso científico, gerou uma profunda tensão entre a faticidade e a validade da decisão estabelecida pela jurisdição constitucional costarriquenha, impedindo que muitos indivíduos e casais pudessem concretizar seu direito de constituir prole. A falta de aceitação da decisão judicial, pôs em xeque a sua legitimidade, obrigando que estas pessoas procurassem o reconhecimento de suas iguais liberdades de atuação perante a Corte Interamericana de Direitos Humanos.

A sentença proferida pela Corte Interamericana concluiu que a proibição do uso da Fertilização *in vitro* (FIV) no território da Costa Rica conduzia a uma afeta-

---

19. Artigo I. Todo ser humano tem direito à vida, à liberdade e à segurança de sua pessoa.
20. Artigo 3: Todas as pessoas têm direito à vida, à liberdade e à segurança pessoal.
21. Artigo 6: 1. O direito à vida é inerente à pessoa humana. Este direito deverá ser protegido pela lei. Ninguém poderá ser arbitrariamente privado de sua vida.
22. Artigo 4: 1. Toda pessoa tem o direito de que se respeite sua vida. Esse direito deve ser protegido pela lei e, em geral, desde o momento da concepção. Ninguém pode ser privado da vida arbitrariamente.

ção desproporcional e a uma violação aos direitos de integridade pessoal, liberdade individual, vida privada, intimidade, autonomia reprodutiva (encampada pela liberdade de planejamento familiar), além do acesso a serviços de saúde reprodutiva e da violação ao direito de fundar uma família (encampado pelo direito ao livre planejamento familiar) das 18 pessoas vítimas naquele caso:

> La Comisión observó que "la decisión [...] de tener hijos biológicos [...] pertenece a la esfera más íntima de [la] vida privada y familiar [, y...] la forma como se construye dicha decisión es parte de la autonomía y de la identidad de una persona tanto en su dimensión individual como de pareja". Señaló que "la vida en común y la posibilidad de procrear es parte del derecho a fundar una familia". Consideró que "[l]a utilización de la [FIV] para combatir la infertilidad también está estrechamente vinculada con el goce de los beneficios del progreso científico".

A Corte Interamericana decidiu que o artigo 11[23] da Convenção Americana comanda a proteção estatal dos indivíduos frente a ações arbitrárias de instituições estatais que afetam a vida privada e familiar. Nesse sentido, a Corte sustentou que o âmbito da privacidade deve estar a salvo destas intervenções abusivas de terceiros ou das autoridades públicas. Interpretando de forma ampla o artigo 7[24] da Convenção Americana, ela assinalou que este dispositivo contempla um conceito de liberdade em sentido amplo, que envolve a capacidade de fazer ou não tudo que é permitido ou não proibido. Portanto, constitui direito de toda pessoa organizar, nos limites da lei, sua vida individual e social conforme as suas próprias opções e convicções. A liberdade, assim definida, apresenta-se como um direito humano básico, próprio dos atributos da pessoa, que se projeta em toda Convenção Americana. Portanto, todo ser humano tem direito de se autodeterminar e escolher livremente as opções e circunstâncias que dão sentido à sua existência, conforme suas convicções pessoais.

Nesse horizonte, a Corte afirmou que o âmbito de proteção do direito à vida privada vem sendo interpretado de forma extensiva pelos tribunais internacionais de direitos humanos, de modo que transcende a simples proteção da privacidade. A proteção à vida privada abarcaria uma série de fatores relacionados com a dignidade do indivíduo, incluindo, por exemplo, a capacidade para desenvolver sua própria personalidade e suas aspirações individuais, assim englobando aspectos da identidade física e social, da autonomia pessoal, do desenvolvimento pessoal e o direito de estabelecer relações com outros seres humanos e com o mundo exterior.

A efetividade do exercício do direito à vida privada é decisiva para exercer a autonomia pessoal no tocante à tomada de decisões relevantes para a qualidade de

---

23. Artigo 11. Proteção da honra e da dignidade

    1. Toda pessoa tem direito ao respeito da sua honra e ao reconhecimento de sua dignidade.

    2. Ninguém pode ser objeto de ingerências arbitrárias ou abusivas em sua vida privada, em sua família, em seu domicílio ou em sua correspondência, nem de ofensas ilegais à sua honra ou reputação.

    3.Toda pessoa tem direito à proteção da lei contra tais ingerências ou tais ofensas

24. Artigo 7º Direito à liberdade pessoal.

    1. Toda pessoa tem direito à liberdade e à segurança pessoais.

vida de cada pessoa. A vida privada inclui a forma que o indivíduo vê a si mesmo e como decide se projetar em sociedade, e é condição indispensável para o livre desenvolvimento da personalidade. Nesse sentido, a Corte apontou que:

> Además, la Corte ha señalado que la maternidad forma parte esencial del libre desarrollo de la personalidad de las mujeres. Teniendo en cuenta todo lo anterior, la Corte considera que la decisión de ser o no madre o padre es parte del derecho a la vida privada e incluye, en el presente caso, la decisión de ser madre o padre en el sentido genético o biológico.
>
> [...] el derecho a la vida privada se relaciona con: i) la autonomía reproductiva, y ii) el acceso a servicios de salud reproductiva, lo cual involucra el derecho de acceder a la tecnología médica necesaria para ejercer ese derecho. El derecho a la autonomía reproductiva está reconocido también en el artículo 16 (e) de la Convención para la Eliminación de todas las Formas de Discriminación contra la Mujer, según el cual las mujeres gozan del derecho "a decidir libre y responsablemente el número de sus hijos y el intervalo entre los nacimientos y a tener acceso a la información, la educación y los medios que les permitan ejercer estos derechos". Este derecho es vulnerado cuando se obstaculizan los medios a través de los cuales una mujer puede ejercer el derecho a controlar su fecundidad. Así, la protección a la vida privada incluye el respeto de las decisiones tanto de convertirse en padre o madre, incluyendo la decisión de la pareja de convertirse en padres genéticos.

Deste modo, considerou-se que o caso se tratava de uma combinação particular de diferentes aspectos da vida privada e que se relacionam com o direito de fundar uma família, com o direito à integridade física e mental e, especificamente, com os direitos reprodutivos das pessoas. Diante destas construções todas, o parágrafo 226 da sentença determinou:

> En primer lugar y teniendo en cuenta lo señalado en la presente Sentencia, las autoridades pertinentes del Estado deberán adoptar las medidas apropiadas para que se quede sin efecto con la mayor celeridad posible la prohibición de practicar la FIV y para que las personas que deseen hacer uso de dicha técnica de reproducción asistida puedan hacerlo sin encontrar impedimentos al ejercicio de los derechos que fueron encontrados vulnerados en la presente Sentencia (supra párr. 317). El Estado deberá informar en seis meses sobre las medidas adoptadas al respecto.

O Estado da Costa Rica foi condenado a adotar todas as medidas apropriadas para que as pessoas pudessem, com maior celeridade possível, ter acesso às técnicas de reprodução assistida e praticar o FIV para fins de planejamento familiar e concretização da prole.

Como se vê, a violação de um direito fundamental tal como o direito ao livre planejamento familiar colocou em xeque a legitimidade da sentença costarriquenha que considerou inconstitucional o uso da técnica da fertilização *in vitro* no país. Como efeito da proibição absoluta da FIV, certas pessoas viram seu espaço de liberdade de atuação reduzido de forma arbitrária, conduzindo a um fator de desigualdade em relação àqueles que dependiam da técnica para fundar uma família de acordo com suas decisões pessoais, e, dessa forma, anulando em definitivo o direito de decidir por ter filhos biológicos.

2.3 PLANEJAMENTO FAMILIAR E SUA COMPLEXA NATUREZA JURÍDICA: O PAPEL DO ESTADO E O PAPEL DO INDIVÍDUO

Sendo assim, a vedação do uso da técnica assinalada perpetua uma situação de inabilidade física para o desfrute pleno da saúde corporal propiciado pelo avanço da ciência moderna, impedindo o acesso aos progressos da ciência que poderiam superar a condição de pessoas inférteis.

> Talvez não haja maior exemplo da interseção entre o público e o privado do que os direitos reprodutivos, porquanto a despeito da sexualidade – e, logicamente, da procriação – tradicionalmente ser considerada tema relacionado à maior intimidade das pessoas, os impactos deletérios sentidos pela humanidade a respeito dos problemas decorrentes da falta de informação, do aumento descontrolada das famílias, do adensamento populacional em determinados lugares com a perspectiva de falta de recursos suficientes para atender às necessidades da população – diante da finitude dos bens materiais – entre outros, fizeram com que os Estados tivessem que considerar a importância do planejamento familiar e, para tanto, os debates internacionais foram – como ainda são – de extrema relevância. (GAMA, 2009, p. 233).

Como se vê, para pensarmos e proporciosmos um novo conceito de planejamento familiar, é imprescindível a análise de sua natureza jurídica. De saída, podemos afirmar que, tradicionalmente, o direito ao livre planejamento familiar consiste em um conjunto de faculdades do indivíduo, casal ou entidade familiar, eleitas a partir da disponibilização de recursos e informações fornecidos pelo próprio Estado, a significar um espaço de autonomia[25] delegado pela ordem jurídica para que cada um possa desenvolver sua personalidade através da (não) constituição de sua prole e descendência. Rosalice Fidalgo Pinheiro perfilha entendimento semelhante ao afirmar que:

> Em conformidade com esse paradigma, a atuação do Estado revela-se equilibrada quanto à composição familiar: sua intervenção é traduzida em garantia de tutela das relações pessoais de família. Deste modo, o direito de planejar sua prole é deferido à autonomia dos indivíduos, e a atuação do Estado ocorre por meio de políticas públicas, definidas pela Lei 9263/96, para implementação de serviços de planejamento reprodutivo, de acesso a meios preventivos e educacionais de regulação da fecundidade e prevenção de doenças sexualmente transmissíveis. Nestas políticas destaca-se a informação como fator que conduz o exercício de liberdade de compor a família, para que este não ocorra tão somente em termos formais. (PINHEIRO, 2006, p. 334).

Assim, cumpre observar que, para a efetivação deste direito, não basta o exercício da autonomia privada do indivíduo ou casal que idealiza o projeto parental; não é suficiente que o Estado regulamente um espaço de liberdade de atuação, onde

---

25. Todavia, como será exposto, não se trata de um espaço de liberdade geral e irrestrita de ação, mas apenas de uma moldura a que o direito empresta validade, na qual os indivíduos podem desenvolver sua personalidade desde que balizados pela principiologia constitucional: "Tudo isso evidencia que a autonomia privada não subsiste como um 'espaço em branco' deixado à atuação da liberdade individual" (FACHIN; PAULINI, 2008, p. 223).

o agir individual simplesmente não precisa ser justificado a partir de argumentos sustentados publicamente, conforme preconizado por Habermas.

Para que a atuação de todos seja verdadeiramente livre e igualmente oportunizada a todos dentro deste espaço, o Estado deve desempenhar um papel fundamental, pois tem o escopo de propiciar informação e recursos existentes para a escolha livre e consciente dos indivíduos na autoria de seu projeto parental, pois "não há liberdade de planejamento reprodutivo em um contexto de desigualdade social" (PINHEIRO, 2006, p. 334). Nesse âmbito, informação e igualdade social são pressupostos para o *livre* planejamento familiar e, por estas características, é que o planejamento familiar se apresenta dentro do sistema de direitos fundamentais de forma inusitada, uma vez que encampa em seu complexo conceito os aspectos de liberdades públicas, que privilegiam a autonomia individual, combinados com aspectos de direitos sociais, de cunho prestacional[26].

> O planejamento familiar exige, por óbvio, prévia educação e informação às pessoas acerca das opções e mecanismos de controle da fecundidade. Com base na informação, no aconselhamento, no acompanhamento da postura reprodutiva, é perfeitamente possível que as pessoas passem a assimilar a concepção de que cabe a elas, na sua privacidade, a possibilidade de livre decisão quanto ao número de filhos, espaçamento entre eles. A redução da família a tamanhos compatíveis com o modo, estilo e nível de vida escolhidos, dentro dos limites econômicos, sociais e familiares, pode representar maneira de preservar e estimular a autoestima e o sentido de vida, da mesma forma que o aumento do organismo familiar de modo a contornar questões de assistência e previdência familiares. (GAMA, 2009, p. 233).

Nesse sentir, cabe recordar que Marcelo Sarsur Lucas da Silva defende, em sua tese de doutoramento, a existência do direito fundamental a não sentir dor, apresentando-o com tessitura semelhante à que atribuímos ao direito fundamental ao livre planejamento familiar, evidenciando, portanto, a imperiosa necessidade imposta pela realidade do Estado Democrático brasileiro de se pôr fim à dicotomia oitocentista público-privado em prol da plena realização das necessidades humanas e do livre desenvolvimento da personalidade dos homens:

> Versa a presente investigação a respeito de um novo direito fundamental, até então não enunciado de modo expresso: o *direito ao alívio da dor*, produto do desenvolvimento da técnica científica e da consciência jurídica posterior ao advento da Constituição da República Federativa do Brasil de 1988. Sob o marco da dignidade da pessoa humana, tal direito decorre, em igual medida, do reconhecimento da autonomia do paciente (liberdade pública) e do direito à saúde (direito social), direitos fundamentais já acolhidos expressamente pela ordem constitucional brasileira contemporânea. Este direito, numa dimensão negativa, *proíbe* a omissão do Estado diante da dor física e do sofrimento do paciente, *impondo*, numa dimensão positiva, a adoção de políticas

---

26. "No plano dos direitos fundamentais, convivem duas espécies de direitos, não excludentes: as *liberdades públicas*, consistentes num espaço de livre expressão individual, insuscetíveis de cerceamento estatal ou privado, e os *direitos sociais*, ou direitos de prestação, fundados não no reconhecimento das liberdades públicas do sujeito individual, mas a fornecer, conforme as carências dos cidadãos, medidas de atendimento a necessidades humanas essenciais" (SILVA, 2014, p.14).

públicas e de ações estatais que favoreçam a atenuação do sofrimento humano, em todas as suas formas. (SILVA, 2014, p. 15, grifos no original).

No julgamento do caso da proibição da Fertilização *in vitro* no Estado da Costa Rica, analisado no tópico anterior, a Corte Interamericana destacou que os Estados são responsáveis por regular e fiscalizar a prestação de serviços de saúde para que seja possível lograr uma efetiva proteção aos direitos à vida, integridade pessoal e saúde, estando englobada no conceito de saúde a liberdade de decidir se desejam se reproduzir, quando e como fazê-lo:

> La salud constituye un estado de completo bienestar físico, mental y social, y no solamente la ausencia de afecciones o enfermedades. En relación con el derecho a la integridad personal, cabe resaltar que para el Comité de Derechos Económicos, Sociales y Culturales, la salud genésica significa que "la mujer y el hombre están en libertad para decidir si desean reproducirse y en qué momento, y tienen el derecho de estar informados y tener acceso a métodos de planificación familiar seguros, eficaces, asequibles y aceptables de su elección, así como el derecho de acceso a los pertinentes servicios de atención de la salud.

Conforme já destacado anteriormente, os Programas de Ação da Conferência Internacional sobre População e Desenvolvimento, celebrada no Cairo em 1994, e da Conferência Mundial sobre a Mulher, celebrada em Beijing em 1995, contêm definições de saúde reprodutiva e da saúde da mulher que evidenciam a necessária participação do Estado na promoção destes direitos e que denotam a saúde reprodutiva como um estado geral de completo bem-estar físico, mental e social, e não de mera ausência de enfermidades ou doenças, em todos os aspectos relacionados com o sistema reprodutivo.

Desse modo, a saúde reprodutiva envolve também a possibilidade de desfrutar de uma vida sexual satisfatória, sem riscos de procriar, caso seja este o desejo do indivíduo, ou de procriar, decidindo como, com que frequência e quando fazê-lo. Isto implica, portanto, a condição do homem e da mulher de obter as informações necessárias para tanto, podendo planificar sua família a partir de todos os recursos científicos e métodos de regulação da concepção e da fecundidade que sejam seguros e eficazes.

Nesse sentido, Mário Antônio Sanches lembra, com propriedade, a necessária intersecção que deve ser operada no contexto brasileiro entre planejamento familiar e vulnerabilidade, ao afirmar que esse direito também "precisa ser pensado, estudado e analisado a partir das pessoas mais excluídas de nossa sociedade – ou em expressão mais comum em bioética – a partir de pessoas que se encontram em situação de maior vulnerabilidade social, moral e existencial" (SANCHES, 2014, p. 12). É preciso ter consciência que, além de todas as variáveis que dificultam a delimitação e a operacionalização do direito ao livre planejamento familiar, boa parte das famílias brasileiras se situa completamente à margem de todas as condições tidas como desejáveis para exercer com plenitude sua capacidade de planejar, desejar e realizar a prole, para a concretização, ainda, da condição humana de efetivação da parentalidade.

Por tudo isso, o art. 4º da Lei 9.263/96 estabelece que "o planejamento familiar orienta-se por ações preventivas e educativas e pela garantia de acesso igualitário a informações, meios, métodos e técnicas disponíveis para a regulação da fecundidade". Somente assim, as escolhas que competem aos indivíduos podem ser estabelecidas com discernimento e responsabilidade. Então, nota-se que uma postura positiva é tributável ao Poder Público para efetivação material desse direito. O artigo 5º da lei supracitada regulamenta esta função promocional do Estado, ao impor como

> (...) dever do Estado, através do Sistema Único de Saúde, em associação, no que couber, às instâncias componentes do sistema educacional, promover condições e recursos informativos, educacionais, técnicos e científicos que assegurem o livre exercício do planejamento familiar.

Contudo, como analisado no caso Artavia Murillo y otros *versus* Costa Rica, decidido pela Corte Interamericana, a atuação do Estado deve ocorrer por intermédio de políticas públicas de reprodução humana que estejam alinhadas com o conjunto de direitos fundamentais titularizados pelos indivíduos.

Segundo o *site* do Portal Brasil[27], "o planejamento familiar é um conjunto de ações que auxiliam as pessoas que pretendem ter filhos e também quem prefere adiar o crescimento da família". Tais ações possibilitam a prevenção da gravidez não planejada e das gestações de alto risco, a promoção de maior intervalo entre os partos, e maior qualidade de vida ao casal, que poderá ter somente o número de filhos que planejou.

Ainda de acordo com o Portal Brasil, dados da Organização das Nações Unidas (ONU) indicam que os programas de planejamento familiar foram responsáveis pela diminuição de um terço da fecundidade mundial, entre os anos de 1972 e 1994. Por sua vez, informações da Organização Mundial de Saúde (OMS) apontam que cerca 120 milhões de mulheres no mundo desejam evitar a gravidez, mas, a despeito disso, nem elas e nem seus parceiros usam quaisquer métodos contraceptivos.

A esse respeito, Tânia Patriota comenta que, já nos anos 80, os movimentos de mulheres no Brasil reivindicavam um programa de saúde da mulher que contemplasse suas necessidades de saúde de forma integral e não restrito exclusivamente às dimensões de concepção e contracepção. Sendo assim,

> o PAISM, Programa de Atenção Integral à Saúde da Mulher, lançado em 1983, propunha-se a atender às necessidades de saúde das mulheres durante seu ciclo vital, dando atenção a todos os aspectos da saúde sexual e reprodutiva. Nesta perspectiva abrangente, pode-se dizer que o movimento feminista havia antecipado em uma década o espírito do Cairo. (PATRIOTA, 2014).

Vale ressaltar que o PAISM foi criado no contexto da redemocratização do país e na esteira da Conferência de Alma-Ata (1978), que definiu as bases de atenção primária em saúde. Em 2004, o programa foi transformado na Política Nacional

---

27. Disponível em: http://www.brasil.gov.br/saude/2011/09/planejamento-familiar. Acesso em: 21 jun. 2014.

de Atenção Integral à Saúde da Mulher, com o intuito de promover a melhoria das condições de vida e saúde das mulheres por meio da garantia de direitos, ampliação do acesso aos meios e serviços de promoção, prevenção e assistência e recuperação da saúde (TEMPORÃO, 2012, p. 21).

A Política Nacional de Planejamento Familiar foi estabelecida no Brasil em 2007 e inclui a oferta de oito métodos contraceptivos gratuitos e a venda de anticoncepcionais a preços reduzidos na rede da chamada *Farmácia Popular*. Diante disso, toda mulher em idade fértil (entre 10 a 49 anos de idade) tem acesso aos anticoncepcionais nas Unidades Básicas de Saúde. Em muitas situações, exige-se delas o comparecimento a uma consulta prévia com profissionais de saúde. Após ter acesso às informações necessárias, a escolha da metodologia mais adequada deverá ser feita pela paciente, após compreender as vantagens e desvantagens de cada um dos métodos contraceptivos, situação que comprova a dupla natureza jurídica do direito ao livre planejamento familiar, como direito que exige postura atuante do Estado e direito que prescinde do respeito ao espaço de autonomia privada de seu titular.

Camila Ament Giuliani dos Santos Franco e Solena Ziemer Kusma (2014) enfatizam que a atuação dos profissionais da saúde e agentes estatais deve estar pautada nos princípios da Bioética de respeito à autonomia, beneficência, não maleficência, justiça e equidade. Nesse sentir, afirmam:

> Recomenda-se que os profissionais da saúde atentem-se para não tomar decisões pelas pessoas, não impor escolhas, nem emitir juízo de valor. O ideal seria desenvolver atividades educativas e de aconselhamento, realizando prescrições após avaliação clínica e oferecendo um acompanhamento periódico. Ainda são direitos fundamentais no atendimento de saúde a preservação do sigilo; [...] garantia de privacidade visual ou auditiva; e o consentimento informado (qualquer que seja o procedimento, deve ser informado e esclarecido quando gerar dúvidas. A pessoa faz suas escolhas a partir da compreensão do que será realizado). (FRANCO; KUSMA, 2014, p. 48-49).

Segundo informa o Ministério da Saúde, o Sistema Único de Saúde (SUS) é uma rede essencialmente composta pela chamada Atenção Primária à Saúde (APS), Atenção Especializada, Atenção Psicossocial, Atenção às Urgências e Emergências e Vigilância Epidemiológica em Saúde. Toda a rede de assistência é responsável pelo planejamento familiar, porém, é na APS que essas ações devem ser realizadas de maneira contundente (FRANCO; KUSMA, 2014, p. 48). Tal comando encontra-se, inclusive, positivado no art. 3º da Lei n. 9263, de 12 de janeiro de 1996:

> Art. 3º O planejamento familiar é parte integrante do conjunto de ações de atenção à mulher, ao homem ou ao casal, dentro de uma visão de atendimento global e integral à saúde.
>
> Parágrafo único. As instâncias gestoras do Sistema Único de Saúde, em todos os seus níveis, na prestação das ações previstas no *caput*, obrigam-se a garantir, em toda a sua rede de serviços, no que respeita a atenção à mulher, ao homem ou ao casal, programa de atenção integral à saúde, em todos os seus ciclos vitais, que inclua, como atividades básicas, entre outras:
>
> I – a assistência à concepção e contracepção;
>
> II – o atendimento pré-natal;

III – a assistência ao parto, ao puerpério e ao neonato;

IV – o controle das doenças sexualmente transmissíveis;

V – o controle e prevenção do câncer cérvico-uterino, do câncer de mama e do câncer de pênis.

Neste contexto de obrigações, o Portal Brasil informa que, no ano de 2008, o Ministério da Saúde alcançou a marca histórica de distribuir esses dispositivos em todos os municípios do território nacional. No ano seguinte, a política foi ampliada e houve maior acesso a vasectomias e laqueaduras, métodos definitivos de contracepção, bem como a preservativos e outros tipos de anticoncepcionais. De acordo com informações do *site* supramencionado, controlar a fertilidade é o primeiro passo para planejar o momento mais adequado para ter filhos. Além disso, ele menciona que a Pesquisa Nacional de Demografia e Saúde da Criança e da Mulher (PNDS)[28], feita em 2006 e, financiada pelo próprio Ministério da Saúde, indicou que 46% das gravidezes no Brasil não são planejadas e evidenciou que 80% das mulheres usam de algum método para evitar a gravidez, sendo que a pílula anticoncepcional e o Dispositivo Intrauterino (DIU) são os mais utilizados pelas mulheres brasileiras.

O Portal Brasil afirma ainda que estudos do Ministério da Saúde indicam que, em virtude da política de distribuição de meios anticonceptivos, houve diminuição no número de gravidezes indesejadas. Esse fator pode ter contribuído com a queda nos índices de abortos inseguros e, consequentemente, na mortalidade materna. A ampliação do acesso aos métodos contraceptivos na rede pública e nas drogarias conveniadas ao programa *Aqui Tem Farmácia Popular* trouxe também como resultado positivo a diminuição de 20%, entre 2003 e 2009, da incidência de gravidez na adolescência (de 10 a 19 anos de idade). As ações educativas do Programa Saúde na Escola (PSE), criado em 2008, também apoiaram a redução no número de adolescentes grávidas. Entre outras atividades, o programa distribuiu preservativos para cerca de dez mil instituições de ensino, beneficiando 8,4 milhões de alunos de 608 municípios.

Esse cenário nos revela um significativo conjunto de políticas públicas de reprodução humana e de saúde sexual, que promove conscientização e socialização da informação, e que se apresenta coerentemente alinhado ao conjunto de direitos fundamentais dos cidadãos brasileiros.

Nesse aspecto, cumpre frisar que o princípio da dignidade humana, eixo pelo qual perpassa a aplicação dos direitos fundamentais e que coloca o ser humano como norte epistemológico do sistema jurídico, impõe a tutela promocional do Estado, vedando sua intervenção e dos demais particulares no espaço familiar, o que se apresenta como uma verdadeira reserva de intimidade e liberdade dos indivíduos

---

28. Pesquisa Nacional de Demografia e Saúde da Criança e da Mulher PNDS 2006. Dimensões do processo reprodutivo e da saúde da criança Série G. Estatística e informação em saúde. Ministério da Saúde. Disponível em: http://bvsms.saude.gov.br/bvs/publicacoes/pnds_crianca_mulher.pdf. Acesso em 20 mar. 2010.

na busca pelo desenvolvimento de sua personalidade. A atuação do Estado deve ser regida, frise-se mais uma vez, pela garantia de iguais liberdades de atuação[29].

No entanto, estamos a tratar de uma concepção de liberdade de planejamento familiar e de autonomia privada, cujo exercício esteja voltado à realização dos interesses individuais, todavia, conformada pela intersubjetividade e pelos direitos alheios, como reflexo da necessidade de complementaridade e coexistência entre as esferas pública e privada.

Os limites colocados ao livre exercício do planejamento familiar não são externos, mas intrínsecos à noção de autonomia de cada um. Por este raciocínio, o planejamento familiar tem como características permanentes de seu exercício as balizas impostas pela dignidade da pessoa humana e a paternidade responsável, expressamente previstas no art. 226, § 7º, CF. Isso significa que o direito dos pais na escolha do projeto parental possui balizas, cujos fundamentos encontram-se na própria definição de liberdade, ou mais precisamente de liberdade de planejamento familiar.

Assim, quando a Constituição determina que o Estado não poderá interferir no planejamento familiar, ela confere uma liberdade aos autores do projeto parental que já é abstratamente condicionada. Todavia, tendo em conta que esse condicionamento tem caráter principiológico, os contornos da autonomia privada e do próprio direito ao livre planejamento familiar poderão assumir traços muito distintos diante de discursos de aplicação, sendo este o grande desafio desta pesquisa – o qual, como já frisado, reflete, também e ao fundo, a tensão entre ordem pública e a autonomia

---

29. A legislação veda qualquer interferência externa na liberdade de planejamento familiar, seja por parte de agentes públicos ou privados. Neste sentido é que a Sétima Turma do Tribunal Superior do Trabalho condenou a Brasil Center Comunicações Ltda. a indenizar, em R$ 50 mil, uma operadora de *telemarketing* por estabelecer um "controle gestacional" de suas empregadas. Na reclamação trabalhista, a funcionária alegava que havia uma "política gestacional" na empresa que, segundo ela, violava sua dignidade e condição feminina. As regras eram enviadas por *e-mail* pela gerente e excluíam do cronograma as empregadas que não fossem casadas oficialmente. As que já tivessem filho somente poderiam engravidar depois das empregadas à frente, na ordem de preferência. Se mais de uma empregada estivesse "elegível", a escolha deveria obedecer à ordem de chegada. O programa ainda orientava quem estivesse "elegível" para engravidar comunicar a empresa com antecedência de seis meses. A 5ª Vara do Trabalho de Juiz de Fora (MG) decidiu pela condenação da empresa por danos morais no valor de R$ 20 mil. O juízo considerou o episódio do *e-mail* "extremamente inadequado", e entendeu que houve afronta à liberdade das empregadas. Já o Tribunal Regional do Trabalho da 3ª Região (MG) considerou improcedente o pedido da empregada. Para o TRT, não houve comprovação da proibição de engravidar em razão do procedimento adotado pela empresa. O caso chegou ao TST em recurso de revista interposto pela trabalhadora, visando ao restabelecimento da sentença, o que efetivamente ocorreu. O ministro Vieira de Mello, relator do processo RR – 755-28.2010.5.03.0143, ressaltou que a Constituição Federal e a CLT já demonstram preocupação sobre a vulnerabilidade das mulheres no mercado de trabalho – a Constituição ao tratar da igualdade de direitos e obrigações entre homens e mulheres, e a CLT, nos artigos 373 e 391, sobre as condições de acesso da mulher ao mercado de trabalho e as ilicitudes de conduta voltadas a estas, incluindo-se aí o controle do estado gravídico das trabalhadoras. "Jamais imaginei ter de analisar um caso como esse", afirmou. O magistrado determinou que se oficiasse ao Ministério Público do Trabalho e ao Ministério do Trabalho para que tomem as providências cabíveis para coibir a prática. O acórdão foi publicado em 19.09.2014.

privada, porque suscita a questão candente sobre o verdadeiro perfil da autonomia e da liberdade de realizar o projeto parental no paradigma de nosso Estado de Direito.

Um polêmico caso que envolve e evidencia a complexa natureza do direito ao livre planejamento familiar, recentemente relatado pela mídia brasileira, ilustra a dificuldade de traçar os espaços de intervenção pública e de autonomia privada, e nos força a aplicar a concepção de autonomia aqui desenhada com coerência: a Justiça do Rio Grande do Sul autorizou, em 31 de março de 2014, uma medida extrema e inédita na jurisprudência brasileira ao obrigar uma gestante com 42 semanas de gestação a se submeter, contra sua própria vontade, a uma cirurgia de cesárea para dar à luz, uma vez que o julgador considerou que havia risco de morte tanto para a mãe quanto para a criança[30].

O caso aconteceu na cidade de Torres, no interior do Rio Grande do Sul, e a polêmica se instaurou depois que a gestante procurou o hospital da cidade sentindo dores lombares e dores no ventre. Ao ser atendida pela médica, esta advertiu à gestante que o ainda bebê estava sentado e que isto inviabilizaria o intuito da mulher de optar por um parto normal, pois a posição do bebê poderia asfixiá-lo durante o procedimento. Por esta razão, a médica determinou que ela deveria se submeter a uma cirurgia cesariana.

Contrariando a recomendação médica, e decidida a realizar parto normal, a gestante deixou o hospital após assinar um termo de ciência e responsabilidade. Mas, horas mais tarde, quando já estava em trabalho de parto em casa, assistida por uma doula, a mulher foi surpreendida pela polícia e um oficial de justiça que, munidos de um mandado judicial, obrigavam-na a se dirigir ao hospital e realizar a cirurgia. A médica havia procurado o Ministério Público que, por sua vez, acionou a justiça e obteve uma liminar para obrigar a internação e a cesárea da gestante, diante da suposta alegação de risco de morte do bebê.

A gestante e seu marido alegam que os exames de ultrassom não evidenciaram a posição pélvica do bebê, além de apontar que a criança estava saudável e com batimentos cardíacos normais e que foram obrigados ao induzimento da cesárea sem nenhuma necessidade, pois nada apontava no sentido de risco de morte da mãe ou da criança.

Considerando que o direito ao livre planejamento familiar diz respeito a uma série de ações conjugadas do Estado e dos indivíduos e que abrangem desde a contracepção ou concepção da criança, envolvendo ainda todo o acompanhamento do período pré-natal até o efetivo nascimento da prole, o caso acima relatado trata-se de uma situação concreta que envolve e exige correta aplicação deste direito, cabendo indagar se a intromissão do Estado, através de ordem judicial para realização de uma

---

30. Disponível em: http://www1.folha.uol.com.br/cotidiano/2014/04/1434570-justica-do-rs-manda-gravida--fazer-cesariana-contra-sua-vontade.shtml.

cirurgia contra a vontade da mãe, pode ser legitimamente sustentada em termos de exercício do planejamento familiar.

Cabe ao Estado uma postura positiva e promocional do direito ao livre planejamento familiar, ao propiciar recursos e informações para que as escolhas dos indivíduos, de um casal ou de uma entidade familiar possam ser feitas por todos com responsabilidade e autonomia, em igualdade de condições. Por outro lado, o exercício da autonomia individual prescinde da análise de sua pertinência em espaço de intersubjetividade, onde limites serão opostos em nome das iguais liberdades.

Disto se infere que compete ao Estado auxiliar, com subsídios materiais e informativos, sobre qual o tipo de parto é mais adequado em cada situação, cabendo aos idealizadores do projeto parental fazer a opção de forma responsável, limitando-se, contudo, ao respeito pelos direitos alheios[31]. Isto significa dizer que a opção por parto normal ou cesárea só é uma opção da gestante ou dos pais se este exercício de autonomia e liberdade não violar os espaços de liberdade de atuação, ou seja, o conjunto de direitos subjetivos de terceiros.

No caso em tela, a opção por um tipo de parto ou outro deve, sim, ser limitada pelo respeito do direito à vida do nascituro, sem aqui pretender, de forma aprofundada, desenvolver os mecanismos de personificação[32] do mesmo e sua aptidão para titularizar direitos, como o direito à vida. Portanto, a imposição da cesárea por parte do Estado, através de ordem judicial, só faz sentido diante de comprovado risco de morte do feto, uma vez que cabe ao Estado intervir em favor de sujeito de direitos em explícita posição de vulnerabilidade, como o nascituro, em nome da garantia de iguais liberdades de atuação. Caso contrário, ante a inexistência de risco de morte,

---

31. Esta principiologia é refletida na Lei n. 9263/1996 que, ao dispor sobre a concepção e contracepção, menciona no artigo 9º "que para o exercício do direito ao planejamento familiar, serão oferecidos todos os métodos e técnicas de concepção e contracepção cientificamente aceitos e que não coloquem em risco a vida e a saúde das pessoas, garantida a liberdade de opção" (grifos nossos).

32. Nesse sentir, não somos adeptos tampouco da teoria natalista ou da teoria concepcionista de personificação do ser humano por julgarmos, na esteira de Hans Kelsen, que a personalidade jurídica ou que a qualidade de pessoa do ser humano não é atributo jurídico que acompanhe e defina toda a nossa existência. A inteligência de Kelsen, há muito, já preconizava tal ideia ao mencionar que, se um determinado indivíduo é sujeito de certos direitos, significa apenas que uma conduta sua é objeto de direito e conteúdo de uma norma. Todavia, o fato de tal conduta estar encampada por uma norma jurídica determina apenas que esse indivíduo deve agir ou se omitir de uma certa maneira, segundo uma determinada esfera de liberdade ou não liberdade, mas isso não implica, de modo algum, sua existência jurídica definitiva, ou seja, sua personalidade jurídica definitiva (KELSEN, 2005, p. 137). Portanto, ser pessoa é simplesmente se apresentar, em situações jurídicas concretas, como centro de imputação de direitos e deveres, podendo ser pessoa em algumas situações e não ser pessoa em outras. No caso em tela, diante do risco de vida ao nascituro, consideramos, sim, que o mesmo se apresenta como pessoa ou centro de imputação de direitos, devendo sua vida ser sobrelevada no plano jurídico. Nesse sentido, seja consentido remeter ao nosso trabalho, para aprofundamento da questão: RODRIGUES, Renata de Lima; TEIXEIRA, Ana Carolina Brochado. Por uma nova forma de atribuição de personalidade jurídica ao nascituro: análise do confronto entre a titularidade dos alimentos gravídicos e a polêmica da antecipação terapêutica do feto anencéfalo. In: RODRIGUES, Renata de Lima. O Direito das Famílias entre a norma e a realidade. São Paulo: Atlas, 2010.

o que se observa é uma verdadeira ingerência abusiva do Estado no espaço de autonomia da gestante. Nesse sentido:

> O princípio da autonomia da gestante, amparado em recentes conceitos bioéticos e dispositivos legislativos, tende a prevalecer no atual contexto. Por este princípio, está recomendado ao obstetra respeitar o direito de escolha da via de parto feita pelo paciente. Gomes (2003, p. 5) chama a atenção para o fato de que a autonomia do paciente significa a opção de decidir pelo melhor resultado para seu corpo, com menos desconforto, ao menor preço e o mais rapidamente possível... (BONAMIGO; SCHLEMPER JUNIOR, 2014, p. 177).

A gestante deve ser livre, por força de inúmeros comandos constitucionais, para optar pelo tipo de parto ao qual deseja se submeter, desde que devidamente informada pelo próprio Estado de suas possibilidades, riscos e consequências.

Por tudo isso, o direito ao livre planejamento familiar se apresenta em nosso sistema jurídico com o caráter de direito fundamental, ainda que não enunciado de forma expressa em nossa Carta Magna, pois se conecta com o fundamento constitucional de nosso Estado de garantia de desenvolvimento pleno de todo ser humano. Trata-se, porquanto, de direito fundamental implícito, conforme permissivo do próprio Art. 5º, § 2º, CF, que preconiza: "Os direitos e garantias expressos nesta Constituição não excluem outros decorrentes do regime e dos princípios por ela adotados, ou dos tratados internacionais em que a República Federativa do Brasil seja parte".

Além disso, revela-se como uma situação jurídica complexa que enfeixa em torno de seu conceito uma série de faculdades, deveres, ônus e responsabilidades que se situam em um espaço de liberdade de atuação reconhecido ao seu titular, mas que só pode ser plenamente exercido e praticado diante de uma postura ativa, mas não interventora, do Estado no sentido de propiciar a todo indivíduo ou casal subsídios materiais, que englobam desde informações até recursos financeiros, tecnológicos e estruturais no sentido de constituir prole, (não) procriando naturalmente ou artificialmente, ou mesmo adotando filhos.

Tal conclusão não fica isenta de controvérsias, sobretudo, quando analisamos uma importante experiência estrangeira que discute a própria existência do direito de procriar, cujo reconhecimento não é unânime, mas que, conforme nosso entendimento, encontra-se enfeixado entre as inúmeras categorias jurídicas que compõem o complexo direito ao livre planejamento familiar.

> Quando se discute, nos diferentes países, a necessidade de dar ou não suporte legal para a utilização das técnicas de reprodução assistida, em alguns coloca-se a questão da base da existência de um hipotético direito de procriar, direito a ter filhos, que derivaria do próprio direito à vida, além do direito à privacidade, concebido não só de um ponto de vista passiva ou de proteção da vida já existente, como ocorre nas interpretações que se formulam em torno do art. 15 da CE, mas no sentido ativo, de modo a incluir a própria possibilidade de criar uma vida por meio de técnicas médicas. A discussão se produz de maneira distinta nos países americanos e europeus [...] (ROCA Y TRÍAS, 2002, p. 102).

Roca y Trías (2002, p. 102-103), ao analisar precedentes jurisprudenciais norte-americanos, afirma que, apesar de não existir nenhuma decisão direta que discuta a questão do direito de procriar, este acabou sendo reconhecido pela Suprema Corte por via reflexa[33]. De outro modo, a discussão na Europa se coloca em termos bastante diversos. Roca y Trías relata que, em 1987, o Comitê *ad hoc* de Especialistas em Ciências Biomédicas se interrogou sobre a existência ou não do direito de procriar e fez uma consulta ao Comitê Diretor dos Direitos Humanos (CDDH) para certificar se as recorrentes reivindicações em torno do uso da reprodução assistida possuíam ou não alguma base nos direitos fundamentais reconhecidos na Carta Europeia:

> O CDDH formulou a decisão com base numa interpretação do disposto no art. 2 da Convenção Europeia, que reconhece o direito à vida. Pergunta-se se essa disposição se refere só ao aspecto negativo ou inclui também o reconhecimento de dar a vida e, consequentemente, um direito a recorrer às técnicas de reprodução assistida. A resposta é suficientemente contundente, no sentido negativo: "No parecer do CDDH, o artigo 2, parágrafo 1 da Convenção não poderia ser interpretado de outro modo senão como assegurando uma proteção contra os atentados à vida humana, sem por isso garantir ao ser vivo assim protegido um direito de procriar, se por falta de capacidade natural for necessário, através da procriação artificial no sentido do Princípio 2". (ROCA Y TRÍAS, 2002, p. 103).

Como se vê, o Comitê Diretor dos Direitos Humanos (CDDH) concluiu que a Convenção não garantia um direito de procriar, implicitamente incluído no direito à vida, formulando resposta negativa à consulta realizada, diferentemente da realidade estadunidense e da realidade brasileira, dentro da perspectiva aqui defendida.

2.4 REGULAMENTAÇÃO DO PLANEJAMENTO FAMILIAR NO BRASIL: DA LEI 9263/96 À RESOLUÇÃO 2.013/2013 DO CFM-LACUNAS, DEFINIÇÕES LEGAIS E LIMITAÇÕES CONCEITUAIS

O exercício do direito ao livre planejamento familiar encontra-se intimamente relacionado ao exercício dos direitos reprodutivos, do direito ao próprio corpo, à saúde (GAMA, 2009, p. 232) e, sobretudo, do direito ao livre desenvolvimento da

---

33. A partir desses antecedentes, são muitos os autores que entendem que esses direitos reconhecidos pelo Supremo Tribunal admitem o direito de procriar em todos os aspectos, isto é, tanto o direito de ter filhos por meio de relações sexuais normais, como o de procriar através da utilização de sistemas de procriação assistida. É significativa a posição de Sublett, para quem esta questão nunca foi seriamente discutida nos Estados Unidos, de modo que a maioria das pessoas tem filhos sem estar consciente de que está exercendo um direito constitucionalmente reconhecido. [...] Outros autores, como Ahnen, ressaltam que as opiniões da Corte americana não se pronunciaram sobre o tema da inseminação artificial, porque aquelas nas quais se reconhece, de forma mais ou menos direta, o direito a procriar foram formuladas antes que o problema tivesse sido levantado e que, através da concepção por relações sexuais ou sem elas, o interesse do casal em formar uma família continua sendo o mesmo e por isso esse autor conclui que "as declarações da Corte Suprema que protegem o direito a formar uma família devem ser aplicadas para a reprodução com ou sem relações sexuais, igualmente". Em consequência, afirmar-se-á que o direito dos casais estéreis a ter filhos é o mesmo que o dos férteis e, por isso, deve ser protegido: não há, portanto, diferença entre esses casos (ROCA Y TRÍAS, 2002, p. 102-103).

personalidade, que, como dito, perpassa também pela concretização do projeto parental. Trata-se de uma série de direitos de cunho personalíssimo, cujo pleno gozo encontra-se diretamente ligado ao exercício da autonomia privada e de seu fundamento máximo que é a liberdade.

Com a evolução da biotecnologia e a fragmentação da sociedade em um mosaico de múltiplos estilos de vida, há um sem número de caminhos para concretizar a personalidade, a saúde, a sexualidade e os direitos reprodutivos de seus titulares, fazendo-se necessário questionar por quais caminhos perpassa a legitimidade de limitações a essa liberdade, quer seja por parte do próprio Estado quer seja por intermédio de outros agentes privados, em um espaço no qual as decisões são, por um lado, de inegável privacidade. A Constituição Federal, em seu artigo 226, § 7º, estabelece que:

> Art. 226, CF:
>
> [...]
>
> § 7º Fundado nos princípios da dignidade da pessoa humana e da paternidade responsável, o planejamento familiar é livre decisão do casal, competindo ao Estado propiciar recursos educacionais e científicos para o exercício desse direito, vedada qualquer forma coercitiva por parte de instituições oficiais ou privadas.

Como já desenvolvido, o constituinte não autorizou ingerências externas coercitivas na realização do planejamento familiar, afinal, trata-se de livre decisão do autor do projeto parental. Entretanto, o mesmo dispositivo legal estabelece limites ao exercício da vontade livre desses indivíduos, consubstanciados nos princípios da dignidade humana e da parentalidade responsável[34]. Mas sendo tais limites representados por normas de caráter principiológico, a conformação da autonomia da vontade será contingencial e procedimental, obrigando que a ordem jurídica seja permeável às vicissitudes do caso concreto, para que através de procedimento de adequação normativa, em discursos travados no plano da aplicação[35], seja possível auferir a legitimidade dessas manifestações volitivas.

Assim, para regulamentar o texto constitucional e ditar os contornos do direito ao livre planejamento familiar em nosso ordenamento jurídico, foi editada a Lei n. 9263, de 12 de janeiro de 1996, que define o planejamento familiar como direito de todo cidadão, entendendo-se por planejamento familiar como o conjunto de ações

---

34. Sobre o tema, Jane Reis afirma que: "Os direitos ostentam limites inerentes à sua própria natureza, que defluem da identificação dos bens jurídicos protegidos e da correlata determinação do âmbito de incidência das normas que os consagram. Numa proposição, os direitos têm fronteiras. Desta feita, não há como cogitar que contemplem todas as 'situações, formas ou modos de exercício pensáveis', ou que 'cubram a esfera total de ação humana possível'. Frequentemente, o próprio preceito que contempla o direito já estabelece condicionamentos ao seu exercício, apontando de forma expressa os limites de proteção" (PEREIRA, 2006, p. 134, grifos nossos).

35. Nesse sentido, consultar: GHÜNTER, Klaus. Teoria da argumentação no direito e na moral: justificação e aplicação. Trad. Cláudio Molz. São Paulo: Landy Editora, 2004.

de regulação da fecundidade que garanta direitos iguais de constituição, limitação ou aumento da prole pela mulher, pelo homem ou pelo casal, restando defeso utilizar destas ações para qualquer tipo de controle demográfico:

Art. 1º O planejamento familiar é direito de todo cidadão, observado o disposto nesta Lei.

Art. 2º Para fins desta Lei, entende-se planejamento familiar como o conjunto de ações de regulação da fecundidade que garanta direitos iguais de constituição, limitação ou aumento da prole pela mulher, pelo homem ou pelo casal.

Parágrafo único. É proibida a utilização das ações a que se refere o caput para qualquer tipo de controle demográfico.

Como já abordado, a Lei ressalta a atuação positiva do Estado na consecução do direito ao livre planejamento familiar, nos artigos 4º e 5º, atribuindo ao SUS e também aos componentes do sistema educacional a competência de prover informações, recursos técnicos e científicos visando à promoção de ações de atendimento à saúde reprodutiva.

Apesar do Estado reservar para si a responsabilidade na promoção do planejamento familiar, o artigo 6º[36] da Lei permite que as ações de planejamento familiar sejam exercidas por instituições públicas e privadas, filantrópicas ou não, desde que seu funcionamento seja autorizado e fiscalizado pelas instâncias gestoras do Sistema Único de Saúde. A seu turno, o artigo 7º[37] autoriza a participação direta ou indireta de empresas ou capitais estrangeiros nas ações e pesquisas de planejamento familiar, desde que seja autorizada, fiscalizada e controlada pelo órgão de direção nacional do Sistema Único de Saúde.

O Artigo 8º[38] menciona a possibilidade de experimentação com seres humanos no campo da regulação da fecundidade, se previamente autorizada, controlada e fiscalizada pelo SUS e se atendidos os critérios estabelecidos pela Organização Mundial de Saúde. O dispositivo legal se atém a isso, sem cuidar de definir ou delimitar o que se entende por "experimentação com seres humanos no campo da regulação da fecundidade". Inclui-se aqui a possibilidade de manipulação, congelamento e descarte de embriões? Ou mesmo o uso do Diagnóstico Genético Pré-implantatório (DGPI), para detecção de anomalias genéticas em embriões concebidos pela fertilização *in vitro*? Porque, a despeito da controvérsia acerca da condição jurídica do embrião,

---

36. Art. 6º As ações de planejamento familiar serão exercidas pelas instituições públicas e privadas, filantrópicas ou não, nos termos desta Lei e das normas de funcionamento e mecanismos de fiscalização estabelecidos pelas instâncias gestoras do Sistema Único de Saúde.
Parágrafo único. Compete à direção nacional do Sistema Único de Saúde definir as normas gerais de planejamento familiar.

37. Art. 7º É permitida a participação direta ou indireta de empresas ou capitais estrangeiros nas ações e pesquisas de planejamento familiar, desde que autorizada, fiscalizada e controlada pelo órgão de direção nacional do Sistema Único de Saúde.

38. Art. 8º A realização de experiências com seres humanos no campo da regulação da fecundidade somente será permitida se previamente autorizada, fiscalizada e controlada pela direção nacional do Sistema Único de Saúde e atendidos os critérios estabelecidos pela Organização Mundial de Saúde.

categorizando-o ou não como pessoa, trata-se de ser vivo com natureza humana e que se encaixa, portanto, na expressão contida na lei e que se refere a "experiências com seres humanos".

Ao analisarmos o artigo 10[39] da referida Lei, enfrentamos um dos pontos mais sensíveis e criticáveis previstos em seu texto: as regras e requisitos impostos para a feitura de procedimentos de esterilização[40] voluntária. O inciso I do presente dispositivo legal prevê que a esterilização só pode ser realizada em homens e mulheres com capacidade civil plena[41], que tenham pelo menos 25 anos de idade ou dois filhos vivos, observando ainda a necessidade de um prazo mínimo de 60 dias entre a decisão de se esterilizar e a feitura da cirurgia de esterilização. A lei menciona que neste prazo a pessoa será aconselhada por equipe multidisciplinar visando a desencorajar

---

39. Art. 10. Somente é permitida a esterilização voluntária nas seguintes situações:
I – em homens e mulheres com capacidade civil plena e maiores de vinte e cinco anos de idade ou, pelo menos, com dois filhos vivos, desde que observado o prazo mínimo de sessenta dias entre a manifestação da vontade e o ato cirúrgico, período no qual será propiciado à pessoa interessada acesso a serviço de regulação da fecundidade, incluindo aconselhamento por equipe multidisciplinar, visando desencorajar a esterilização precoce;
II – risco à vida ou à saúde da mulher ou do futuro concepto, testemunhado em relatório escrito e assinado por dois médicos.
§ 1º É condição para que se realize a esterilização o registro de expressa manifestação da vontade em documento escrito e firmado, após a informação a respeito dos riscos da cirurgia, possíveis efeitos colaterais, dificuldades de sua reversão e opções de contracepção reversíveis existentes.
§ 2º É vedada a esterilização cirúrgica em mulher durante os períodos de parto ou aborto, exceto nos casos de comprovada necessidade, por cesarianas sucessivas anteriores.
§ 3º Não será considerada a manifestação de vontade, na forma do § 1º, expressa durante ocorrência de alterações na capacidade de discernimento por influência de álcool, drogas, estados emocionais alterados ou incapacidade mental temporária ou permanente.
§ 4º A esterilização cirúrgica como método contraceptivo somente será executada através da laqueadura tubária, vasectomia ou de outro método cientificamente aceito, sendo vedada através da histerectomia e ooforectomia.
§ 5º Na vigência de sociedade conjugal, a esterilização depende do consentimento expresso de ambos os cônjuges.
§ 6º A esterilização cirúrgica em pessoas absolutamente incapazes somente poderá ocorrer mediante autorização judicial, regulamentada na forma da Lei.
Art. 11. Toda esterilização cirúrgica será objeto de notificação compulsória à direção do Sistema Único de Saúde.
40. "A esterilização é uma intervenção médica que elimina a capacidade de reprodução. Numa intervenção cirúrgica, interrompem-se ou cortam-se completamente os canais seminais do homem ou as trompas da mulher. Diferentemente da castração, as glândulas sexuais não são extirpadas ou destruídas e, portanto, conserva-se a capacidade de o homem manter relações sexuais. Hoje em dia, estão se realizando testes de métodos de recuperação da capacidade de reprodução, embora o nível de conhecimento atual não permita oferecer garantias" (LILIE, 2002, p. 128).
41. Nesse sentir, o artigo 10, §6º, afirma que a esterilização de pessoas absolutamente incapazes somente poderá ocorrer mediante autorização judicial. Para aprofundamento do tema, seja consentido remeter ao nosso trabalho: RODRIGUES, Renata de Lima; TEIXEIRA, Ana Carolina. A renovação do instituto da curatela e a autonomia privada do incapaz no âmbito existencial: uma reflexão a partir da esterilização de pessoa maior incapaz. In: RODRIGUES, Renata de Lima. *O direito das famílias entre a norma e a realidade*. São Paulo: Saraiva, 2010, p. 23-43.

a esterilização precoce. Hans Lilie, comentando a legislação comparada, anota que o Código Penal Austríaco também adota solução semelhante:

> Outra objeção à possibilidade de um consentimento sem limitações em relação à esterilização, especialmente para jovens, vem do fato de que a irreversibilidade da esterilização torna impossível, posteriormente, a geração de um filho. Desse modo, devido às mudanças que podem levar a pessoa a sustentar uma nova opinião, há que se protege o desejo de gerar o filho. *No artigo 90.2 do Código Penal austríaco, estabelece-se que só as pessoas maiores de 25 anos podem outorgar seu consentimento sem limitações*, enquanto que os que não tiverem alcançado essa idade deverão provar que sua solicitação não é imoral. Conquanto isso possa limitar o direito de autodeterminação, as diferentes ordens jurídicas admitem essas restrições oportunas. (LILIE, 2002, p. 129, grifos nossos).

O inciso II trata da hipótese de esterilização justificada pelo risco à vida ou à saúde da mulher ou do futuro concepto, testemunhado em relatório escrito e assinado por dois médicos.

Todavia, não nos parece acertada a posição do legislador em exigir idade ou prole mínima como requisito para esterilização voluntária, nem tampouco proibir sua realização por ocasião de parto ou aborto. Como já desenvolvido aqui, em termos de planejamento familiar, o Estado deve auxiliar com recursos científicos e financeiros, mas fica impedido de entrar em um espaço de liberdade de atuação que pertence ao indivíduo e que fica ao encargo de sua autonomia privada, enquanto reserva de privacidade e intimidade, em nome de seu pleno desenvolvimento.

O legislador é explícito ao afirmar que o propósito de tantos requisitos é evitar ou desencorajar aquilo que denominou de "esterilização precoce", arvorando-se em um espaço de decisão que, exercido precocemente ou não, só cabe ao indivíduo como titular de liberdade e dignidade e como titular de seu corpo e de direitos reprodutivos. O que se vê, portanto, é que o legislador relegou à esterilização voluntária um caráter de medida excepcional de forma arbitrária e inconstitucional. Ademais, vivemos em uma época marcada pela ética da responsabilidade e pelo antipaternalismo, conforme pregam Diego Gracia (2010, p. 401) e Maria de Fátima Freire de Sá e Bruno Naves (2009, p. 139). Ao Estado não cabe intervir, mas informar para que as pessoas possam exercer seus direitos reprodutivos de forma efetivamente autônoma e responsável.

Por sua vez, o § 1º exige, de maneira acertada, espécie de termo de consentimento informado, de maneira que, para a esterilização ser realizada, é necessário o registro de expressa manifestação da vontade em documento escrito e firmado, após a informação a respeito dos riscos da cirurgia, possíveis efeitos colaterais, dificuldades de sua reversão e opções de contracepção reversíveis existentes. A exigência do consentimento informado[42] reforça e valoriza a liberdade e autonomia do indivíduo

---

42. "Pode-se afirmar, em uma primeira aproximação, que o consentimento informado é um ato autônomo de um agente capaz. Na relação com o corpo clínico, esse consentimento visa a tornar explícita a vontade do paciente, na qual recusa ou aceita o tratamento – e sua forma – com base nas informações recebidas e seu ethos crítico. Para tanto, além da capacidade de fato – nos moldes já explanados – devem estar presentes,

que deseja se esterilizar – autonomia esta fundamental na concepção da relação médico-paciente e imprescindível no que concerne ao exercício do direito ao livre planejamento familiar:

> Todo esse arcabouço pela valorização da autonomia do paciente nas relações médico-jurídicas conduziu à sistematização da teoria do consentimento informado, a qual já encontra respaldo jurídico em uma série de documentos jurídicos nacionais, internacionais e supranacionais. A Convenção de Direitos Humanos e Biomedicina (Conselho Europa), promulgada na cidade de Oviedo, Espanha, em abril de 1997, assim dispõe:
>
> Art. 5º Regra Geral:
>
> Uma intervenção no campo da saúde só pode ser realizada depois de a pessoa ter dado seu consentimento livre e informado para tal.
>
> Essa pessoa deve, antecipadamente, receber informações apropriadas acerca do propósito e natureza da intervenção, bem como de seus riscos (RODRIGUES, 2013, p. 348).

Consentimento informado, na relação jurídica médico-paciente, é pré-condição para que este último seja capaz de praticar atos verdadeiramente autônomos, referentes à sua escala individual de valores, a qual exprime aquilo que lhe é realmente bom, benéfico ou dignificante, no momento de se optar ou não por tratamentos ou intervenções médicas, tal como a cirurgia de esterilização. Isso implica a formação de vontade livre e espontânea, manifestada a partir de informações qualitativamente diferenciadas[43], e que devem ser fornecidas pelo profissional médico[44].

A Lei veda, no artigo 10, §§ 2º e 4º, a esterilização cirúrgica para mulheres em períodos de parto ou aborto, salvo comprovada necessidade, e a restringe, enquanto método de contracepção, às hipóteses de laqueadura tubária, para as mulheres, ou vasectomia, para os homens, proibindo expressamente a esterilização por histerectomia (retirada do útero) e ooforectomia (retirada dos ovários).

Por fim, o artigo 10, § 5º, da Lei ainda cuida de regulamentar que, na vigência da sociedade conjugal, seja fundada pelo casamento ou união estável[45], a esteriliza-

---

pelo menos, os requisitos básicos do ato autônomo: entendimento intenção e o mínimo possível de influências controladoras" (STANCIOLI, 2004, p. 48).

43. "Tão importante quanto o conteúdo da informação deve ser sua qualidade. Não se pode perder de vista que o consentimento informado deve-se embasar em ato autônomo do paciente capaz, pois, "'na ausência de uma decisão autônoma, o consentimento informado torna-se mero consentimento'" (STANCIOLI, 2004, p. 64, grifos no original). Segundo o mesmo autor, para que a informação fornecida pelo médico cumpra o escopo básico de garantir a autodeterminação esclarecida do paciente, ela deve apresentar o seguinte conteúdo, que de maneira alguma constitui um rol numerus clausus: diagnóstico e decurso possível da doença; a terapêutica a ser utilizada e seus escopos; riscos e possíveis complicações do tratamento, alternativas terapêuticas.

44. Segundo André Rüger: "A finalidade maior do consentimento informado é a concretização (ou não) de um acordo sobre o escopo, as finalidades e os limites da atuação médica. Além disso, consiste no único meio possível de definir, num caso concreto e unicamente aplicável a esse, aquilo que possa ser considerado como 'bom' para o interessado" (RÜGER, 2007, p. 160).

45. Neste sentido, Ana Carolina Brochado Teixeira e Renata de Lima Rodrigues preconizam que: "Antes de mais nada, é necessário esclarecermos em qual entidade familiar este dispositivo incide. Faríamos uma interpretação literal, para entendermos que seu campo de incidência é apenas o casamento, ou deveríamos

ção de qualquer um dos cônjuges depende de consentimento expresso de ambos. Contudo, será de fato válido o cerceamento do direito ao próprio corpo em nome da tutela do direito ao livre planejamento familiar? Tal intervenção se justifica da seguinte maneira:

> Nosso entendimento é de que, tendo em vista que a esterilização é um procedimento definitivo e irreversível, esta restrição ao pleno exercício do direito ao próprio corpo é legítima e válida no ordenamento jurídico brasileiro. Em razão de a família ser um espaço de realização do Princípio da Solidariedade que, como vimos, acarreta a incidência de deveres, os cônjuges e companheiros, enquanto tal, a eles devem se submeter. Caso optem pela realização de qualquer medida que acarrete a esterilização, que não contam com o consentimento de seu consorte, não há como realizá-la no âmbito da família. (RODRIGUES; TEIXEIRA, 2010, p. 157).

Caso a esterilização seja realizada sem o consentimento do outro consorte, haveria alguma forma de tutela a esta lesão ao planejamento familiar? Afinal, retomando a posição de nosso legislador, prevista no art. 10, § 5°, da Lei 9.263/96, que estabelece, *a priori*, prevalência do direito de planejamento familiar ante o direito ao próprio corpo, na hipótese de ausência desse consentimento, configura-se uma lesão ao direito fundamental de planejamento familiar.

O legislador evidencia com isso uma questão assaz melindrosa em torno do exercício do planejamento familiar: o fato desse direito se apresentar como um direito de titularidade compartilhada no âmbito das famílias conjugalizadas. Isto porque, neste tipo de composição, o planejamento familiar surge como efeito pessoal, pré--ordenado pela lei, em virtude do estabelecimento da família, conforme se depreende dos artigos 1565, §2° e 1724, CC. Em razão da constituição de nova entidade familiar, instala-se uma comunhão de vida, que impõe ao casal a condição de consortes (artigo 1565, CC) e que lhes obrigará certas condutas, implicando, por exemplo, a restrição do exercício do direito ao próprio corpo – no que toca à esterilização – em nome de um plano de vida em comum, que foi anteriormente e livremente aderido pelos consortes (RODRIGUES; TEIXEIRA, 2010, p. 158).

O que se vislumbra seria a hipótese de divórcio do casal, diante da insuportabilidade da vida em comum, motivada por conduta desleal[46] do cônjuge ou companheiro, sem descartar a possibilidade de incidência da responsabilidade civil em tal situação, obrigando o causador do dano a indenizar o consorte que negou o consentimento, ou que não teve oportunidade de sequer manifestá-lo, em virtude de lesão ao direito de livre planejamento familiar titularizado pelo casal. Se um dos cônjuges ou com-

---

ampliá-lo para a união estável? Ora, se ambas visam a promoção de seus membros através da convivência privilegiada no âmbito da família, onde incide o Princípio da Solidariedade e, por esta razão, a imposição de deveres entre cônjuges e companheiros, não há porque restringir a incidência do referido artigo apenas ao casamento. Caso contrário, seria uma restrição injustificada ao Princípio da Solidariedade e da Igualdade entre as entidades familiares, não admitida a partir de uma interpretação sistemática do ordenamento jurídico. (RODRIGUES; TEIXEIRA, 2010, p. 156).

46. Segundo o Dicionário Aurélio, ser fiel (art. 1.566, I, CCB/02) equivale a ser leal (art. 1724, CCB/02): "Fiel. Que é digno de fé; que cumpre aquilo a que se obriga; leal (...)" (FERREIRA, 2004, p. 894).

panheiros se submete a uma cirurgia de esterilização sem o consentimento do outro, frustra-se a viabilidade de um projeto parental em comum, fincado, certamente, no objetivo de se obter, pela via natural, uma prole ligada pelo laço biológico.

Entretanto, sabemos que nosso posicionamento não é unânime. Exemplo disso é que, em março de 2014, a Associação Nacional de Defensores Públicos (ANADEP), apoiada pelo Núcleo Especializado de Promoção e Defesa dos Direitos da Mulher da Defensoria Pública de São Paulo, protocolou no STF Ação Direta de Inconstitucionalidade (ADI 5.097), que tem como relator o Ministro Celso de Mello. De acordo com a petição inicial, a exigência de vênia conjugal, prevista no art. 10, §5º da lei 9263/96, para realização do procedimento de esterilização é inconstitucional, pois, a rigor, a Constituição Federal prevê "total liberdade de decisão do casal, ou seja, o direito individual de cada um decidir sobre seu próprio corpo", sem interferências externas. Curiosamente, a petição inicial talha uma argumentação voltada para a defesa dos direitos das mulheres porque, segundo a peça exordial, a mulher é a principal interessada quando se fala em direitos reprodutivos.

Não concordamos com tal argumentação por dois motivos. Primeiro, porque a lei não faz nenhuma distinção de gênero, mas apenas afirma a necessidade de autorização de "ambos os cônjuges". Sendo assim, o exercício da autonomia corporal do homem que quer se esterilizar é tão dependente da autorização da mulher como o é o contrário. O segundo motivo, em verdade, justifica o primeiro, e com ele guarda relação de causalidade. Uma vez engajados em uma sociedade conjugal, ainda que a família contemporânea não exista para a finalidade reprodutiva, este engajamento limita as aspirações libertárias de cada um dos membros familiares em nome de uma comunhão de vida que se pretenda efetivamente compartilhada pelo casal.

No mesmo sentido e com a mesma argumentação da qual divergimos, foi apresentado ao Congresso Nacional pela Deputada Carmem Zanotto, no dia 03 de abril de 2014, o Projeto de Lei 7364/2014, cujo propósito é revogar o §5º do art. 10 da lei de planejamento familiar. Segundo a justificação do projeto,

> Para o assentimento dos indivíduos enumerados no art. 10 da lei 9263/96, a qual em seu §5º enfatiza a vigência conjugal, e tão somente, tal exigência legal deixa a margem o direito individual do ser humano, da autonomia sobre seu corpo, pois ao fazer outro tipo de cirurgia, reparadora ou não, nada é exigido além da autorização do próprio interessado, igualmente, permanecendo submissas à dominação masculina ou à condição de dependente. Apesar de todas as normas juridicamente positivadas para igualar homens e mulheres e ao mesmo tempo tratar de maneira individual, como seres humanos donos de suas próprias vontades, as mulheres não são totalmente livres e independentes para tomar determinadas decisões. No caso da esterilização, as mulheres continuam atreladas a algum tipo de licença ou anuência do cônjuge, ou outro parente autorizado[47].

---

47. Justificação do Projeto de Lei 7364/201, apresentado ao Congresso Nacional no dia 03/04/2014, pela Deputada Carmem Zanotto, no dia 03 de abril de 2014. Disponível em: http://www.camara.gov.br/proposicoesWeb/fichadetramitacao?idProposicao=611328. Acesso em: 04 set. 2014.

A Lei n. 9.263, de 12 de janeiro de 1996, também falha ao omitir qualquer tipo de disposição acerca do uso das técnicas de reprodução assistida para consecução do planejamento familiar. Ao ignorar o avanço da biotecnologia, o legislador deixa em aberto uma enorme e sensível lacuna que vem sendo preenchida por outras leis, de forma assistemática, tal como a Lei n. 11.105, de 24 de março de 2005, denominada Lei de Biossegurança, ou mesmo por normas deontológicas tais como resoluções emitidas pelo Conselho Federal de Medicina (CFM).

Diante disso, a definição da natureza jurídica do planejamento familiar e o alargamento de seu conceito que se apresentam como constituintes da hipótese deste trabalho conduzem à necessidade de uma proposta de *lege ferenda* que constitua verdadeiro microssistema voltado à complexa regulamentação jurídica reclamada pelo direito ao livre planejamento familiar dentro de nosso sistema.

Cumpre destacar que o texto da Resolução n. 2.013/2013, que revogou a Resolução 1.957/2010, dita as normas éticas para a utilização das técnicas de reprodução assistida (RA)[48], apresentando-se como um dispositivo normativo deontológico que orienta a conduta dos médicos na seara da procriação e reprodução humana artificial. Segundo o preâmbulo da resolução, o CFM considera a infertilidade humana[49] como um importante problema de saúde, com implicações físicas e psicológicas, e considera legítimo o anseio de todos aqueles que desejam superá-la, o que pode ser propiciado pelo avanço do conhecimento científico que permite solucionar uma série de casos de problemas de reprodução humana.

Uma das inovações promovidas pela Resolução n. 2.013/2013 em relação à antiga Resolução 1.957/2010 foi estender a possibilidade de manejo das técnicas de reprodução assistida às pessoas solteiras e às entidades familiares homossexuais, harmonizando-se com a orientação do Supremo Tribunal Federal (STF) ao julgar a ADI n. 4.277 e a ADPF 132, em 05/05/2011, reconhecendo como entidade familiar, com eficácia jurídica, as uniões estáveis homossexuais.

---

48. "Há vários métodos de reprodução assistida e, neste espaço, citaremos apenas os mais conhecidos, sendo eles: a Transferência dos Gametas para dentro da Trompa, denominado GIFT (Gamete Intrafallopian Transfer); a Transferência do Zigoto para dentro da Trompa, ZIFT (Zygote Intrafallopian Transfer); a Injeção Intracitoplasmática de Espermatozoide, ICSI (Intracytoplasmic Sperm Injection); e, por último, mas talvez o mais importante, a Fertilização *in vitro*, FIV" (NAVES; SÁ, 2009, p. 110).

49. Segundo o Portal Brasil, "Estima-se que, no Brasil, mais de 278 mil casais em idade fértil tenham dificuldade para conceber um filho. Segundo a Organização Mundial da Saúde (OMS) e sociedades científicas, entre 8% e 15% dos casais têm algum problema de infertilidade. Esta deficiência é definida como a incapacidade de um casal alcançar a concepção após 12 meses de relações sexuais regulares sem uso de contracepção. A Política Nacional de Atenção Integral em Reprodução Humana Assistida prevê o apoio do Sistema Único de Saúde (SUS) para o tratamento da infertilidade. Esse serviço normalmente é oferecido em hospitais universitários e também em hospitais conveniados ao SUS. O Ministério da Saúde coordena as políticas de assistência à população e define suas diretrizes, mas são as secretarias estaduais e municipais os órgãos responsáveis por sua execução" (Disponível no site Portal Brasil: http://www.brasil.gov.br/saude/2011/09/planejamento-familiar. Acesso em: 24 jun. 2014.

CAPÍTULO 2 • CONTORNOS DO DIREITO AO LIVRE PLANEJAMENTO FAMILIAR   **65**

Contudo, uma discussão precisa aqui ser levantada: o CFM possui legitimidade para regulamentar que pessoas solteiras possam fazer uso das técnicas de reprodução assistida? O legislador constituinte, ao reconhecer as famílias monoparentais como entidades familiares no artigo 226, CF, faz referência apenas às famílias que são fruto da dissolução de uma entidade familiar anterior, seja pelo divórcio ou viuvez, ou também se refere às famílias fundadas unilateralmente por pessoa solteira que constitui prole através das técnicas de reprodução assistida? A nosso sentir, a delimitação do conceito de família monoparental não compete ao CFM por lhe faltar a representatividade necessária para impor normas que se pretendam legítimas e universalizáveis. Tais questões são igualmente levantadas por Bruno T. O. Naves e Maria de Fátima Freire de Sá:

> Mas quais são os limites, se é que eles existem, do artigo 226, § 4º, da Constituição Federal? Haveria uma possibilidade de limitação de tipos de famílias consideradas monoparentais? Seria constitucional entender apenas como tais aquelas que resultassem do convívio da mãe ou do pai viúvo com o filho? Da mãe ou do pai separado com o filho? OU seja, regular a penas situações já existentes, ou possibilitar abertura a novas formas familiares, como é o caso da gravidez voluntária de mulher só (viúva, separada, divorciada ou solteira)? Seria o direito de procriação um direito fundamental? (NAVES; SÁ, 2009, p. 127-128).

Ao fazer estas indagações, os autores igualmente problematizam a situação da reprodução assistida *post mortem*[50], e levantam as soluções previstas nos Projetos de Lei n. 90/99 e n. 1.184/2003, para, ao final, se posicionarem sobre a questão. Segundo eles, o Projeto n. 90/99 foi arquivado em 2007, mas trouxe à baila a discussão sobre os problemas causados pela intersecção entre reprodução assistida e famílias monoparentais. Nesse sentido, o projeto afirmava em seu artigo 1º, II, que seriam usuários das técnicas de reprodução assistida mulheres ou casais que tenham solicitado o uso de tais técnicas com o objetivo de procriar. A seu turno, complementarmente, o artigo 2º dispunha que a utilização da reprodução assistida só seria permitida na forma autorizada pelo Poder Público para auxiliar em casos de infertilidade e prevenção ou tratamento de doenças genéticas ou hereditárias. Apresentado para análise na Comissão de Constituição, justiça e cidadania, o projeto foi modificado para permitir o acesso a estas técnicas apenas para cônjuges ou homem e mulher que vivessem em união estável, restringindo o direito à procriação da mulher sozinha.

Diante de inúmeras críticas e divergência entre o teor deste projeto e seu substituto e o texto do código civil de 2002[51], o Projeto de Lei n. 1184/2003 procurou

---

50. "Como ficariam, então, as situações de fecundação post mortem? Sim, porque diante da morte do marido, a mulher se torna só. De mais a mais, o Código Civil de 2002 ampliou os casos de presunção de paternidade do marido disciplinando, no artigo 1597, as seguintes hipóteses de reprodução artificial: a) 'filhos havidos por fecundação artificial homóloga, mesmo que falecido o marido'; b) 'filhos havidos a qualquer tempo quando se tratar de embriões excedentários, decorrentes de concepção artificial homóloga'; c) 'filhos havidos por inseminação artificial heteróloga, desde que tenha prévia autorização do marido'" (NAVES; SÁ, 2009, p. 132).

51. "Flagrante o descompasso entre as disposições do Código Civil e os principais projetos de lei. Assim, o primeiro substitutivo proíbe o uso da técnica de reprodução assistida em mulheres sozinhas férteis ou inférteis; o segundo dispositivo prevê o uso da técnica em mulheres sozinhas inférteis, excluindo-se as

delimitar o conceito de beneficiários das técnicas de reprodução assistida, resolvendo parcialmente o problema, porquanto limitava "o uso da técnica aos casos de infertilidade e para prevenção de doenças genéticas ligadas ao sexo, de casais ou mulheres sozinhas" (NAVES; SÁ, 2009, p. 134).

Após analisar os projetos legislativos, os autores se posicionam no sentido de entenderem como pacificado o direito de procriar tanto do homem quanto da mulher, seja por meio da monoparentalidade ou da biparentalidade. Nesse sentido, avançam seus questionamentos da seguinte maneira:

> Será, então, que a disposição do Código Civil, especificamente a do inciso III do artigo 1597, infringe a dignidade da criança pelo fato de a mesma nascer sem a presença do pai? Ou essa mesma dignidade estaria garantida apenas em razão do reconhecimento da paternidade no registro de nascimento? Ora, a viúva é mulher só. A diferença da situação em relação às mulheres sozinhas férteis e inférteis reside, unicamente, na presunção da paternidade, ainda que *post mortem*. Claro que o reconhecimento da paternidade no assento de nascimento da criança já se configura um "bom começo", no sentido de fazer nascer algumas obrigações jurídicas, como a pensão alimentícia e direitos sucessórios, mas não faz de ninguém pai ou mãe. Parafraseando Luiz Edson Fachin, "a paternidade não é apenas um dado: a paternidade se faz". (NAVES; SÁ, 2009, p. 135)

Os autores afirmam, ao final, seu entendimento de que a impossibilidade de acesso às técnicas para "produções independentes" não deve ficar ao encargo de proibições legais, mas que as decisões pessoais devem ser tomadas com responsabilidade, mediante orientação do Estado (NAVES; SÁ, 2009, p. 139), reforçando a natureza e a conformação constitucional do direito ao livre planejamento familiar, conforme já delineado anteriormente, posição com a qual assentimos integralmente.

Como se vê, a inércia do legislador e as lacunas por ele deixadas forçam entidades como o CFM a regulamentarem seus procedimentos, às vezes, de forma não problematizada, ao arrepio da técnica jurídica e da lei. No caso da permissão do uso da técnica às pessoas solteiras, a Resolução vai de encontro ao texto constitucional, sem agredi-lo, por reafirmar o direito fundamental ao planejamento familiar e aos direitos reprodutivos.

Logo após, a Resolução parte de um conjunto de princípios gerais que regulamentam a reprodução assistida, que podem ser brevemente sistematizados da maneira seguinte:

a) As técnicas de reprodução assistida (RA) têm o papel de auxiliar a resolução dos problemas de reprodução humana, facilitando o processo de procriação, e podem ser utilizadas desde que exista probabilidade efetiva de sucesso e não se incorra em risco grave de saúde para a paciente ou o possível descendente.

b) A idade máxima das candidatas à gestação de RA é de 50 anos.

---

férteis; e o Código Civil trata da presunção de paternidade nos casos de inseminação artificial homóloga em mulheres viúvas. Prevê, ainda, a existência de embriões excedentários, o que é vedado pelo Projeto de Lei (substitutivos)" (NAVES; SÁ, 2009, p. 133).

CAPÍTULO 2 • CONTORNOS DO DIREITO AO LIVRE PLANEJAMENTO FAMILIAR

c) O consentimento informado será obrigatório para todos os pacientes submetidos às técnicas de reprodução assistida.

d) As técnicas de RA não podem ser aplicadas com a intenção de selecionar o sexo ou qualquer outra característica biológica do futuro filho, exceto quando se trate de evitar doenças ligadas ao sexo do filho que venha a nascer.

e) É proibida a fecundação de oócitos humanos com qualquer outra finalidade que não a procriação humana.

f) O número máximo de oócitos e embriões a serem transferidos para a receptora não pode ser superior a quatro. Quanto ao número de embriões a serem transferidos, faz-se as seguintes recomendações: a) mulheres com até 35 anos: até 2 embriões; b) mulheres entre 36 e 39 anos: até 3 embriões; c) mulheres entre 40 e 50 anos: até 4 embriões; d) nas situações de doação de óvulos e embriões, considera-se a idade da doadora no momento da coleta dos óvulos.

g) Em caso de gravidez múltipla, decorrente do uso de técnicas de RA, é proibida a utilização de procedimentos que visem à redução embrionária.

Após o estabelecimento dos princípios gerais, a resolução cuida de regulamentar nos capítulos seguintes quem pode ser paciente de RA, restringindo o uso das técnicas a pessoas capazes e inférteis (capítulo II), disciplina o funcionamento de clínicas, centros e serviços que aplicam as técnicas (capítulo III), trata da doação de gametas, estabelecendo idade máxima de 35 anos para doadoras de óvulos e 50 anos para doadores de esperma (capítulo IV), trata das regras a respeito da criopreservação de gametas e embriões (capítulo V), estabelece a possibilidade do uso do diagnóstico genético pré-implantatório (DGPI) aliado às técnicas de RA, cuida do regramento da técnica do útero de substituição (capítulo VII) e, por fim, exige autorização expressa e escrita para manejo de técnicas de reprodução *post mortem* (capítulo VIII).

O capítulo I, item 2, o CFM estabelece que as técnicas de RA podem ser utilizadas desde que exista probabilidade efetiva de sucesso e não se incorra em risco grave de saúde para a paciente ou o possível descendente, e a idade máxima das candidatas à gestação de RA é de 50 anos[52]. Eis aqui um ponto capcioso, pois novamente a pergunta se impõe: compete ao CFM delimitar a idade das mulheres que podem se submeter às técnicas de reprodução assistida? Pode o CFM impor um requisito etário ao exercício do direito ao livre planejamento familiar, ainda que pautado em critérios biológicos, de viabilidade dos óvulos e da gestação, cujo conhecimento técnico ou expertise sejam dominados pela classe médica? Cabe ao CFM restringir quando o legislador não restringiu?

---

52. Além disso, o capítulo 4 da resolução, que trata da doação de gametas, prevê no item 3 que a idade limite para a doação de gametas é de 35 anos para a mulher e de 50 anos para o homem.

A questão da limitação da idade para acesso às técnicas de reprodução assistida ensejou um polêmico caso na Itália há alguns anos[53]. Tratava-se de um casal de italianos composto por uma bibliotecária de 57 anos e de um aposentado que contava 70. Casados há 21 anos, decidiram ter um bebê com óvulos doados após anos tentando engravidar sem sucesso. Em 2010, nasceu uma menina batizada Viola.

Em setembro de 2011, Gabriella e o marido, Luigi de Ambrosis, perderam a guarda da filha porque a corte de Turim entendeu que eles eram velhos demais e não tinham condições de criá-la. Como consequência, a menina foi colocada para adoção. O caso repercutiu nos meios médicos, jurídicos e bioéticos por trazer à tona a questão aqui suscitada: quais os limites da maternidade e da paternidade a partir das novas tecnologias de reprodução assistida?

No relatório da sentença, os cinco juízes da Corte foram taxativos ao afirmar que os pais haviam sido "egoístas e narcisistas" por terem tido a criança em idade avançada. Além disso, o casal já havia tentado adotar um bebê, mas foi reprovado por causa da idade. Segundo o relatório, "eles nunca pensaram sobre o fato de que a filha poderia ficar órfã muito jovem ou seria forçada a cuidar de seus pais idosos na idade em que os jovens mais precisam de apoio" e, deste modo, os juízes entenderam que a criança era fruto de "uma aplicação distorcida das enormes possibilidades oferecidas pelas novas tecnologias" (FOLHA DE SÃO PAULO, 2011, s.p.).

Contudo, ideia de relacionar gravidez tardia a egoísmo parece uma conclusão pautada em valores cristãos sobre a reprodução. O que efetivamente importa é a certeza na autoria do projeto parental como melhor aposta para o cuidado e para uma parentalidade responsável. E isso em nada se relaciona com a idade

Nesse aspecto, como subsídio para responder à questão, poderíamos usar como analogia a legislação que regulamenta a adoção no Brasil. O Estatuto da Criança e do Adolescente (ECA) estabelece em seu artigo 42, *caput*, que podem adotar as pessoas os maiores de 18 anos. Além disso, o §3º deste artigo estabelece que deve haver uma diferença de idade entre adotante e adotado de, pelo menos, 16 anos. Percebe-se, portanto, que para configuração da relação jurídica paterno-filial, constituída pelo fato da adoção, o legislador exige idade mínima para delimitação da capacidade de adotar. Tal exigência se justifica em razão da presunção de capacidade que se estabelece aos 18 anos (art. 5º, CC) e da necessidade de maturidade e experiência para se empreender em uma tarefa tão complexa como é o exercício da autoridade parental. A diferença de idade de 16 anos entre adotante e adotado também se justifica em nome de se evitar a confusão no exercício dos papéis de pais e filhos.

Entretanto, é de se notar que o legislador não estabeleceu idade máxima para adoção e, portanto, no Brasil, a idade não se caracteriza, conforme decidiu a Corte italiana, como requisito para o bom exercício da autoridade parental. À luz do

---

53. Disponível em: http://www1.folha.uol.com.br/equilibrioesaude/997439-pais-velhos-perdem-guarda-de--bebe-na-italia.shtml. Acesso em: 07 out. 2011.

CAPÍTULO 2 • CONTORNOS DO DIREITO AO LIVRE PLANEJAMENTO FAMILIAR **69**

ordenamento jurídico brasileiro, a decisão da Corte italiana se apresentaria como inconstitucional por violar o princípio da igualdade, da dignidade humana e o direito de liberdade de planejamento familiar. Do mesmo modo, afigura-se ilegítima e ilegal a imposição de idade máxima de 50 anos no item 1 do Capítulo 1 da Resolução 2.013/2013 do CFM. Nesse sentido, cabe frisar que uma orientação, pautada em critérios médicos e justificada pela saúde e pelo risco na gravidez, seria salutar, uma vez que uma resolução do CFM, enquanto norma de deontologia médica, não pode criar direitos, mas apenas regulamentar o exercício da medicina.

Ainda em termos de princípios gerais, a resolução do CFM dispõe no item 3 da obrigatoriedade do consentimento informado para todos os pacientes submetidos às técnicas de reprodução assistida, o que se afigura absolutamente razoável diante da nova dinâmica da relação médico-paciente, conforme já ressaltado anteriormente. Os aspectos médicos envolvendo a totalidade das circunstâncias da aplicação de uma técnica de RA devem ser detalhadamente expostos, bem como os resultados obtidos com a técnica proposta. As informações devem também atingir dados de caráter biológico, jurídico, ético e econômico. O documento de consentimento informado deve ser elaborado em formulário especial e estará completo com a concordância, por escrito, das pessoas a serem submetidas às técnicas de reprodução assistida.

No item 4, o CFM estabelece que as técnicas de RA não podem ser aplicadas com a intenção de selecionar o sexo (através da detecção da presença ou ausência de cromossomo Y) ou qualquer outra característica biológica do futuro filho, *exceto quando se trate de evitar doenças ligadas ao sexo do filho que venha a nascer*. O item 5 proíbe a fecundação de oócitos humanos, *com qualquer outra finalidade que não a procriação humana*. Trata-se de um dos pontos sensíveis da reprodução assistida atualmente, pois se liga à (im)possibilidade de práticas eugênicas e que urge por regulamentação do legislador, conforme trataremos de forma mais específica nos Capítulos 3 e 4 deste trabalho.

No tocante à seleção de embriões, a Resolução se dedica a regulamentar o Diagnóstico Genético Pré-Implantatório (DGPI) no capítulo VII, afirmando no item 1 que as técnicas de RA podem ser utilizadas acopladas à seleção de embriões submetidos a diagnóstico de alterações genéticas causadoras de doenças. Além disso, permite a seleção de embriões para fins de terapia de outros filhos já nascidos portadores de doenças que dependam da modalidade de tratamento o transplante de células-tronco ou órgãos:

Capítulo VII

2 – As técnicas de RA também podem ser utilizadas para tipagem do sistema HLA do embrião, com o intuito de seleção de embriões HLA-compatíveis com algum filho(a) do casal já afetado por doença, doença esta que tenha como modalidade de tratamento efetivo o transplante de células-tronco ou de órgãos.

Como se vê, à revelia do legislador, o CFM estabelece a possibilidade de seleção de embriões e os motivos que ensejam esta possibilidade. Trata-se de um dos problemas centrais a ser enfrentados na presente tese. Nesse ínterim, surgem os seguintes questionamentos: quanta liberdade temos para planejar a prole? Qual o âmbito de nossa autonomia privada? Quem é saudável o suficiente para nascer e quem não é? Quais doenças justificam a não implantação de um embrião? Quanto e como podemos decidir?

Ao final do capítulo I, a resolução traz, em seu item 6, uma recomendação em torno do número de oócitos e embriões a serem transferidos para a receptora, que não pode ser superior a quatro. Segundo o CFM, recomenda-se que mulheres com até 35 anos recebam até 2 embriões; que mulheres entre 36 e 39 anos recebam até 3 embriões; e que mulheres entre 40 e 50 anos, até 4 embriões. Nesse sentido, o item 7 afirma que, caso o procedimento resulte em gravidez múltipla, é proibida a utilização de procedimentos que visem à redução embrionária. No capítulo IV, item 4, a resolução dispõe, de forma problemática, sobre a obrigatoriedade de sigilo acerca da identidade dos doadores de gametas e embriões, bem como de receptores, ressalvando a divulgação destas informações apenas em situações especiais, por motivação médica, exclusivamente para médicos.

Tal disposição contraria o já reconhecido direito ao conhecimento da origem genética[54], enquanto componente da identidade, privacidade e dignidade humana, pacificado na doutrina e na jurisprudência nacional e estrangeira. Ministra do STJ, Nancy Andrighi, ao julgar o Recurso Especial 833712/RS, entendeu que "caracteriza violação ao princípio da dignidade da pessoa humana cercear o direito de conhecimento da origem genética, respeitando-se, por conseguinte, a necessidade psicológica de se conhecer a verdade biológica".

O objeto da tutela do direito ao conhecimento da origem genética é assegurar a proteção de vários aspectos da personalidade humana, encampados pela tutela dos direitos de personalidade, até mesmo no que concerne o direito à vida, pois a ciência já indica, há algum tempo, a necessidade de cada indivíduo saber a sua genealogia, bem como o histórico de saúde de seus parentes biológicos mais próximos, como medida de prevenção da própria vida ou de cura de certas enfermidades que prescindem de doação de tecidos ou órgãos humanos extraídos de pessoas com compatibilidade genética com o doente. Como se sabe, o reconhecimento da origem genética não se trata de atribuir a paternidade/maternidade a ninguém. A relação jurídica de parentesco e o direito de personalidade de conhecer os ascendentes biológicos não se confundem, pois que o genitor biológico revelado pelo procedimento se equipara a doador anônimo de gametas. Outra disposição problemática da resolução, que aqui merece nota e que gerou enorme controvérsia quando de sua edição, concerne ao descarte de embriões criopreservados há mais de 5 anos[55] e se encontra prevista

---

54. Direito já positivado no art. 48 do ECA, para possibilitar aos filhos adotivos o acesso à informação acerca da sua família biológica: Art. 48. O adotado tem direito de conhecer sua origem biológica, bem como de obter acesso irrestrito ao processo no qual a medida foi aplicada e seus eventuais incidentes, após completar 18 (dezoito) anos. Parágrafo único. O acesso ao processo de adoção poderá ser também deferido ao adotado menor de 18 (dezoito) anos, a seu pedido, assegurada orientação e assistência jurídica e psicológica.

55. "Segundo dados da Agência Nacional de Vigilância Sanitária (Anvisa), somente em 2011, foram congelados 26.283 embriões. Desses, 80% foram abandonados pelos pacientes. Para congelar um embrião, o custo inicial é de cerca de R$ 2.000, e a manutenção mensal é de R$ 80, de acordo com João Pedro Junqueira,

no capítulo V, item 4: "Os embriões criopreservados com mais de 5 (cinco) anos poderão ser descartados se esta for a vontade dos pacientes, *e não apenas pesquisas de células-tronco, conforme previsto na Lei de Biossegurança*" (grifos nossos).

Conforme se depreende da leitura do dispositivo, o CFM passou a permitir o descarte de embriões que não seja exclusivamente voltado para fins de pesquisa com células-tronco embrionárias, desde que haja expresso consentimento dos pais. Fato é que a Lei de Biossegurança, em seu art. 5º, estabelece as regras para realização de pesquisa com células-tronco embrionárias, mas não veda de forma explícita o descarte, puro e simples, de embriões criopreservados:

> Art. 5º É permitida, para fins de pesquisa e terapia, a utilização de células-tronco embrionárias obtidas de embriões humanos produzidos por fertilização *in vitro* e não utilizados no respectivo procedimento, atendidas as seguintes condições:
>
> I – sejam embriões inviáveis; ou
>
> II – sejam embriões congelados há 3 (três) anos ou mais, na data da publicação desta Lei, ou que, já congelados na data da publicação desta Lei, depois de completarem 3 (três) anos, contados a partir da data de congelamento.
>
> § 1º Em qualquer caso, é necessário o consentimento dos genitores.
>
> § 2º Instituições de pesquisa e serviços de saúde que realizem pesquisa ou terapia com células--tronco embrionárias humanas deverão submeter seus projetos à apreciação e aprovação dos respectivos comitês de ética em pesquisa.
>
> § 3º É vedada a comercialização do material biológico a que se refere este artigo e sua prática implica o crime tipificado no art. 15 da Lei 9.434, de 4 de fevereiro de 1997.

Dessa forma, situações como esta não podem mais ficar à revelia do legislador e reclamam regulamentação ética e democrática de forma urgente, de modo a impedir que entidades de classe, como é o CFM, estabeleçam regras sem legitimidade e de questionável eticidade e legalidade.

2.5 UMA NOVA PROPOSTA DE CONCEITUAÇÃO: DE CONJUNTO DE AÇÕES DE REPRODUÇÃO HUMANA PARA CONJUNTO DE AÇÕES NA AUTORIA DE PROJETO PARENTAL. DA DIFERENCIAÇÃO ENTRE PLANEJAMENTO PRÉ-CONCEPÇÃO E PLANEJAMENTO PÓS-CONCEPÇÃO. DO TRADICIONAL CONTROLE DA QUANTIDADE DA PROLE ATÉ O CONTROLE DA QUALIDADE DA PROLE

Diante de todos os constructos edificados até aqui, evidencia-se a necessidade de propormos um novo conceito de planejamento familiar que seja capaz de absorver e refletir todas as nuances possibilitadas pela pluralidade familiar, pela fragmentação ética da sociedade e pelo avanço da biotecnologia na contemporaneidade.

---

médico da Clínica Pró-Criar, em Belo Horizonte" (Disponível em: http://www.otempo.com.br/capa/brasil/conselho-federal-de-medicina-autoriza-descarte-de embri%C3%B5es-1.641343. Acesso em: 26 jun. 2014).

Para tanto, partiremos de alguns pressupostos na idealização deste conceito, sendo eles: i. a dissociação da ética da sexualidade e da ética da reprodução, implicando, dentre outros fatores, o afastamento do conceito de planejamento familiar da noção de reprodução humana para aproximá-lo da ideia de *autoria de projeto parental*, por força da pluralidade familiar contemporânea e sua particular principiologia; ii. o trato da (co)titularidade do direito ao livre planejamento familiar nas entidades familiares conjugalizadas e a possibilidade de ser titularizado individualmente por pessoa só, enquanto direito fundamental; iii. O avanço da biotecnologia que permite a ampliação do espaço de decisão dos autores do projeto parental distinguindo ações de planejamento familiar no momento *pré-concepção* e no momento *pós-concepção*, o que implica a iv. ampliação do espaço de decisão dos autores do projeto parental que, por novas técnicas de reprodução assistida, podem assumir tanto o controle da quantidade da prole como o controle da qualidade da prole. A seguir, trataremos de cada um desses pressupostos:

i. O avanço dos processos sociais, culturais, morais e científicos fez com que a reprodução humana passasse a ser um fator necessário, mas nem sempre imprescindível, para a constituição da *condição de parentalidade*, uma vez que o ato de ter filhos e constituir prole se distancia hoje, em alguma medida, dos atos biológicos. A condição da parentalidade se liga, apenas em alguma medida, à sexualidade e à família, de modo que, segundo Mário Antônio Sanches, em alguns momentos "ela será parte constitutiva da ética da sexualidade, e em outros momentos, ela se abre para aquilo que chamamos de planejamento familiar" (SANCHES, 2014, p 07). Disso, inferimos que a ideia de planejamento familiar hoje se emancipa da sexualidade e da reprodução humana biológica. A seu turno, a própria ideia de reprodução humana se desliga, em grande medida, da sexualidade. Nesse âmbito, o planejamento familiar é a condição de possibilidade para a autoria autônoma e responsável do projeto parental.

Diego Gracia, ao analisar e propor uma nova ética reflexiva e contemporânea para a sexualidade, recorda como resta superada a amálgama, permeada de valores cristãos – tais como a honestidade –, entre casamento, sexo e reprodução:

> Qual foi o resultado de tudo isto na ordem da sexualidade? Indubitavelmente, uma nova ética, muito distinta da anterior. Posso apenas enumerar suas características fundamentais, em sua maioria opostas à do modelo clássico. Uma primeira é que agora a gestão do corpo e da sexualidade deixou de ser paternalista, ou seja, já não cabe aos sábios, aos governantes, mas sim a todos e a cada um dos seres humanos. Passou-se de uma moral heterônoma a outra autônoma, em que cada um decide sobre seu próprio corpo. A segunda característica, relacionada com a anterior, é que agora não são considerados diretamente imorais os atos que atentam contra o que classicamente se chamava de "a honestidade". É interessante comprovar que no Código penal espanhol se alterou há alguns anos um de seus títulos, que passou e "Delitos contra a honestidade" para "Delitos contra a liberdade sexual". [...] Tende-se agora a considerar que não há atos sexuais em si desonestos quando os intervenientes têm capacidade para consentir e o fazem livremente. (GRACIA, 2010, p. 400).

CAPÍTULO 2 • CONTORNOS DO DIREITO AO LIVRE PLANEJAMENTO FAMILIAR

Diante disso, o autor propõe uma nova ética da sexualidade responsável, dissociada da ética da reprodução, assim enunciada:

> Agora que estamos na época do antipaternalismo e da autonomia, é mais necessário que nunca educar para a responsabilidade. Tem-se falado de paternidade responsável a propósito da nova ética da reprodução. Pois bem, em sentido similar caberia falar de uma "sexualidade responsável" ou de um exercício responsável da sexualidade. Minha tese seria assim: nem condenação, nem trivialização; responsabilidade. (GRACIA, 2010, p. 401).

A mesma ética da responsabilidade permeia o planejamento familiar, conforme depreendemos da leitura do artigo 226, §7º, CF, que ao enunciar o direito ao livre planejamento familiar aponta o princípio da paternidade responsável como característico permanente deste direito. Posto isso, o planejamento familiar surge como conjunto de ações livres, autônomas e responsáveis para a (não) concretização do projeto parental.

A reprodução humana, natural ou artificial, é uma das condições de parentalidade, mas não é a única, pois a autoria de um projeto parental pode partir de outros fatos jurídicos como a adoção. É inegável que existe hoje um distanciamento entre direito sexuais e direitos reprodutivos e que todos eles acabam encampados, de alguma maneira, pelo direito ao livre planejamento familiar, mas tais direitos não constituem exclusivamente o cerne do direito ao livre planejamento familiar.

> A reprodução está relacionada com a sexualidade, pois a concepção de um ser humano – salvo os casos proporcionados pelas novas tecnologias de reprodução assistida – é resultado de ato sexual. A percepção atual e uma ampla literatura questionam o vínculo entre sexualidade e reprodução humana, muitas vezes reforçado na história do pensamento ocidental, como veremos no capítulo que aborda os aspectos históricos da questão. A separação destas duas realidades, "sexualidade" e "reprodução", é sem dúvida, um ponto complexo do debate. Para alguns, os direitos sexuais e reprodutivos tendem a ser vistos como os dois lados de uma mesma moeda; para outros, eles representam realidades que "nem sempre vão juntas" (VALDIVIA, 2007, p. 90). Não queremos simplificar esta complexa relação, mas podemos dizer que boa parte das atividades sexuais passa ao largo da reprodução, o contrário não corresponde à verdade, ou seja, pensar a reprodução significa necessariamente pensar ao menos alguns aspectos da sexualidade humana. (SANCHES, 2014, p. 07-08).

Sendo assim, a rigor, o planejamento familiar se aproxima muito mais dos direitos reprodutivos do que dos direitos sexuais. Contudo, hoje, mesmo em relação aos primeiros, se distancia e se amplia em possibilidades que ultrapassam o ato de se reproduzir biologicamente, abarcando a condição e/ou necessidade humana de se tornar pai e mãe.

ii. O direito ao livre planejamento familiar pode se apresentar titularizado por um único indivíduo – homem ou mulher sozinha – e também pode se apresentar como de titularidade compartilhada nas entidades familiares conjugalizadas, sejam fundadas pelo casamento ou união estável, quer se trate de pares heterossexuais ou homossexuais. Nesse sentir, o enunciado n. 99 da I Jornada de Direito Civil promovida pelo CEJ/STJ e pela Justiça Federal preconiza que o planejamento familiar, ao qual se refere o artigo 1565, § 2º, CC, também se estende aos companheiros que vivem em união estável. Não deixa de ser enunciação salutar, em nome da igualdade material, mas redundante, uma vez que o planejamento familiar surge como efeito pessoal do casamento, como um direito cotitularizado pelo casal e, como tal, se estende também à união estável, por força do artigo 1724, CC, que pontua que os efeitos pessoais da união estável são os mesmos do casamento.

Portanto, cabe aqui frisar, como já defendido, que o direito ao livre planejamento familiar surge como efeito necessário das entidades familiares conjugalizadas, mas não como efeito exclusivo. Enquanto direito fundamental, que se conecta ao pleno desenvolvimento da personalidade humana, também é titularizado por todos e por cada um individualmente, independentemente do contexto de uma entidade familiar conjugal. O fato de se apresentar como direito cotitularizado por um par ou casal dificulta seu exercício em muitos casos e exige do ordenamento jurídico soluções rápidas e coerentes para inúmeros problemas que disso pode-se derivar. Segundo Maria del Carmem Massé García:

> O "planejamento familiar" e as "decisões do casal" têm sido historicamente duas realidades separadas, contrapostas, em muitos momentos impossíveis e em alguns lugares irreconciliáveis. Efetivamente, por um lado, a instituição familiar tem sido constituída desde o início dos tempos a partir do desejo compartilhado de ter filhos, seja para perpetuar o sobrenome, o patrimônio familiar, a própria memória, para aumentar o número de braços para o trabalho, para a guerra ou para o abraço. Entretanto, até apenas umas décadas, decidir quantos, quando e como era uma empresa que correspondia exclusivamente à natureza, a mais ou menos caprichos da vontade dos deuses ou ao implacável destino. Por outro lado, a compreensão da realidade conjugal como uma unidade de duas pessoas fundada no amor chamada a dar vida é um constructo moderno, visto que os contratos familiares, as necessidades econômicas ou políticas, junto à secular desigualdade de gênero, fez com que, durante séculos, as decisões conjugais fossem unicamente decisões do homem ou da mulher, conforme o caso. Ao falar de procriação concretamente, a pouca margem decisória que os deficientes recursos de controle da fertilidade disponibilizavam estavam em mãos das mulheres, conhecedoras de sua própria fisiologia e realidade. *(sic)* (GARCÍA, 2014, p. 111, grifos nossos).

A autora indica que um dos complicadores na decisão conjunta para o exercício do direito ao livre planejamento familiar reside na circunstância de que um casal é um "sujeito" formado por duas pessoas especialmente vinculadas pelo afeto, mas que, ainda sim, guardam suas individualidades, uma vez que a soma de um mais um, nessa hipótese, não é apenas dois:

> O sujeito que decide está constituído por duas pessoas unidas por um especial vínculo afetivo e frequentemente jurídico, sujeito que foi definido durante o último século de diversos modos: "unidade harmônica de dois" (DOMS, 1946, p.36-80), "pessoa conjugal" (SUSTAR & HÄRING, 1969, p.54-61), "comunidade conjugal" (WOJTYLA, 1978, p. 295), "unidade de dois" (JOAO PAULO II, 1988, n. 6 e 7). *Todas estas formulações pretendem manifestar que a realidade criada pelo matrimônio é algo mais que a mera soma de dois membros.* (GARCÍA, 2014, p. 112, grifos nossos).

iii. Tradicionalmente, lei e doutrina jurídica associam a ideia de planejamento familiar ao uso técnicas e métodos para conceber ou evitar a concepção, controlando e limitando a existência de prole ou seu tamanho. Muitas das políticas públicas, enunciadas anteriormente, ocorrem todas neste sentido. Contudo, por força dos avanços da biotecnologia, o cenário que se vislumbra na contemporaneidade entrega a cada indivíduo ou entidade familiar uma gama de possibilidades que vai além da simples concepção ou contracepção.

A evolução das técnicas de reprodução assistida permite ao casal uma série de decisões que podem ser tomadas antes da concepção, para evitá-la ou promovê-la, e uma série de deliberações que podem ser assumidas após a efetiva concepção, natural ou *in vitro,* e que dizem respeito, respectivamente, à possibilidade de realização de um aborto eugênico, como no caso dos anencéfalos, ou da efetiva destinação de embriões obtidos com o uso destas técnicas para fins reprodutivos ou fins científicos, permitindo ainda aos pais o controle da qualidade dos embriões, através do uso de DGPI – diagnóstico genético pré-implantatório – que serão efetivamente implantados no útero materno para fins de concretização dos ideais reprodutivos protegidos pelo direito ao livre planejamento familiar. Dito de outra forma, o que se denota é que a contemporaneidade promove uma verdadeira ampliação nos espaços de liberdade reprodutiva, forçando uma nova conceituação de planejamento familiar que irrompa com o paradigma do tradicional controle da *quantidade de prole,* através do uso de métodos contraceptivos, mas que também se relaciona, em um momento pós-concepção, com o controle da *qualidade* da prole.

Sendo assim, a partir de todos estes vértices analíticos propostos, afirmamos que o direito ao livre planejamento familiar enquanto direito fundamental se liga ao pleno desenvolvimento da personalidade humana, à saúde e à vida digna e se revela como situação jurídica complexa que enfeixa em torno de seu conceito um conjunto de faculdades, deveres, ônus e responsabilidades que se situam em um espaço de liberdade de atuação reconhecido ao seu titular, mas que só pode ser plenamente exercido diante de postura ativa, mas não interventora, do Estado no sentido de propiciar a todo indivíduo ou casal subsídios materiais, que englobam desde informações até recursos financeiros, tecnológicos e estruturais.

Assim, consiste em verdadeiras condições de possibilidade para a (não) autoria responsável do projeto parental, abrangendo desde o fato da adoção, o (não) uso esclarecido de métodos contraceptivos adequados e eficientes a cada um e o acesso às mais variadas técnicas de reprodução assistida, que muito além de combater a infertilidade, permitem a autoria do projeto parental diante das diversas necessidades humanas descortinadas por um mundo plural, permeado por diferenças, desigualdades e vulnerabilidades sociais, sexuais e culturais, até acompanhamento do período pré-natal e neonatal. O avanço da ciência impõe o alargamento de seu conceito, pois o planejamento familiar hodiernamente permite ações de controle da quantidade e da qualidade da prole, desde que se trate de escolhas conformadas por seus característicos permanentes, quais sejam, a parentalidade responsável e a dignidade humana, os quais serão esmiuçados no capítulo seguinte.

CAPÍTULO 3
PLANEJAMENTO FAMILIAR
NO ÂMBITO DA AUTONOMIA PRIVADA

Ao fixarmos a natureza jurídica e um novo conceito de planejamento familiar consentâneo à principiologia do direito de família contemporâneo e sua inegável pluralidade, bem como adequado aos avanços da biotecnologia no campo da reprodução humana assistida, verificamos que este direito fundamental exige a atuação livre dos cidadãos, ou seja, depende do exercício de sua liberdade individual como fundamento da autonomia privada. Além disso, a atuação promocional do Estado deve se apresentar equilibrada, para não se revelar como intervenção arbitrária em um campo de inegável privacidade, enquanto componente do livre desenvolvimento da personalidade humana, a qual se desvela também naquilo que toca aos ideais reprodutivos ou a (não) autoria de um projeto parental de forma ampla.

Deste modo, até aqui, delimitamos o papel do Estado e a essência das políticas públicas que a ele competem na criação de possibilidades e escolhas para a plena concretização desse direito fundamental. Passemos, daqui em diante, a discutir e definir o âmbito de liberdade dos indivíduos na realização de seu projeto parental, questionando sua extensão a partir da análise da operacionalização do princípio da autonomia privada.

Uma das mais vivas discussões da atualidade se relaciona às alterações no papel da vontade como fundamento da autonomia individual e da possibilidade de autodeterminação no plano jurídico. No percurso evolutivo do trato jurídico da autonomia, verificamos que, em um primeiro momento, o que se experimentou foi a requalificação da ideia de autonomia da vontade em autonomia privada. Em um segundo momento, discutiu-se fortemente se a autonomia privada se aplicaria às novas situações jurídicas existenciais, assim como antigas categorias jurídicas, tradicionalmente construídas em torno do patrimônio, como o próprio negócio jurídico.

Ou seja, a requalificação da autonomia da vontade em autonomia privada provocou uma mudança qualitativamente diferenciada na tutela de questões patrimoniais e contratuais. E, na medida em que nossa ordem jurídica passou a se ocupar da proteção de direitos de cunho extrapatrimonial, muito se debate a respeito do caráter da autonomia a ser exercida em situações existenciais autorreferentes. O fato é que o papel da vontade como substrato da autonomia foi substancialmente alterado em face de novos influxos sociais, culturais e políticos, da fundamentação de nosso Estado Democrático de Direito e, também, do reconhecimento de que o ser humano é com os demais.

A própria noção de autonomia, como poder de autodeterminação na realização de interesses críticos e necessidades humanas, transmuda-se para ser tida como categoria relacional, que prescinde da intersubjetividade para a própria afirmação do indivíduo, através de regras verdadeiramente autônomas diante do mundo e da heteronomia. Isto porque uma das notas distintivas da contemporaneidade é de que a racionalidade hodierna se baseia em uma perspectiva distinta da racionalidade moral Iluminista que, apoiada na ótica solipsista do observador, em tudo se opõe ao programa contemporâneo que prescinde da intersubjetividade e do discurso para o estabelecimento da verdade.

Por essa razão, inúmeras categorias jurídicas relevantes na estrutura do Direito Privado, tais como a noção de autonomia privada e de dignidade da pessoa humana, devem ser pensadas diante dessa necessária contextualização que perpassa pela intersubjetividade e pela alteridade para se conformarem adequadamente no marco do Estado Democrático brasileiro. Assim sendo, a autonomia é uma das necessidades básicas do ser humano (GUSTIN, 1999, p. 19), ao passo em que a dignidade é um conceito que só pode ser pensado e construído de forma intersubjetiva[1], em perspectiva relacional.

Contudo, é importante ressaltar que seria incongruente radicar o princípio da dignidade em axiomas valorativos, como tem feito boa parte da doutrina nacional[2] – como se tal princípio constitucional representasse um núcleo natural, pronto e acabado do ser humano, que dispensa problematizações necessárias no caso concreto. A concepção acerca do que representa o princípio da dignidade deve se aproximar daquela defendida por autores como Maria de Fátima Freire de Sá e Lúcio Antônio Chamon Júnior que, alicerçados na teoria habermasiana, aproximam o princípio da dignidade do princípio da democracia e do discurso, de modo que ele representa a garantia de que todo cidadão seja, no caso concreto, titular de liberdade e igualdade indistintamente reconhecidas a todos, possibilitando a ideia que a dignidade e os direitos fundamentais se afirmem como certeza de que "as liberdades subjetivas dos cidadãos, isto é, as liberdades reconhecidas a todos como viabilizadoras dos

---

1. Ana Carolina B. Teixeira traz interessantes constatações a esse respeito: "O alemão Hasso Hofmann também elaborou importante contribuição a esta nova concepção de dignidade. Segundo o autor, na Alemanha, subsistem duas teorias: *teoria della dote (Mitgifttheorie)* e a *teoria della prestazione (Leistungstheorie)*. A primeira explica a dignidade do homem como uma qualidade especial que lhe é concedida pelo seu criador ou pela natureza, seguindo a ideia de que o homem é criado à imagem e semelhança de Deus. Por isso, cada homem teria a sua dignidade, de forma específica e particularizada. A segunda corrente entende a dignidade do homem como um produto do seu próprio agir, da possibilidade de autodeterminação do seu comportamento. Ela se funda no reconhecimento social e na valoração positiva da pretensão de respeito. Por isso, sua definição perpassa a noção de relação, de comunicação e de solidariedade. Assim, o outro é o critério decisivo para a construção do indivíduo enquanto tal" (*sic*) (TEIXEIRA, 2005, p. 72).

2. Por todos: MORAES, Maria Celina Bodin de. *Danos à pessoa humana* – uma leitura civil-constitucional dos danos morais. Rio de Janeiro: Renovar, 2003.

projetos de autorrealização mais diferenciados de um ponto de vista ético, hão de ser enfeixadas em torno da ideia de autonomia privada" (CHAMON JUNIOR *apud* FIUZA; NAVES; SÁ, 2010, p. 43)[3].

Disso tudo deriva, portanto, a necessidade de afastar a noção de dignidade de quaisquer fundamentos morais ou éticos para, então, aproximá-la de uma necessária fundamentação procedimental, que quer significar que:

> O princípio da dignidade da pessoa humana a nós parece condensar simultaneamente o reconhecimento indistinto de direitos fundamentais a todos os cidadãos por sua vez atrelado ao ideal de coerência sistêmica normativo. Com isso, afirmamos que não podemos, sem maiores problemas assumir 'materialmente' o princípio da dignidade porque ele só é capaz de ser compreendido e desenvolvido processualmente no próprio desenrolar da *práxis* jurídica. (CHAMON JUNIOR, 2006, p. 219).

A dignidade humana reside na possibilidade de autodeterminação: dizer de si, de seus próprios desígnios e poder escolher seus objetivos é que faz da vida humana um bem jurídico tutelável de forma especial, de modo que, em nossa opinião, o conceito de vida tutelado pelo texto constitucional deve ser requalificado em muitas circunstâncias para se referir à tutela de vida boa ou de vida digna. Nesse sentido, Marcelo Lucas Sarsur e Silva confirma nosso raciocínio:

> A dignidade da pessoa humana, como fundamento da ordem constitucional brasileira, traduz-se no "caráter único e insubstituível de cada ser humano, portador de um valor próprio" (COMPARATO, 2013:43). Cada ser humano presente sobre a face do planeta possui uma constituição biológica, intelectual e emocional distinta de todos os demais, que vivem, viveram ou viverão. A irrepetibilidade da existência humana torna absolutamente preciosa cada vida, devendo a pessoa dispor dos recursos materiais e intelectuais para alcançar seu pleno potencial, conforme suas predileções e aptidões. Diante do mundo, cada pessoa pode escolher aquilo que lhe desperta o sentido da felicidade, aquilo que lhe permite alcançar a *vida boa* (*eudaimonia*), conforme seu próprio entendimento. (SILVA, 2014, p. 24).

O princípio da dignidade da pessoa humana, enquanto categoria normativa, surge como garantia de iguais liberdades de atuação para que todos tenham as mesmas oportunidades e a mesma capacidade de se articular e de se tornarem aquilo que querem ser. Há, portanto, um diálogo muito íntimo e primordial entre autonomia, dignidade e direitos fundamentais, conforme leciona Miracy B. S. Gustin:

> Deve-se, portanto, garantir aos indivíduos e aos grupos ou coletividades oportunidades que lhes permitam adquirir capacidades efetivas de minimização de danos, privações ou sofrimentos graves, e assim, ampliar a potencialidade de atividade criativa. Em face disso, supõe-se que a pré-condição indispensável para que isso ocorra é desenvolver no ser humano a condição de *autonomia*. (GUSTIN, 1999, p, 27, grifos no original).

---

3. Conforme se vê em: CHAMON JUNIOR, Lúcio Antônio. Estudo prévio – Dignidade e diferença: Há um futuro para os direitos de personalidade? In: FIUZA, César; NAVES; Bruno Torquato de Oliveira; SÁ, Maria de Fátima Freire. Direito civil: atualidades IV. Belo Horizonte: Del Rey, 2010. p. 43.

Por seu turno, a valorização da autonomia do ser humano como uma das necessidades primordiais do homem se conecta com a própria noção de dignidade. Segundo Miracy Gustin (1999, p. 27), necessidade é "uma situação ou estado de caráter não intencional e inevitável que se constitui como privação daquilo que é básico e imprescindível" e que coloca a pessoa em situação de dano, privação, sofrimento ou degeneração da qualidade de vida. Para que esse quadro seja revertido, de acordo com a autora, é preciso garantir ao indivíduo acesso a oportunidades que irão desenvolver suas capacidades efetivas e seus potenciais criativos para minimizar ou evitar tais eventos danosos. Para isso, a autonomia é condição indispensável, ou até mesmo pré-condição, para essa atuação do ser humano, pois será ela quem irá possibilitar a cada um criar ou recriar condições necessárias à superação de seus sofrimentos e à promoção plena de seus ideais críticos.

O cerne da autonomia é a postura crítica do indivíduo frente ao mundo, e que se resume pela rejeição à aceitação passiva e impensada de interferências ou autoridades exógenas, na busca pela construção de identidade própria, de alteridade e dignidade. Por isso, tanto a autonomia[4] quanto a dignidade[5] do ser humano são conceitos que só podem ser pensados e construídos de forma intersubjetiva, a partir da recusa ou da assimilação de referenciais externos que indiquem ou não para cada indivíduo um ideal de vida boa.

Nesse ínterim reside o grande desafio da ciência jurídica contemporânea. Desde o abandono da postura abstracionista oitocentista que fazia com que o direito somente enxergasse determinados sujeitos de direito, normalmente aqueles relacionados com a possibilidade de "ter", na atualidade, a ordem jurídica se debruça sobre as necessidades de todo e qualquer ser humano, seja ele detentor de riqueza ou não, e cada uma das circunstâncias que compõem a sua personalidade e que devem ser construídas de maneira autônoma.

Nesse cenário, as noções de responsabilidade, solidariedade e alteridade surgem como elementos conformadores da própria ontologia da liberdade individual possível de ser reconhecida e garantida em nosso contexto jurídico-político.

---

4. "Ser autônomo é saber que se está agindo com um caráter autônomo em relação aos valores do *outro*. Nesse sentido, entende-se que a autonomia é uma necessidade humana que se desenvolve de forma dialógica. Especialmente a autonomia crítica desenvolve-se – e nesta acepção é que é própria do ser humano – tão somente quando a pessoa é capaz de *justificar* suas opções e as formas escolhidas para orientar sua vida perante o *outro* e frente aos valores e regras de seu grupo ou de sua cultura. Ela se realiza, pois, em um processo dinâmico e interativo que requer um distanciamento crítico dos limites de atuação socialmente oferecidos" (GUSTIN, 1999, p. 27, grifos no original).

5. "(...) é também na interação com o outro, na coexistência e na solidariedade, que a pessoa se realiza sob a perspectiva mais sublime. Parte-se da premissa de que ninguém nasce 'pronto'. A pessoa constrói, no decorrer da vida, a sua identidade e personalidade. Enfim, ela vai-se edificando em um processo de autoconhecimento e da interação social. É a partir do relacionamento com o outro que ela se molda e, verdadeiramente, constitui-se, em todas as suas dimensões. E, por conseguinte, edifica, também, a sua dignidade de forma genuína, pois, embora, esta seja concebida de forma singular, visto que compõe a humanidade de cada ser, ela só se forma plenamente através do olhar do outro" (TEIXEIRA, 2005, p. 70-71).

Assim sendo, a vertente liberal da autonomia, essencialmente volitiva, mostra-se insuficiente para respaldar a maioria (quiçá todas) das relações ou situações jurídicas atualmente, inclusive naquilo que concerne ao exercício do direito ao livre planejamento familiar. Isto porque, conforme já evidenciado ao longo do desenvolvimento deste estudo, o planejamento familiar se conecta com uma esfera de inegável privacidade, mas ao que se sabe apresenta sérias reverberações em um espaço de subjetividade alheia ou de intersubjetividade e, portanto, a autonomia da vontade, livre de conformações consentâneas com nosso marco jurídico-político, não se revela compatível com o exercício deste direito.

Portanto, quando propomos situar e trabalhar polêmicos atos volitivos dentro do âmbito do direito ao livre planejamento familiar, tais como uso do DGPI, seleção e descarte de embriões e aborto, precisamos perquirir em que medida as limitações construídas para a prática desses atos – a maioria delas centradas no princípio da dignidade da pessoa humana e em uma ética da espécie que desse princípio pode-se pretender derivar – podem ser legitimamente opostas quando estão em jogo situações jurídicas existenciais relacionadas ao exercício de direitos reprodutivos, da sexualidade, do livre desenvolvimento da personalidade, do direito ao próprio corpo, da liberdade, da autonomia e da dignidade de cada indivíduo envolvido etc.

Trata-se, em última instância, do questionamento central desta tese de como certas escolhas humanas se inserem no âmbito de autodeterminação de cada indivíduo na realização do projeto parental no marco do Estado Democrático de Direito brasileiro.

3.1 A CONFORMAÇÃO DA AUTONOMIA PRIVADA NO ESTADO DEMOCRÁTICO DE DIREITO BRASILEIRO

A discussão sobre a conformação da autonomia privada no Estado Democrático de Direito brasileiro é um dos temas mais recorrentes na doutrina do Direito Privado contemporâneo[6]. O fim da dicotomia oitocentista público-privada impõe uma nova racionalidade na operacionalização das instituições jusprivatísticas, uma vez que a proposta política de nosso Estado impõe uma inusitada geografia entre os espaços concernentes à ordem pública e autonomia privada, árida temática usualmente

---

6. Observamos a influência do tema em várias obras recentemente editadas. Nesse sentido, ressaltamos algumas que se aprofundam no estudo da autonomia privada na família e em vários aspectos dos direitos de personalidade: a) ALVES, Leonardo Moreira Barreto. *Direito de família mínimo*. A possibilidade de aplicação e o campo da incidência da autonomia privada no direito de família. Rio de Janeiro: Lumen Juris, 2010. b) MOUREIRA, Diogo Luna. *Pessoas e autonomia privada*. Dimensões reflexivas da racionalidade e dimensões operacionais da pessoa a partir da teoria do Direito Privado. Rio de Janeiro: Lumen Juris, 2011. c) RUZYK, Carlos Eduardo Pianovski. *Institutos fundamentais do Direito civil e liberdade(s)*. Repensando a dimensão funcional do contrato, da propriedade e da família. d) TEIXEIRA, Ana Carolina Brochado. *Saúde, corpo e autonomia privada*. Rio de Janeiro: Renovar, 2010. e) MOUREIRA, Diogo Luna Moureira; SÁ, Maria de Fatima Freire de. *Autonomia para morrer*. Eutanásia, suicídio assistido e diretivas antecipadas de vontade. Belo Horizonte: Del Rey, 2012.

referida como o estabelecimento de limites ao exercício da autonomia privada que, como aponta Lúcio Antônio Chamon Júnior, é uma das marcas mais significativas do discurso jurídico da Modernidade:

> Esta é uma discussão a qual os teóricos do Direito não podem fugir, qual seja, a questão sobre em que sentido, ou de que maneira, se justificam os "limites" que nós, cidadãos, impomos às nossas vontades que sempre corremos risco de se apresentarem contrapostas. E muito desse discurso jurídico, que é uma marca, inclusive, da Modernidade, se deve à filosofia do Direito e à Filosofia de uma maneira geral, porque acaba sempre resvalando na sempre delicada relação entre Direito e Moral modernos. (CHAMON JUNIOR, 2010, p. 3).

Sabe-se que, no desenvolvimento de nossa cultura política e jurídica, o balanceamento da medida da intervenção do Estado na vida privada se estabeleceu de formas muito distintas nos três principais marcos políticos de nossa história recente. É possível assentir que, no Estado Liberal, o que se experimentou foi uma profunda valorização dos espaços de autonomia e de valorização da liberdade individual como fator determinante no progresso individual, segundo a ideologia liberal burguesa.

A seu turno, no combate das graves distorções geradas pelo liberalismo jurídico e político, o que se deu foi a máxima intervenção do Estado Social nos espaços de autodeterminação que, em troca de liberdade individual, garantiria o interesse público e o bem-estar coletivo, o que acabou por gerar novas mazelas relacionadas ao totalitarismo derivado de uma visão ética de mundo supostamente (mas não efetivamente) compartilhada por todos.

> O meio para reagir ao egoísmo individual e ao desequilíbrio individual surgiu como uma força externa e coercitiva que forçaria as pessoas a se elevarem acima de seus desejos individuais e voltarem-se para o bem-estar social. Assim nasceram na Europa as ditaduras fascista, nazista e comunista. Se por si mesmas as ovelhas não querem andar juntas na unidade do redil, então que se ponham os cães a latir em seu encalço. [...] As ditaduras fascista, nazista, e comunista representam a oscilação de um conceito de sociedade em que o indivíduo era soberano, para o outro igualmente absurdo de uma sociedade em que o Estado é soberano. A violência ativa inerente ao fascismo, nazismo e comunismo é apenas a reação ou talvez mesmo o produto da violência passiva de um liberalismo que permitia que os fortes devorassem os fracos. Naturalmente, nenhum ditador pôde jamais conquistar as massas senão prometendo-lhes liberdade. Empregaram a força, agiram como tiranos, eliminaram toda oposição e expurgaram as minorias, mas tiveram sempre o cuidado de fazê-lo sob o manto sagrado da liberdade. Assim foi que a liberdade passou a ter uma nova significação. (SHEEN, 1945, p. 23-24).

Hodiernamente, esta missão é assaz complicada porque, como se vê, restam superadas, de um lado, as tradicionais correntes de justificação do Direito que atribuíam a uma autonomia moral (CHAMON JUNIOR, 2010, p. 18) a fundamentação última dos sistemas jurídicos no paradigma jurídico-liberal, dentro do qual o Direito e os direitos subjetivos por ele assegurados seriam condição de coexistência humana porque significariam limites às liberdades individuais

CAPÍTULO 3 • PLANEJAMENTO FAMILIAR NO ÂMBITO DA AUTONOMIA PRIVADA

de seres atomizados, de "mônadas ensimesmadas"[7], ou "mundos individuais" impermeáveis à influências da vida coletiva. Vigorava a premissa de que a personalidade e a liberdade eram conceitos intimamente relacionados com a ideia de propriedade sobre si mesmo, bem como o ideal moral de que o direito viesse a concretizar o equilíbrio entre as vontades de indivíduos abstratamente e indistintamente assumidos como iguais.

Por outro lado, resta também superada a tentativa de justificação do direito em uma autonomia ética (CHAMON JUNIOR, 2010, p. 18) tributável ao paradigma jurídico-social, no qual a premissa vigente era de que o direito fundava-se em um suposto *ethos* compartilhado pela sociedade, o que bem calhava para garantir a eleição de certas finalidades sociais como prioritárias porque diziam respeito a um pretenso projeto coletivo fruto de uma ordem de valores predominante em um dado espaço e tempo. Ordem de valores que, diga-se, era hipoteticamente assumida como compartilhada por todos[8], gerando uma concepção de solidariedade social limitadora da vontade individual puramente calcada sobre padrões ou *standards* comportamentais impostos a cada um de maneira absolutamente acrítica e apriorística:

> Um tratamento massificador da população, de seus ideais, padrões de conduta e de vida, bem como de seus valores, sucedeu àquela esvaziada e atomista concepção de autodeterminação moral até então predominante na justificativa e na legitimidade do Direito. No paradigma jurídico-social, a justificativa do Direito estava enraizada em um pretenso *ethos* social compartilhado pelos cidadãos que se reconheceriam – enquanto partícula de uma massa – em um *ideal de vida boa* assumido como norte e parâmetro de interpretação das relações interpessoais. (CHAMON JUNIOR, 2010, p. 98).

Atualmente, o desafio que se impõe na reconstrução do direito privado é encontrar uma justificação do sistema jurídico que não seja fundada em razões morais ou em razões supostamente éticas. Essa fundamentação pode até encontrar na normativa da Moral dependência e complementariedade, mas não a sua razão última, de modo que seja possível aos indivíduos no uso de suas prerrogativas jurídicas exercer a autonomia privada, ou exercer suas liberdades subjetivas, sem que essas nem sejam arbitrárias e nem sejam violentamente moldadas por fora. Dito de outro modo, o desafio cinge-se na limitação de liberdades individuais em nome da garantia de iguais liberdades individuais reconhecidas a todos.

---

7. Para homenagear a expressão utilizada por Karl Marx em suas críticas ao individualismo liberal.
8. Nesse sentido, seja consentido remeter ao nosso: "Todavia, da mesma forma que no Estado Liberal, onde o exagero da autonomia privada causou a falência do sistema, no Estado Social os excessos da interferência estatal na esfera de liberdade individual fizeram cair por terra postulados que privilegiavam incondicionalmente a vontade coletiva em detrimento da vontade individual. O Estado concebido como a concretização ética de um povo em um determinado momento histórico passou a representar um fim em si mesmo que se chocava com as pretensões individuais de seus membros, pois a vontade coletiva não equivale à soma das vontades individuais dos integrantes da comunidade" (RODRIGUES; RÜGER, 2007. p.19).

Para exemplificar esta evolução e verificar o impacto destas conquistas nos institutos e categorias jurídicas de direito privado cabe analisar aqui, *v.g.*, a própria relação entre autonomia e a idealização da categoria do negócio jurídico. Segundo Luigi Ferri (1969, p. 10), a autonomia privada seria o poder incumbido aos particulares de criar normas jurídicas, ou seja, a autonomia privada teria no negócio jurídico o seu instrumento de manifestação no plano jurídico.

Assim sendo, a teoria do negócio jurídico foi implementada como um dos pontos centrais do direito privado no marco da filosofia política e jurídica liberal, de forma que esta categoria jurídica pudesse funcionar como uma ferramenta através da qual os indivíduos poderiam levar a cabo seu projeto de reivindicação de autonomia e de espaços de liberdade livres da excessiva intromissão estatal, revelando o equilíbrio desejado pelo ideário burguês entre Estado, indivíduo e direito.

> De lo expuesto hasta ahora se pude ver claramente por que la teoría del contrato, y en general la del negocio jurídico, tal como ha sido planteada, tiene un marcado corte liberal. Es posible encontrar en el modelo expuesto una correspondencia con el que explico con anterioridad en este capítulo, así como también se pueden identificar en el cada uno los elementos clave del liberalismo político. Así, en primer lugar está el individuo, en su papel de persona, y de quien se presume jurídicamente su racionalidad. También está la propiedad privada como derecho subjetivo, que viene a determinar la porción de mundo de la que puede disponer la persona para su proprio bienestar. En tercer lugar, la libertad, es decir, la posibilidad de determinar los mejores medios para alcanzar fines prácticos, e que aquí se refiere al negocio jurídico como uno de tales instrumentos. Por último están límites en el uso de las libertades contractuales, como una manera de garantizar la integridad de los derechos y la propiedad de cada persona. (MORENO, 2006, p. 40-41).

Não sem razão, quando de sua teorização e gênese, o negócio jurídico tinha como cerne ou substrato essencial a autonomia da vontade, como poder reconhecido a todo cidadão de se autodeterminar e, portanto, de autorregular seus interesses a partir da manifestação de sua vontade sem a intervenção estatal, tida como fator contraproducente, de engessamento do desenvolvimento social.

Neste paradigma político, calcado no racionalismo e no individualismo, o homem, como detentor de razão, seria aquele que saberia melhor do que qualquer outro o que seria melhor para si, necessitando apenas de espaços livres de atuação para perseguir e concretizar seus projetos individuais e seu ideal de vida digna. Os conceitos de liberdade e igualdade não passavam de conceitos abstratos postos na lei como premissas invariáveis. A concepção de liberdade em vigor se identificava com a noção de "liberdade da indiferença", assim denominada por Fulton Sheen:

> A liberdade da indiferença é assim chamada por ser indiferente à verdade, à moralidade, à justiça e ao bem social. Como tal, dominou o mundo por vários séculos, definindo-se invariavelmente como o direito do indivíduo dizer, fazer, ou pensar o que bem lhe aprouver. Supondo não existir norma absoluta para a verdade e o erro, coloca o indivíduo como autoridade suprema e considera toda a regulamentação da liberdade como indefensável e injustificável cada restrição. (SHEEN, 1945, p. 19-20).

CAPÍTULO 3 • PLANEJAMENTO FAMILIAR NO ÂMBITO DA AUTONOMIA PRIVADA

Demasiado sabido que estas premissas do Estado Liberal, aqui analisadas a partir do negócio jurídico, conduziram-no à falência e à necessidade de uma ruptura jurídica e política[9]:

> Sin embargo, es precisamente en esos límites, que en últimas no son más que una cuestión formal, que tiene origen la mayor parte de las contradicciones sustanciales del orden político y jurídico liberal, y es por ello por lo que una teoría general del negocio jurídico que pretenda escapar ilesa de su propio ocaso debe evitar tropezar del cualquier manera con la fractura fundamental y más grave de todas las predicadas por tal filosofía: la separación entre Estado e individuo, entre lo público y lo privado. (MORENO, 2006, p. 88).

Novos tempos exigem novos institutos. Contudo, não se trata de pregar o fim ou o "ocaso do negócio jurídico", como boa parte de autorizada doutrina o faz[10]. Data vênia, não comungamos da ideia que apregoa "o ocaso do negócio jurídico". O que está em xeque, sem nenhum embargo, é a *teoria liberal do negócio jurídico*, pois seus pressupostos foram pensados para um contexto político, jurídico e social que não mais se reproduz na contemporaneidade.

Fundamentalmente, não há mais dicotomias profundas entre o público e o privado, tampouco uma suposta posição antagônica entre Estado e cidadão, típica da realidade que impulsionou tal segmentação por ocasião do advento do Estado Liberal em lugar das Monarquias absolutistas vigentes até então. Sendo assim, o negócio jurídico não encontra exclusivamente na racionalidade humana, no elemento volitivo ou no individualismo a sua principal substância, mas assume hoje faceta objetiva assentada no princípio da dignidade humana, que comanda o reconhecimento de iguais liberdades subjetivas de ação compartilhadas por todos:

---

9. Mesmo em 1945, Fulton Sheen já descrevia com propriedade o panorama falimentar do Estado Liberal a partir da crítica ao individualismo e da autonomia absoluta da vontade: "Eram essas as diversas manifestações da falsa liberdade de indiferença, também chamada de liberalismo ou economia do laissez faire, que quer dizer laissez moi faire. Os males de tão falsa concepção eram duplos: sociais e econômicos. Socialmente, produzia uma civilização formada por uma série de contraditórias correntes de egotismo, uma em desacordo com a outra. O mundo começava a assumir o aspecto de salve-se quem puder, que se engrandecia ao ser chamado "the struggle for existence". Ninguém se interessava pelo bem comum, mas unicamente por sua própria pessoa, o que valia dizer que cada homem era deus em seu próprio panteão de outros pequenos deuses. Economicamente, a liberdade de indiferença resultava em tremendas desigualdades de riqueza em que o poder e o crédito ficavam concentrados nas mãos de poucos, enquanto a grande maioria dos cidadãos ficavam reduzidos ao estado de assalariados com pouca ou nenhuma segurança material para o futuro" (SHEEN, 1945, p. 21).

10. Neste sentido, posicionam-se vozes autorizadas de destacada doutrina como César Fiuza, Francisco Amaral e Orlando Gomes. Seja consentido, aqui, por todos, remeter à lição de César Fiuza: "Na verdade, atualmente, o conceito de negócio jurídico se esvaziou, tornando-se absolutamente inútil. Se foi importante no passado, as razões se fincam no liberalismo do século XIX, que necessitava de uma categoria que pudesse ser a expressão máxima da autonomia da vontade e da liberdade do indivíduo. Este papel exerceu com proficiência o negócio jurídico. Hoje em dia, porém, o estado de coisas é outro. De há muito já se abandonaram o liberalismo clássico e o dogma da vontade. A autonomia da vontade se substituiu pela autonomia privada. A intervenção do Estado, ainda que pequena, é fenômeno consagrado e inevitável" (FIUZA, 2009, p. 10).

A autonomia formal ou ideal, mera potência, choca-se com a falta de concretude, a necessidade e a escassez de recursos. Para quem nada tem, a liberdade de ser proprietário não se revela como exercício da vontade. Da mesma forma, a liberdade contratual não tem qualquer conteúdo para aqueles que estão à margem das relações econômicas. O choque entre o ideal e o concreto, entre o formal e o material, provocou a superação do dogma da vontade como cerne da autonomia. Na esfera privada, essa passou a não mais se centrar no mero ato de vontade, que por si só tinha força jurígena. O substrato da autonomia passou a se assentar no reconhecimento jurídico de um ato volitivo compatível com o interesse público, com a lealdade e boa-fé, que substituiu a simples vontade de um sujeito particular como fonte primária das obrigações. (RODRIGUES; RÜEGER, 2009, p. 06).

No atual Estado Democrático de Direito, não se compartilha um reconhecimento absoluto da vontade como fonte intocável de direitos e deveres, como pretendia o racionalismo liberal, mas de um espaço de iguais liberdades subjetivas de ação, reconhecido pela ordem jurídica a todos, levando-se em conta um contexto de igualdade material e de intersubjetividades que convivem e compartilham.

Configura-se, pois, um espaço de liberdade reconhecido ao ser humano – e não ao indivíduo abstrato de feições tributáveis ao Pandectismo alemão – para que ele possa se tornar efetivamente quem quer ser, levando-se em conta que essa construção perpassa pela possibilidade de se edificar em termos patrimoniais e existenciais, dimensões estas que assumem destacada relevância jurídica em uma ordem constitucional eminentemente personalista que se assenta no reconhecimento da pluralidade e da dignidade.

A conjugação de todos estes fatores impulsiona a ressignificação qualitativa da autonomia da vontade em autonomia privada como princípio jurídico ou categoria normativa que confere reconhecimento jurídico ao negócio jurídico como expressão da atuação humana em sociedade, a qual é motivada por desejos ou necessidades, e é veiculada ou exprimida por declarações de vontade, dentro de balizas estabelecidas pela ordem jurídica, cujo papel cinge-se em possibilitar a convivência pacífica e equânime de todas as vontades individuais.

Tradicionalmente, a doutrina sempre associou o negócio jurídico a uma categoria abstrata, cunhada para emoldurar juridicamente comportamentos sociais relevantes, ou seja, de eficácia juridicamente relevante. Desta forma, a tradição jurídica sempre se preocupou em dar tratamento ao tema da autonomia privada e ao problema de seu reconhecimento jurídico para, somente depois, atribuir uma definição ao negócio jurídico a partir da própria conceituação de autonomia. Contudo, interessante análise é proposta por Nicolás Pájaro Moreno em monografia sobre o tema, que afirma que o que ocorre é exatamente o contrário:

> En la realidad, sin embargo, el problema se da al contrario. Lo primero que surge en las relaciones sociales es el negocio; solo con posterioridad, en el momento de elaborar teorías sistemáticas y omnicomprensivas, se presenta la necesidad de dar un fundamento a la tutela jurídica del mismo que sea coherente con el contexto dogmático y político en el que se ha introducido. En otras

palabras, La autonomía privada es una necesidad teórica que surge a partir de la existencia, ya reconocida social y jurídicamente, de negocios jurídicos. (MORENO, 2006, p. 53).

Mesmo um autor de perfil conservador como César Fiuza parece crer intuitivamente nessa assertiva (ainda que expressamente afirme o contrário em algumas passagens de sua obra):

> Destarte, *negócio jurídico e toda ação humana que, condicionada por necessidades ou desejos*, acha-se voltada para a obtenção de efeitos desejados pelo agente, quais sejam, criar, modificar ou extinguir relações ou situações jurídicas, ação esta combinada com o ordenamento legal. [...] O *negócio jurídico é o principal instrumento que as pessoas têm para realizar seus interesses. Os limites impostos por lei são a área da autonomia privada.* (FIUZA, 2009, p. 7, grifos nossos).

O negócio jurídico consiste no agir humano devidamente medido ou enquadrado em um conceito jurídico, mas que, por isso mesmo, antecede à própria ordem jurídica. Cabe a esta tão somente lhe conferir um regramento, imprimindo-lhe certo perfil jurídico, estrutural e funcional, que seja coerente com as necessidades devidamente contextualizadas de cada marco político, jurídico e social. Atualmente, esse perfil é notadamente marcado pela ideia de autonomia privada.

Isto implica dizer que não é necessário afirmar o fim da categoria jurídica dos negócios jurídicos só porque simplesmente foram moldados com outra estrutura e função em um outro contexto jurídico. Trata-se exatamente de remodelar sua estrutura e função, integrando coerentemente esta categoria jurídica às exigências dogmáticas do direito civil contemporâneo e às exigências principiológicas de nossa ordem constitucional.

Sendo assim, radicar o negócio jurídico no princípio da autonomia privada não é um simples capricho motivado por eufemismo conceitual. Entre autonomia da vontade e autonomia privada há uma diferença de conteúdo muito mais profunda que ultrapassa o olhar breve e rasteiro da semântica, que só é capaz de enxergar a substituição de uma palavra por outra. Outrossim, fundamentar o negócio jurídico na ideia de autonomia privada implica reconhecê-lo como instrumento de um espaço de iguais liberdades subjetivas de ação igualmente distribuídas a todos, para que possam construir suas personalidades, desenvolver suas identidades e realizar seus interesses críticos, tanto no que concerne a interesses de feição patrimonial ou extrapatrimonial, nos limites da lei e da subjetividade alheia.

Nesse diapasão, não há, na atualidade, nenhum óbice que impeça a aceitação válida e legítima de negócios jurídicos cujo conteúdo seja ao mesmo tempo patrimonial e existencial, ou exclusivamente extrapatrimonial, conforme esclarece Emílio Betti:

> Os negócios jurídicos têm a sua gênese na vida de relações: surgem com atos por meio dos quais os particulares dispõem para o futuro, um regulamento obrigatório de interesses das suas recíprocas relações, e desenvolvem-se, espontaneamente, sob o impulso das necessidades,

para satisfazer diversíssimas funções econômicas e sociais, sem a ingerência de qualquer ordem jurídica. (BETTI, 2008, p.74).

O autor italiano argumenta que os interesses que o direito privado disciplina, estes entendidos como quaisquer ações socialmente apreciáveis, mesmo que não tenham caráter econômico, existem na vida social independentemente de haver tutela jurídica correspondente, e podem, eventualmente, constituir alvos de relevância jurídica, conforme as necessidades sociais e a dinâmica com que a relações privadas se estabelecem (BETTI, 2008, p. 73).

O fato de toda esta discussão assumir papel central na (re)construção do Direito na contemporaneidade não nos faz concluir de que se trata de discussão nova ou inédita na história e na cultura jurídica e política ocidental. Os limites das liberdades individuais sempre povoaram a mente dos teóricos e filósofos ao longo de toda história. Fulton J. Sheen, há décadas, já se questionava:

> Qual é o limite absoluto da liberdade na sociedade? Qual é o ponto culminante além do qual o homem não pode passar no exercício de sua vontade livre? Há em todas as coisas um ponto em que não só a engrenagem anda, mas também os direitos. Além de certo ponto, os alimentos deixam de ser benéficos ao homem; há um limite no riso, transposto o qual deixa de ser cômico para começar a ser penoso; existe uma altitude além da qual os pássaros não podem voar, sem perderem a liberdade de voar; assim há também limites que o direito não pode ultrapassar sem renunciar ao próprio direito. *E quando surge esse limite? Quando se invoca o direito de destruir outro direito.* (SHEEN, 1945, p. 229, grifos nossos).

Como se vê, o *limite* às liberdades individuais deve ser traçado a partir da ideia do reconhecimento recíproco da condição de sujeito. Tal reconhecimento pode se dar através da garantia de autonomia e de promoção da dignidade, de modo que o Estado possa garantir a todos iguais espaços de liberdade de atuação, podendo ainda se concretizar através da ideia da alteridade.

Por isso, é fundamental pontuar, já de saída, que a ideia de liberdade defendida aqui não implica uma possibilidade infinita de decidir, escolher e agir ao ser humano. Entretanto, insistimos que isso não ocorre pela imposição de limites à liberdade individual. Tal afirmação é falaciosa, senão paradoxal ou redundante. A função jurídica de limitar o agir humano não corresponde a impor condicionamentos sociais ao exercício das liberdades individuais.

A ideia de liberdade, ou de liberdades individuais, é *per si* uma ideia social e só assume significado em contexto relacional. Não se pode falar em liberdade fora de sociedade, em estado de natureza e com isenção ou ausência de leis. Fulton J. Sheen afirmava, neste sentido, que nenhuma sociedade pode existir sem estabelecer limites à liberdade – limites aos quais o autor se referia, de forma inusitada, como "característicos permanentes" a ela (SHEEN, 1945, p. 227). Deste modo, conformar a liberdade através de seus característicos permanentes, que são em verdade próprios de cada contexto civilizatório (paradigma político, jurídico, econômico e social) nos conduz à necessidade de aceitação da não absolutidade de nenhum tipo de direito, nem mesmo do direito à vida[11].

Por mais que Fulton Sheen possa ser visto como um filósofo americanista de forte inspiração cristã, para quem, ao final, a fonte de direitos, deveres e liberdade é Deus, em última instância, não se pode negar a validade e a pertinência de suas construções acerca dos limites da liberdade e do seu real significado em uma república que se pretenda democrática.

> O mito do Coletivismo e a filosofia do Liberalismo são ambos falsos, pois nem um nem outro considera o homem em sua totalidade. Desconhecendo quer o aspecto pessoal de sua natureza, quer seu aspecto social, ambos desvirtuam a liberdade. A liberdade nasceu do reconhecimento dos direitos da pessoa e floresce no reconhecimento das responsabilidades sociais. Direitos e deveres são correlatos, e assim como não pode haver um pires com o lado côncavo, nem um quadrado sem os quatro lados, do mesmo modo não há direitos sem deveres. Isso nos leva ao estudo da natureza do homem. O homem é tanto pessoal como social; é uma *pessoa* e um *cidadão*. (SHEEN, 1945, p.172).

Assim, as colocações de Fulton J. Sheen nos interessam em grande medida, pois suas teorias vão além da conjectura, já defendida por nós outrora[12], de que os limites à liberdade são internos e não externos. Na realidade, não se trata mesmo de impor limites, mas de afirmar a própria ideia de liberdade, como conceito social que é, demarcando suas características enquanto médium de realização individual e da promoção da dignidade humana, na sociedade, na maior medida possível, de forma pacífica e igualitária. Afinal, "constituído como está presentemente, o homem é dependente da sociedade. Associa-se aos demais na sociedade para obterem as coisas necessárias ao desenvolvimento humano a que nem êle sozinho nem a família podem prover" (*sic*) (SHEEN, 1945, p. 173-174).

Carlos Eduardo P. Ruzyk refere-se, de outro modo, a essa mesma noção de liberdade ao explicitar a concepção de liberdade como efetividade, a qual permite a existência de um sujeito "que não se aniquila, no todo, embora seja nele (no espaço coletivo) que ela (a liberdade individual) se reconhece como alavanca das potencialidades da ressignificação do indivíduo, do Estado e da própria sociedade" (RUZYK, 2011, p. 56).

Nesse sentido, construções de Sigmund Freud também reforçam a hipótese, ao afirmar em sua obra a noção de que as pessoas não são natureza pura ou apenas

---

11. "Assim como há limitações no direito de propriedade, há também limitações ao direito à vida. Todo homem tem direito à vida, mas esse direito, como todos os direitos está limitado até certo ponto pelo bem comum. Se o direito à vida fosse interpretado como o direito de tirar a vida de outrem, caberia então à sociedade restringi-lo. O direito a vida inclui o de outrem de defender sua vida, e isto pode implicar, como consequência necessária, o direito de o agredido ou, mais comumente, o Estado tirar a vida ao agressor" (sic) (SHEEN, 1945, p. 228).

12. RODRIGUES, Renata de Lima. RÜGER, André. Autonomia como princípio jurídico estrutural. In: FIUZA, César; NAVES; Bruno Torquato de Oliveira; SÁ, Maria de Fátima Freire. Direito civil: atualidades II. Belo Horizonte: Del Rey, 2007.

herança biológica. Ninguém *é* sem levar em conta a rede concreta de práticas intersubjetivas em que se insere; ninguém *é* sem se situar ou situar sua estrutura psíquica na totalidade sócio-histórica de que faz parte. Com estas premissas, Freud constrói importante teoria que preconiza o *eu* como instância ativa de síntese dos pulsos biológicos de cada um e dos condicionamentos sociais a que todos se submetem em seus contextos civilizatórios (FREUD,1996, p. 90). Desse modo, ser livre implica o *estar em sociedade*, de forma pacífica, harmônica e plena.

Assim sendo, é que Habermas preconiza que o indivíduo que pretende *poder ser si mesmo*, deve recobrar a consciência de sua individualidade e de sua liberdade, e se emancipar de si mesmo e do processo de reificação que se autoimpingiu. Para *ser si mesmo*, é preciso se distanciar e transcender de si, no sentido do "reconhecimento da dependência em relação a um outro, em que a própria liberdade se funda" (HABERMAS, 2004, p. 13).

Por tudo isso, é que Luigi Ferri se refere à ideia de autonomia privada como um espaço de limitação ou mais propriamente, a nosso ver, de autolimitação da ordenação estatal:

> Se ha dicho que la autonomía privada debe ser considerada, respecto del Estado, como "contenido das normas". Esta concepción nos parece exacta y refleja fielmente la autonomía privada desde un determinado punto de vista. Las normas creadas por la autonomía privada tienen un contenido propio, que las normas estatales determinan negativamente, sustrayendo al poder privado autónomo ciertas "materias", ciertos grupos de relaciones que el Estado reserva a su regulación. *El fenómeno de la autonomía privada está visto así en su aspecto de limitación o autolimitación de la ordenación estatal, que deja espacios en los que puede inserte la actividad normativa de los particulares.* (FERRI, 1969, p. 10-11, grifos nossos).

Portanto, o que pretendemos frisar é que a liberdade individual, como fundamento da ideia de autonomia privada não é, *per si*, um conceito ilimitado a merecer balizas ou limites jurídicos políticos e sociais (sejam eles internos ou externos), mas enquanto conceito social é previamente condicionado por contextos civilizatórios. A seu turno, a noção de autonomia privada, como fruto da ressignificação qualitativa e quantitativa da autonomia da vontade, também não pretende delimitar um espaço de autodeterminação individual que deva ser limitado pelo Estado, mas diferentemente implica um espaço de atuação individual conformado, *a priori*, pela própria proposta política e jurídica de cada Estado.

Não faria sentido que o Estado outorgasse irrestrito espaço de liberdade para, em um segundo momento, se preocupar em criar instrumentos regulatórios de controle deste espaço.

Sem embargo, cumpre destacar que Luigi Ferri avança em sua obra para também determinar que não compactua com a vertente teórica que atribui à autonomia privada a natureza jurídica de um poder ao qual corresponde uma função:

> He aquí que se perfila otro problema: el de límites formales y substantivos de la autonomía privada, la cual no es evidentemente una actividad originaria sino una actividad que encuentra la fuente

de su validez en las normas legales y que de estás recibe las fronteras, formales y substantivas, de su actuar. Al examinar tal problema he podido comprobar que la autonomía no es un poder al que se corresponda una función. El Estado no ha indicado fines, ni propuesto intereses a los que este poder deba servir. (FERRI, 1969, p. 11).

Contudo, diante da contextualização e do arcabouço teórico enunciado até aqui, bem como da necessária aproximação entre os princípios da autonomia privada e da dignidade da pessoa humana, ousamos afirmar que há uma função tributável à autonomia privada, e que perpassa pela necessária defesa de um espaço de liberdade de atuação que deve ser garantido a todos, por força do princípio da dignidade humana, para que todos possam se desenvolver plenamente e se transformar naquilo que pretendem ser, nos limites da lei e da subjetividade alheia.

3.2 QUANTA LIBERDADE QUEREMOS TER?

No final do item 2.4 apresentamos uma nova proposta de conceituação para o planejamento familiar para destacarmos que, enquanto direito fundamental, consiste em um espaço de liberdade de atuação que representa verdadeira condição de possibilidade para a (não) autoria responsável do projeto parental.

Nesse aspecto, cumpre frisar que o acesso às mais variadas técnicas de reprodução assistida representa muito mais que a premência de combater a infertilidade, mas se revela como *medium* que permite a autoria do projeto parental diante das diversas necessidades humanas descortinadas por um mundo plural, permeado por diferenças, desigualdades e vulnerabilidades sociais, sexuais e culturais. Exemplo disso é o uso da barriga de aluguel não como tratamento de infertilidade, mas como alternativa de autoria do projeto parental de casais homossexuais que pretendem constituir prole biológica[13].

Conforme consignamos, o avanço da ciência, aliado a novos paradigmas políticos, jurídicos e culturais, impõe o alargamento do tradicional conceito de planejamento familiar, pois, dentre várias possibilidades, este direito pode encampar nos dias de hoje ações de controle da *quantidade* e da *qualidade da prole*.

Por atos de controle da *quantidade* da prole podemos compreender todas as ações que visam a evitar a prole, como os mais variados métodos contraceptivos, além do uso da chamada "pílula do dia seguinte"[14], classificada como espécie de

---

13. Retratos deste argumento: O cantor Ricky Martin, declaradamente homossexual, teve dois meninos, gêmeos, Matteo e Valentino, gerados por meio de barriga de aluguel. O mesmo ocorreu com o músico britânico Elton John, que se tornou pai de um menino, nascido de uma barriga de aluguel na Califórnia, em dezembro de 2010. Ele e o companheiro, David Furnish, deram o nome de Zachary para o bebê (Disponível em http://diversao.terra.com.br/gente/barriga-de-aluguel-veja-quem-teve-filhos-por-metodos-alternativos,c9582d-4423b5a310VgnCLD200000bbcceb0aRCRD.html. Acesso em: 11 set. 2014).

14. "Segundo dados da Secretaria Estadual de São Paulo, uma em cada quatro meninas entre 10 e 15 anos já tomou pílula do dia seguinte. O número aparentemente é grande, porém, segundo especialistas, não deve ser visto com tanta preocupação, já que o medicamento é considerado seguro. 'Funciona como uma pílula

contraceptivo de emergência, bem como atos de planejamento em torno do número e do espaçamento da prole. Ou seja, caso o desejo seja de constituir prole, existem mecanismos para controlar o número de filhos e o momento em que cada um dos filhos planejados deve nascer.

No âmbito dos atos de controle da *qualidade* da prole, podemos inserir, de forma fundamental, o uso do DGPI e do processo de seleção de embriões, seja em nome do ideal de *restrição terapêutica*[15] seja em nome da *seleção por sexo, da seleção por melhoramentos, da seleção por deficiência e da seleção por compatibilidade de doação*. Até onde alcança o direito de liberdade e de autonomia reprodutiva? Quais destas ações podem ser abrangidas legitimamente por este espaço de atuação? Até onde podemos definir quem é bom o suficiente para nascer? Ferrando Mantovani afirma que a resposta a estas perguntas pode ser encontrada da seguinte maneira:

> À aplicação da De acordo com Ferrando Mantovani, para orientar e resolver corretamente o problema jurídico das manipulações genéticas, é necessário enfrentar quatro ordens de problemas concernentes: 1) as possibilidades técnico-científicas da engenharia genética; 2) os riscos inerentes a tais possibilidades genético-manipuladoras e, portanto, os tipos de agressão aos bens jurídicos tradicionais e aos bens jurídicos emergentes; 3) os princípios jurídicos de fundo, à luz dos quais é necessário individualizar os limites das técnicas genético-manipuladoras; 4) os sistemas de controle jurídico e suas técnicas de regulamentação. (MANTOVANI, 2002, p. 156).

O entrelaçamento das noções de planejamento familiar, diagnóstico genético pré-implantatório e eugenia consiste em um ponto crítico nesta temática. Conforme assinalam Sá e Teixeira, o diagnóstico genético pré-implantatório

> é um teste preditivo para detecção de anomalia grave em embriões gerados por técnicas de reprodução in vitro e que ainda não foram transferidos ao útero materno. Em outras palavras, é a submissão de um embrião, no seu estágio inicial de desenvolvimento, a um exame genético de precaução. (SÁ; TEIXEIRA, 2010, p. 75).

---

anticoncepcional normal, mas sendo para uso pontual, bloqueando a ovulação e prejudicando o trânsito do esperma no corpo feminino', explica o ginecologista do Einstein, Dr. Mariano Tamura. Segundo ele, a eficiência da medicação o garante como um método que, apesar de emergencial, é seguro. 'Tem eficiência de até 90% quando usado imediatamente após a relação e 50% quando ingerido depois de 72 horas, sendo que são comprovados benefícios, ainda que pequenos, até cinco dias após o sexo'". (Disponível em: http://www.einstein.br/einstein-saude/em-dia-com-a-saude/Paginas/pilula-do-dia-seguinte-anticoncepcional--de-emergencia-tem-ate-90-de-eficiencia.aspx. Acesso em: 21 set. 2014).

15. O restricionismo ou Restrição Terapêutica consiste em vertente compartilhada por aqueles que exigem que a seleção de embriões seja apenas realizada no intuito de evitar doenças, ou seja, para terapia. Contudo, nesses casos, a única maneira de tratar o problema e eliminar a doença é evitar o nascimento da pessoa que a possuiria. Criticando a vertente restricionista, Lincoln Frias anota que: "O restricionismo pode estar baseado na ideia de que o estado atual da espécie humana tem valor normativo, isto é, que a seleção para o melhoramento é errada porque se afasta das condições biológicas da espécie humana no momento presente. Isso seria uma forma naturalista simplória de um Argumento da Natureza Humana, segundo o qual tudo que interfere na natureza humana (aqui definida como o aparato biológico humano atual) é errado. Essa versão do argumento, porém, é inaceitável porque desconsidera o fato de que a constituição do organismo humano é dinâmica, fruto da seleção natural e da seleção sexual. *(sic)* (FRIAS, 2010, p. 245).

CAPÍTULO 3 • PLANEJAMENTO FAMILIAR NO ÂMBITO DA AUTONOMIA PRIVADA

Uma vez que essa técnica envolve possibilidade de investigar a presença de anomalias embrionárias que acarretem o nascimento de crianças com certas enfermidades ou deformidades, são abertas inúmeras possibilidades aos idealizadores do projeto parental, que vão desde o eventual descarte do embrião até possíveis manipulações no intuito de sanar ou corrigir as enfermidades apresentadas.

> A técnica de pré-implantação vincula-se a seguinte questão normativa: "É compatível com a dignidade humana ser gerado mediante ressalva e, somente após um exame genético, ser considerado digno de uma existência e de um desenvolvimento?" Podemos dispor livremente da vida humana para fins de seleção? [...] Com o diagnóstico de pré-implantação, hoje já é difícil respeitar as fronteiras entre a seleção de fatores hereditários indesejáveis e a otimização de fatores desejáveis. (HABERMAS, 2004, p. 29).

Diante disso, a questão premente suscitada por todos que se dedicam a pensar sobre o tema é: não seriam tais procedimentos típicos de uma eugenia liberal, que se traduz no risco de uma "tecnicização" (HABERMAS, 2004, p. 73) da natureza humana? Ou estariam os autores do projeto parental apenas exercitando seu poder de autodeterminação naquilo que concerne sua autonomia reprodutiva e ao direito ao livre planejamento familiar?

Qualquer resposta apressada pode deixar de considerar que, a despeito de se tratar de um procedimento invasivo, o qual revolve sérias questões éticas e jurídicas, que ao cabo esbarram na proteção do direito à vida e da dignidade humana, é preciso considerar que é possível que o uso desse diagnóstico genético se revele como ato extremo de responsabilidade dos autores do projeto parental para com o filho a ser gerado. O que queremos dizer é que o uso da técnica pode se tratar de ato legitimamente inserido no âmbito do direito ao livre planejamento familiar, porque concretiza o princípio da parentalidade responsável. Fernando Abbelán-Garcia Sanchéz pontua que:

> Sin embargo, hay razones de peso para pensar que esta nueva eugenesia es distinta de la eugenesia clásica, que conoció el mundo sobre todo a raíz de los horrores del régimen nazi alemán, pues la misma no tiene por el momento el componente de política social que tuvo aquélla, sino que se sustenta fundamentalmente sobre deseos individuales o de pareja. Asimismo, al tiempo que se atisban zonas oscuras y preocupantes de esta corriente, se aprecia también que el DGP puede configurarse como elemento valioso para el desarrollo de la denominada "libertad reproductiva" de aquellos padres que desean garantizar mejores condiciones posibles de salud para sus hijos. Se habla entonces del surgimiento de un nuevo concepto de paternidad responsable que se vale de la información genética para decidir sus opciones reproductivas y de un nuevo tipo de eugenesia, la conocida como "neogenesia", que presenta matices propios importantes que la diferencian de forma clara de la eugenesia clásica... (SÁNCHEZ, 2007, p.75).

Com lastro nas ideias do autor espanhol, esse também é o entendimento de Maria de Fátima Freire de Sá e Ana Carolina Brochado Teixeira que asseveram:

> Independentemente de todas as críticas, o DGPI pode ser um poderoso instrumento para a liberdade reprodutiva, por garantir melhores condições de saúde para os futuros filhos, o que se

insere no âmbito do que a Constituição brasileira denomina de paternidade responsável, limite ao direito fundamental ao livre planejamento familiar (Art. 226, § 8º). (SÁ; TEIXEIRA, 2010, p. 76).

Ainda assim, Habermas aponta que o uso do diagnóstico pelos pais trata de instrumentalização do embrião, que, segundo ele, é nivelado a bens de natureza material, quando decidem pela não implantação do embrião que não corresponda a determinados padrões de saúde, o que nas palavras do autor alemão significa "controle deliberado da qualidade" do ser humano a ser gerado e que conduz "à instrumentalização da vida humana, produzida sob condições e em função de preferências axiológicas de terceiros" (HABERMAS, 2004, p. 43).

De fato, há uma grande dificuldade em se estabelecer o limiar entre intervenções terapêuticas e intervenções meramente aperfeiçoadoras perfectibilizadoras, sobretudo, porque os padrões de saúde apontados por Habermas em suas colocações não são universalizáveis. Há teses consistentes no sentido de que a concepção de saúde é individual[16] e, portanto, depende de construções acerca daquilo que cada um julga saudável para si. Ana Carolina Brochado Teixeira aproxima o conceito de saúde àquilo que denominou de governo corporal:

> O governo corporal assume grande importância, pois é a partir dele que é verdadeiramente possível se pensar em um novo conceito de saúde, determinante para a autocompreensão de bem-estar. Logo, um conceito de saúde, para além da ausência de doenças, atende, principalmente, às necessidades individuais, de modo que a própria pessoa possa construir – e projetar validamente no mundo externo – o que pretende para si e para o próprio corpo, ou seja, 'saúde é um estado de razoável harmonia entre o sujeito e a sua própria realidade' (TEIXEIRA, 2009, p. 233).

Por um lado, é forçoso reconhecer que todas as pessoas devem ter o direito de gozar dos benefícios do progresso da ciência,[17] segundo destacado pela Corte Interamericana de Direitos Humanos no caso Artavia Murillo *versus* Costa Rica. Uma vez assentado que planejamento familiar consiste em (não) autoria de projeto parental e que, portanto, conecta-se diretamente ao livre desenvolvimento da personalidade humana, o uso da biotecnologia não pode ser uma ferramenta descartada ou negada

---

16. Fernando Abbelán-Garcia Sanchéz também defende teoria semelhante ao citar ideias desenvolvidas por Diego Gracia: "Ahondando en este análisis de la situación, sostiene el profesor Diego Gracia que, mientras en la medicina clásica venía siendo el profesional quien definía lo que era una necesidad sanitaria, de forma que desde la propia medicina se fijaban los criterios de salud y enfermedad, en la actualidad, por primera vez en la historia, son los usuarios quienes definen dichos conceptos y buscan su satisfacción en el sistema sanitario, que en muchas ocasiones no puede darles la respuesta que esperan, lo que a su vez genera gran frustración en aquéllos y descontento en los profesionales" (SANCHÉS, 2007, p. 78). Aqui fica a provocação difícil de ser ignorada e que agora nos parece ser imprescindível de ser desafiada: caberia ação de responsabilização do filho manipulado contra os próprios pais – uma espécie de wrongful life –, uma vez que seu padrão de saúde não coincide com o padrão desejado e imposto no passado pelos pais?

17. Habermas, ao comentar a posição dos cientistas alemães, registra a seguinte anotação quanto à colisão do direito com a vida do embrião e o direito ao progresso científico: "A exigência é no sentido de que a liberdade de pesquisa seja privilegiada em relação à proteção da vida do embrião e que a "vida humana primária, ainda que não produzida explicitamente para estes fins de pesquisa, possa ser utilizada também para tais fins". Nesse sentido, a comunidade alemã de pesquisa invoca o objetivo elevado e a "chance realista" de desenvolver novos processos de cura" (HABERMAS, 2004, p. 24).

a nenhuma pessoa sob pena de violação da garantia de iguais espaços de liberdade de atuação para que todos possam se tornar aquilo que pretendem ser, conforme cláusula geral de tutela da personalidade humana (princípio da dignidade da pessoa humana). Por outro lado, urge definir a dimensão destes espaços de liberdade de atuação.

Conforme desenvolveremos no Capítulo 4, há um farto conjunto de argumentos técnicos jurídicos que evidenciam que em nosso sistema o embrião humano, sobretudo congelado, não tem direito à vida. Constitui-se precedente da corte constitucional brasileira, mais precisamente, o julgamento pela constitucionalidade do artigo 5º da Lei de biossegurança, na ADI n. 3510, que determinou a possibilidade de pesquisa com células tronco embrionárias apontam nesta direção. Tudo indica, portanto, que a teoria concepcionista, que pretende atribuir tutela absoluta à vida humana desde a concepção, não prospera em nosso sistema e, portanto, vertentes denominadas *antiselecionistas* nela baseadas também não encontram larga aceitação. Embriões são selecionáveis e descartáveis para fins de pesquisa científica e, sendo assim, a biotecnologia nos descortina possibilidades de seleção de embriões através do uso do DGPI, que abrangem, como mencionado, desde medidas terapêuticas até práticas selecionistas por deficiência, por melhoramentos, por sexo e por compatibilidade para doação.

Por mais estranho que possa parecer, a seleção por uma deficiência já foi alvo do desejo de um casal no momento de se planejar a prole. Trata-se do comentado caso ocorrido nos EUA em 1996, e que ganhou ampla publicidade em 2002, provocando relevantes discussões éticas e jurídicas em torno da operacionalização da liberdade de planejamento familiar: um casal de mulheres surdas desde o nascimento, Candace McCullough e Sharon Duchesneau, decidiu gerar um bebê igualmente surdo. Para tanto, recorreram ao auxílio das técnicas de reprodução assistida para planificação de tal projeto parental. Buscaram alternativas em diversos bancos de sêmen e clínicas de reprodução para que a "fertilização delas fosse feita com material doado por um homem que sofresse do mesmo problema"[18]. Várias clínicas rejeitaram tal exigência, o que as motivou a utilizar o sêmen de um amigo totalmente surdo, em cuja família a deficiência se manifestava há cinco gerações. O bebê nasceu com leve capacidade auditiva no ouvido direito que, segundo os médicos, deveria se perder em poucos anos[19]. O casal já tinha uma filha, concebida da mesma forma e com a mesma deficiência, e que apenas consegue se comunicar através de linguagem de sinais.

Nesse ocorrido, o casal fundamentou sua decisão na opinião de que a vida dos surdos não é vista como uma vida necessariamente limitada ou pior. Lincoln Frias, comentando o caso, explicita o ponto de vista ético pelas mães:

---

18. Disponível em: http://www.bbc.co.uk/portuguese/ciencia/020408_surdaro.shtml. Acesso em: 17 jan. 2008.
19. Disponível em: http://veja.abril.com.br/170402/p_072.html. Acesso em: 17 jan. 2008.

Em diversas partes do mundo, os surdos constituíram várias comunidades nas quais, segundo eles, as limitações da surdez são minimizadas a ponto de não serem mais significativas. Além disso, em um contexto em que todos entendem tanto as dificuldades quanto as possibilidades abertas pela surdez, a autoestima e o sentimento de pertencimento a um grupo tendem a aumentar tão significativamente que os surdos passam a não mais se considerar deficientes, mas sim uma minoria linguística, participantes de um tipo diferente de cultura, com língua e costumes eficientes e diferentes. A intenção declarada das mães de Gauvin foi ter um filho que experimentasse as coisas boas que elas experimentam por causa do sentimento de pertencimento e conexão da comunidade de portadores de deficiência auditiva. Além disso, havia a preocupação de que durante seus primeiros anos de vida o filho se sentisse deslocado tanto entre ouvintes quanto entre surdos. De acordo com essa perspectiva, ao compartilhar as mesmas condições de comunicação que suas mães, o filho teria melhores condições de estabelecer um vínculo afetivo com eles do que um filho ouvinte. *(sic)* (FRIAS, 2010, p. 275).

Trata-se, sem embargo, de uma delicada situação reprodutiva, pois, ao que se vê, a argumentação das mães não parece suficiente para compensar, de algum modo, todas as restrições que seu filho surdo viria a experimentar ao longo da vida. Segundo Lincoln Frias (2010, p. 276), a argumentação ética mais favorável seria aquela que tentasse evidenciar que a surdez pudesse se afigurar como intrinsicamente valiosa, o que, a toda prova, é de difícil sustentação, vez que a surdez é, por definição a falta ou ausência de sentidos ou incapacidade. Por mais que ela tenha valor por permitir a participação em uma determinada cultura, além da proximidade com as mães na infância, é duvidoso que tais vantagens sejam efetivamente suficientes para compensar as desvantagens a serem enfrentadas em razão da restrição de opções e oportunidades ao longo da vida somente acessíveis aos ouvintes:

Não é suficiente que a surdez traga benefícios, é preciso que eles compensem os custos. Ao ser surdo o filho tem mais acesso à comunidade dos surdos e fica mais próximo dos pais, mas tem uma desvantagem em comparação com a sociedade em geral. As opções de vida que os surdos têm dependem das oportunidades educacionais, desenvolvimentos tecnológicos e condições sociais às quais nem todas as famílias têm acesso. Os surdos têm mais dificuldade em encontrar empregos, não apenas por causa do preconceito, mas simplesmente porque não ouvem (ou têm dificuldades de audição), o que é imprescindível para muitas ocupações. A cultura dos surdos será a única possibilidade cultural para o filho. Isso excluirá uma série de planos de vida para ele e fará com que ele seja linguisticamente isolado. A escolha é entre, por um lado, (1) ter a possibilidade de participar de muitas comunidades e ter dificuldade em participar da comunidade à qual seus pais pertencem; ou, por outro, (2) ter a possibilidade de participar da comunidade à qual seus pais pertencem e ter dificuldade em participar de muitas outras comunidades. Mesmo que se conceda que a comunidade à qual seus pais pertençam seja a mais importante, não é razoável acreditar que seja tão importante ser um membro completo dela quanto poder participar de todas as outras. Além disso, como é possível inferir do estudo de citado acima, os filhos ouvintes de surdos também podem participar em boa medida da comunidade de surdos. Portanto, a primeira opção parece a mais adequada. Há bons motivos para considerar que ao selecionar o filho surdo, mesmo que sua preocupação seja para com o bem-estar do filho, as mães estão ofendendo seu direito a um futuro aberto. Ao escolher o embrião que será surdo, os pais estão escolhendo o filho com menor expectativa de bem-estar, porque, em princípio, ele terá menos oportunidades, menos pessoas com quem interagir, não experimentará o universo dos sons (música, sons da natureza etc.). Isso é moralmente errado de acordo com o Princípio da Beneficência Reprodutiva, segundo o qual os pais devem buscar o melhor para seus filhos, inclusive se isso significar buscar ter o melhor

CAPÍTULO 3 • PLANEJAMENTO FAMILIAR NO ÂMBITO DA AUTONOMIA PRIVADA

filho (aquele com maior expectativa de bem-estar). Certamente, a surdez não torna a vida do filho indigna de ser vivida, portanto, o filho não é prejudicado. O erro é impessoal, criou-se um mundo com menos bem-estar (supondo que a surdez diminua o bem-estar). (FRIAS, 2010, p. 279-280).

O que se denota é que, segundo o princípio bioético da beneficência[20], é incorreto selecionar embriões com deficiências como a surdez porque tal seleção conduz à idealização e à criação de uma pessoa que possui, a priori, menos expectativas de capacidade ou de potencialidade de se realizar plenamente, apresentando menor qualidade de vida do que seria normalmente possível[21].

Tal conclusão não se restringe ao caso da surdez, evidentemente, mas pode ser perfeitamente aplicada a qualquer situação em que os pais pretendam selecionar embriões que tenham menores expectativas de bem-estar do que outros embriões perfeitamente saudáveis e disponíveis para implantação. Exemplo disso, ao aplicarmos a lógica do casal Candace McCullough e Sharon Duchesneau, seria possível vislumbrar situação tal que um casal de anões pudesse pretender selecionar embriões portadores de nanismo, para que seus filhos fossem adaptados à altura do mobiliário de sua casa e à própria estatura de seus pais.

O princípio da beneficência foi reformulado em 2009 por Julian Savulescu e Guy Kahane para se apresentar diante dos direitos reprodutivos sob a roupagem de Princípio da Beneficência Reprodutiva (*Principle of Procreative Beneficence*)[22]. Segundo tal princípio, se um casal ou pessoa decide ter um filho por uso de técnicas de reprodução assistida e se a seleção de embriões é possível, então os futuros pais têm uma razão moral relevante para escolher pelo embrião que pode se desenvolver plenamente e de cuja vida pode-se esperar, diante das informações disponíveis, seja a melhor ou, ao menos, não pior do que a dos outros embriões em questão. Aplican-

---

20. O princípio da beneficência constitui parte de uma proposta de princípios bioéticos cunhada em 1979 pelos norte-americanos Tom Beauchamp e James Childress: "Según Beauchamp y Childress, existen cuatro principios que guían las decisiones en bioética: autonomia, beneficência, no maleficência y justicia. [...] El principio de beneficência reclama del profecional de la salud la realización de actos que sean benéficos para la salud del paciente." (ANDORNO, 2013, p. 31-32) Para Maria de Fátima Freire de Sá e Bruno T. O. Naves, "o princípio da beneficência impõe ao profissional de saúde ou ao biólogo o dever de dirigir esforços no sentido de beneficiar o ser pesquisado. Beneficência vem do latim bonum facere, literalmente, "fazer o bem". Assim, não só se afirma que o médico deve abster-se de procedimentos duvidosos, que pouco ou nada trazem de benefício para o paciente [...]" (NAVES; SÁ, 2009, p. 39).

21. Segundo Frias: "Ao escolher o embrião que será surdo, os pais estão escolhendo o filho com menor expectativa de bem-estar, porque, em princípio, ele terá menos oportunidades, menos pessoas com quem interagir, não experimentará o universo dos sons (música, sons da natureza etc.)263. Isso é moralmente errado de acordo com o Princípio da Beneficência Reprodutiva, segundo o qual os pais devem buscar o melhor para seus filhos, inclusive se isso significar buscar ter o melhor filho (aquele com maior expectativa de bem-estar). Certamente, a surdez não torna a vida do filho indigna de ser vivida, portanto, o filho não é prejudicado. O erro é impessoal, criou-se um mundo com menos bem-estar (supondo que a surdez diminua o bem-estar). (FRIAS, 2010, p. 280).

22. A enunciação proposta pelos autores para o princípio da beneficência reprodutiva é: "If couples (or single reproducers) have decided to have a child, and selection is possible, then they have a significant moral reason to select the child, of the possible children they could have, whose life can be expected, in light of the relevant available information, to go best or at least not worse than any of the others" (KAHANE; SAVULESCU, 2009, p. 258).

do a orientação de Kahane e Savulescu, Lincoln Frias (2010, p. 258) conclui que o conceito de vida melhor implica maior quantidade de bem-estar, ou, em outras palavras na falta de razões opostas, os pais devem selecionar o embrião com melhores perspectivas de bem-estar, com menos chances de desenvolver doenças e com mais chances de ter as capacidades necessárias para viver a melhor vida possível.

> A exigência não é de que o casal procure um embrião perfeito, mas sim que, dentre aqueles que foram capazes de produzir, seja escolhido o que possuir melhores perspectivas. [...] A principal consideração em favor desse princípio é que ele é apenas uma das indicações básicas da racionalidade prática: diante de uma opção boa e outra melhor, na ausência de razões contrárias, a melhor deve ser escolhida. (FRIAS, 2010, p. 258).

Fica latente, portanto, que a eugenia liberal, visualizada em *Gattaca* ou em *O admirável mundo novo* esbarraria em sérias restrições éticas e jurídicas que orientam nosso sistema de planejamento familiar. Uma leitura integrada e sistemática do direito de desfrutar do progresso da ciência aliado à autoria do projeto parental não nos permitiria concluir pela ampla e irrestrita possibilidade de manipulação e intervenção de embriões humanos para fins de melhoramentos ou aperfeiçoamento. Segundo Frias,

> Boa parte do incômodo causado pelo Princípio da Beneficência é que ele parece exigir que os pais, ao buscar o melhor para seus filhos, garantam que eles sejam melhores do que as outras pessoas. Não deixa de estar relacionado a isso o fato nada surpreendente de que quando se fala de seleção não terapêutica de embriões o tema principal é a seleção daquelas características que garantiriam que o filho tivesse um funcionamento acima do normal – também conhecida como seleção para melhoramento genético. A seleção terapêutica consiste em uma seleção negativa, isto é, pretende evitar características indesejáveis. Por sua vez, a seleção para melhoramento consiste na seleção positiva, quer dizer, na busca por características desejáveis (características cuja ausência não constituiria uma doença). Nesse contexto, o melhoramento consiste no aumento de bem-estar ou capacidade de se realizar. (FRIAS, 2009, p. 282-283).

Cabe aos pais uma escolha responsável, ou seja, orientada pelo padrão de conduta imposto pelo princípio da paternidade responsável, que aqui se revela como beneficência reprodutiva: compete-lhes a melhor escolha entre as possíveis e a eles é incumbido escolher dentre os embriões disponíveis aquele que tem maior expectativas de bem-estar. Portanto, a autonomia reprodutiva se desvela conformada pela dignidade humana e pela alteridade, enquanto respeito ao outro e a sua individualidade, e também pela responsabilidade, que se traduz como beneficência reprodutiva.

3.3 QUANTA LIBERDADE PODEMOS TER? "CARACTERÍSTICOS PERMANENTES" (LIMITES CONSTITUCIONAIS) DO LIVRE PLANEJAMENTO FAMILIAR

Diante do aumento do espaço de liberdade reprodutiva, evidenciado pela larga ampliação do feixe de possibilidades descortinadas pela biotecnologia, o direito ao livre planejamento familiar pulsa por expansão. Contudo, a liberdade subjacente à autonomia para reproduzir possui característicos permanentes explícitos e implícitos em nosso ordenamento jurídico que outorgam e definem um espaço legítimo de decisões (não) procriativas. Muitos destes característicos permanentes já foram apresentados ao longo do trabalho e agora buscamos apresentá-los de forma sistematizada ou sintética.

Podemos enunciar, portanto, que a liberdade de planejamento familiar encontra no projeto constitucional de nosso Estado democrático uma definição que perpassa, explicitamente, pelos princípios da dignidade da pessoa humana e da paternidade responsável.

A partir da análise do princípio da dignidade da pessoa humana, inferimos que no planejamento familiar há que se respeitar a essência humana[23], seja pelo viés da autonomia ou pelo viés da alteridade, que aqui se revela, de forma particular, como implicação por reconhecimento e respeito ao embrião, ao feto e a gerações futuras[24]. Não é possível aplicar a concepção de dignidade como autonomia, como um feixe de valores e escolhas reflexo da construção biográfica de cada um em torno de seu ideal de vida boa. Portanto, em termos de reprodução humana, o respeito à dignidade do embrião, feto e gerações futuras se perfaz pela via da alteridade, do reconhecimento do outro, e de si mesmo perante o outro, como fruto da interdependência e da interrelação necessárias para a constituição do indivíduo diante da diversidade inerente nossa cultura e sociedade.

Na temática do cuidado com gerações futuras, podemos inserir a preocupação esboçada por Habermas, em *O futuro da natureza humana*, que é desenvolvida em duas instâncias: autocompreensão ética da espécie e o fato de que indivíduos manipulados geneticamente não têm a mesma possibilidade de apropriação crítica e reflexiva de sua história em relação aos que foram naturalmente concebidos, alterando sensivelmente a dinâmica das relações interpessoais.

> O que hoje se coloca à disposição é algo diferente: a indisponibilidade de um processo contingente de fecundação, com a consequente combinação imprevisível de duas sequências de cromossomos. Todavia, no momento em que podemos dominá-la, essa contingência discreta revela-se como um pressuposto necessário para evidenciar o poder ser si mesmo e a natureza fundamentalmente igualitária das nossas relações interpessoais. Com efeito, um dia quando os adultos passarem a considerar a composição genética desejável de seus descendentes como um produto que pode ser moldado e, para tanto, elaborarem um *design* que lhes pareça apro-

---

23. "Seja qual for sua forma ou configuração, a vida de um único organismo humano exige respeito e proteção devido ao complexo investimento criativo que representa e a nosso assombro diante de processos divinos ou evolutivos que geram novas vidas a partir das que as antecederam..." (DWORKIN, 2003, p. 116-117).

24. "Também consideramos importante que as pessoas vivam bem, e em razão disso julgamos ter a responsabilidade não só de eliminar a possibilidade da existência de futuras gerações, mas também de lhes deixar um justo quinhão de recursos naturais e culturais. É aí que reside o pressuposto do que os filósofos chamam de problema da justiça entre as gerações: a ideia de que cada geração deve, por uma questão de justiça, deixar um mundo que possa ser habitável não apenas para seus filhos e netos, aos quais já conhecem e amam, mas também por gerações de descendentes cuja identidade não se encontra absolutamente estabelecida". (DWORKIN, 2003, p. 107-108).

priado, eles estarão exercendo sobre seus produtos geneticamente manipulados uma espécie de disposição que interfere nos fundamentos somáticos da auto compreensão espontânea e da liberdade ética de uma outra pessoa e que, conforme pareceu até agora, só poderia ser exercida sobre objetos, e não sobre pessoas. (HABERMAS, 2004, p. 19).

As questões de eugenia, negativa ou positiva, suscitam indagações prementes relacionadas com esta capacidade de autocompreensão ética da humanidade considerada em seu conjunto, principalmente porque é geradora de uma séria confusão dos limites entre pessoas e coisas.

Ferrando Mantovani pontua que seriam dois os riscos de manipulações genéticas operadas na concretização do planejamento familiar. O primeiro consistiria em risco de ordem prática, uma vez que não dominamos amplamente tal tecnologia e não somos ainda amplamente capazes de controlar efeitos colaterais negativos não desejados na prole. O outro consiste em risco de graves implicações éticas no direito à identidade genética,

> de modo que ela fique não mais ao sabor da misteriosa alquimia da natureza, mas da vontade, do arbítrio ou do capricho de outros seres humanos – instaurando, com isso, o predomínio definitivo da geração atual sobre as gerações futuras, negando a essas a possibilidade de desenvolver-se segundo a natureza. (MANTOVANI, 2002, p. 157).

Para Habermas, a manipulação de seres humanos por outros seres humanos impacta sobremaneira na apropriação crítica que os manipulados têm de sua própria história. Segundo o autor, a implicação mais grave disso seria o risco de afetação naquilo que ele denomina de *simetria de responsabilidades*, que só pode mesmo existir entre seres igualmente autônomos.

> Com a decisão irreversível que uma pessoa toma em relação à constituição "natural" de outra, surge uma relação interpessoal desconhecida até o presente momento. [...] Na medida em que um indivíduo toma no lugar de outro uma decisão irreversível, interferindo profundamente na constituição orgânica do segundo, a simetria da responsabilidade, em princípio existente entre pessoas livres e iguais, torna-se limitada. (HABERMAS, 2004, p. 20).

Isto significa dizer que o ser humano manipulado geneticamente pode se escusar de um comportamento responsável para tributar aos seus manipuladores as consequências por suas ações. Ou seja, uma vez que sua conformação foi por eles determinada, seria natural imputar a eles a responsabilidade pelas decorrências de suas escolhas e condutas.

Aplicando todo este raciocínio ao planejamento familiar e atentos à principiologia que orienta o papel dos pais na idealização do projeto parental, qual seja, o respeito à dignidade humana e à paternidade responsável, o que podemos perceber é que a prudência recomenda que as intervenções sejam evitadas sempre que possível e que sejam feitas de forma minimamente invasiva. Nesse sentido, Habermas cita Andreas Kuhlmann que afirma que "se os futuros pais exigem um poder de autodeterminação

CAPÍTULO 3 • PLANEJAMENTO FAMILIAR NO ÂMBITO DA AUTONOMIA PRIVADA

de grandes proporções, então seria apenas justo garantir ao futuro filho a chance de levar uma vida autônoma" (KUHLMANN, 2001 *apud* HABERMAS, 2004, p. 23).

Assim sendo, pelo viés da responsabilidade parental, podemos derivar como característicos permanentes da liberdade de constituir prole o princípio da beneficência reprodutiva, a impor aos pais certas condutas orientadas, sobretudo, pela cautela e pela prudência. A intervenção na conformação genética alheia precisa ser criteriosamente orientada pela necessidade de máxima efetivação de condições de vida autônoma do ser humano manipulado. Neste diapasão, cabe aos idealizadores do projeto parental, conforme já consignado, um espaço de autonomia no qual lhes é consentido fazer escolhas que permitam ter filhos com as melhores expectativas de vida boa ou de bem-estar, em respeito à sua autonomia, dignidade e alteridade.

Não se pode esquecer que muitas destas perspectivas de intervenção e seleção ainda não são totalmente viáveis nos dias de hoje, tendo em conta a evolução da biotecnologia. Mas é necessário analisar tais situações no contexto deste trabalho, até como um esforço de previdência e de profilaxia, orientando os rumos da bioética e do biodireito nesse sentido.

> Embora já exista uma impressionante bibliografia filosófica sobre a seleção de traços fenotípicos complexos como inteligência, atleticidade, orientação sexual, habilidade musical, obesidade, além de características estéticas como cor dos olhos, tipo de cabelo, cor da pele e altura, os cientistas se apressam em afirmar que é provável que a maioria dessas características tenha uma base genética tão complexa que será provavelmente impossível identificá-las satisfatoriamente e muito menos selecionar embriões de acordo com elas. O primeiro problema é que isso exigiria uma capacidade de DGPI muito grande. O segundo é que, para que as chances de haver um embrião adequado às exigências dos pais, seria preciso que se produzisse um número enorme de embriões, o que é impossível porque as mulheres produzem poucos óvulos. A discussão filosófica sobre esse tema se alimenta da convicção de que, embora os problemas ainda não existam, é melhor se precaver. Por isso, ela enfrenta a dificuldade de tratar de um problema cujos contornos ainda não são adequadamente conhecidos. Não obstante essa limitação significativa, é importante analisar a seleção para melhoramento ao menos para vislumbrar até onde o Princípio da Beneficência Reprodutiva exige que os pais cheguem para buscar o melhor para seus filhos, ainda que isso não tenha repercussões práticas a curto e médio prazos. (FRIAS, 2009, p. 283).

Este exercício de precaução é importante, inclusive, em razão do argumento do efeito dominó ou do princípio do *slippery slope* (ladeira escorregadia), que é usado pela bioética para justificação da contenção de medidas selecionistas irrestritas:

> Esse tipo de argumento é conhecido na literatura especializada como argumento da ladeira escorregadia (slippery slope) ou da bola de neve (Dammbruch). Se você der o primeiro passo em uma ladeira escorregadia, terá que dar o segundo, o terceiro etc. Você terá que ir até o fim e não poderá voltar. No caso da bola de neve, embora ela possa ter começado pequena, como sempre aumenta de tamanho à medida que desce a ladeira, ao final ela pode virar uma avalanche e provocar uma catástrofe. Em português, a ideia do efeito dominó é mais comum. Toda criança sabe: se os dominós estão adequadamente posicionados, basta derrubar o primeiro e, como se fosse mágica, todas as outras peças vão caindo sozinhas, até que todas estejam no chão. As três metáforas expressam a mesma ideia: mesmo que o movimento inicial pareça irrisório e inofen-

sivo, ele pode levar automática e inexoravelmente a outros movimentos com resultados maiores do que se supunha à primeira vista, mas que agora são irreversíveis. (FRIAS, 2009, p. 216-217).

Diante de tudo isso, não há, em verdade, um catálogo de decisões *a priori* definidas pelo sistema, explícita ou implicitamente, e que caibam aos indivíduos no exercício do planejamento familiar. O contato com a complexidade da realidade nos impõe uma postura hermenêutica que se proponha aberta e porosa às mais variadas mundividências, sob pena de, em nome da segurança jurídica e da abstração, marginalizar situações que merecem o devido enfretamento jurídico em busca de uma resposta sistematicamente correta.

A contemporaneidade preconiza a superação de um modelo abstrato[25] de interpretação do direito, idealizado pela Escola da Exegese. Diante dessa nova epistemologia hermenêutica, o intérprete contemporâneo se defronta com uma série de teorias pós-positivistas de aplicação da lei, que, apesar de suas diferenças, possuem todas o mesmo fundamento: o preceito de que a interpretação jurídica deve ser baseada na argumentação, no intuito de estabelecer um verdadeiro processo dialógico entre fato e norma (CAMARGO, 2003, p. 259).

São teorias que preconizam a necessidade de um sistema jurídico aberto, em que seja possível aprimorar mecanismos de interpretação capazes de dar a resposta correta para o caso concreto. Nesse sentido, é preciso consignar que o prefixo "pós" não implica a superação ou a negação do positivismo jurídico, o que seria um contrassenso. Nesse diapasão, concordamos com Alexandre Travessoni Gomes e Jean-Christophe Merle de que o "o pós-positivismo deve ser definido com base em sua tarefa, que é superar o positivismo jurídico no que diz respeito, sobretudo, ao problema da validade material (legitimidade) do direito, incorporando, contudo, os avanços da teoria positivista" (MERLE; TRAVESSONI GOMES, 2007, p. 158).

Para estes autores, não seria possível tributar ao pós-positivismo a idealização da distinção entre regras e princípios e uma suposta afirmação dos princípios enquanto categoria normativa. Positivistas clássicos como Kelsen, Bobbio e Hart aceitam a distinção entre regras e princípios, enquanto normas diferenciadas (MERLE; TRA-

---

25. Como se sabe, tal modelo correspondeu à construção do Estado Liberal, em que vigorava a ideia de que a atuação estatal deveria ser mínima. A desconfiança que os cidadãos tinham no Estado, justificada pelas arbitrariedades cometidas durante o estado Absolutista, implicava que o papel do Estado ficaria restrito ao mínimo necessário, garantindo, por consequência, ampla liberdade no exercício dos direitos individuais. No paradigma do Estado Liberal, a interpretação jurídica se resumia a recolher, em meio à completitude do sistema, a norma que se encaixava àquela determinada hipótese fática, dispensando quaisquer elaborações do intérprete que não fossem exatamente aquelas previstas no sistema, conforme preconizava a Escola da Exegese. Menelick de Carvalho Neto elucida que: "Sob este primeiro paradigma constitucional [..], a questão da atividade hermenêutica do juiz só poderia ser vista como uma atividade mecânica, resultado de uma leitura direta dos textos que deveriam ser claros e distintos, e a interpretação algo a ser evitado até mesmo pela consulta ao legislador na hipótese de dúvidas do juiz diante de textos obscuros e intrincados. Ao juiz é reservado o papel de mera bouche de la loi" (CARVALHO NETTO, 2000, p. 479).

VESSONI GOMES, 2007, p. 160). As diferenças seriam, portanto, de duas ordens: o lugar[26] dos princípios e o papel[27] dos princípios.

Nesse sentir, Ronald Dworkin tece duras críticas ao positivismo jurídico e aos métodos de interpretação a ele relacionados. Segundo a visão de Dworkin, uma vez que o positivismo jurídico encara o direito como um sistema de regras que se referem a situações previamente definidas, essa corrente doutrinária não é suficiente para oferecer legitimidade às decisões jurídicas, porque abre margem para uma eventual prática jurídica pragmática, em que o juiz é dotado de um poder de escolha decisionista diante de uma série de possibilidades normativas abertas[28]. Quanto a isso, Merle e Travessoni colocam uma objeção:

> As duas teses fundamentais de Dworkin sobre o positivismo jurídico, a saber, (i) a de que ele entende o direito como um conjunto de regras e (ii) a de que ele prega o poder discricionário do órgão aplicador são, portanto, incompatíveis. Elas não podem ser defendidas corretamente ao mesmo tempo. Como já ressaltei, somente a segunda é verdadeira. (MERLE; TRAVESSONI, 2007, p. 163).

Dworkin propõe que o direito se trata, na verdade, de um conjunto de princípios que permitem que o sistema se abra diante do caso concreto na busca pela resposta correta. Fato é que, na medida em que não é dada discricionariedade ao juiz para decidir, Dworkin assume o pressuposto de que cada caso possui uma resposta correta. A questão que se impõe é como chegar a ela.

O autor sugere um modelo de interpretação construtiva[29], capaz de oferecer a resposta correta para cada caso, sempre "em face do Direito" (CHAMON JUNIOR,

---

26. "O princípio é jurídico para os positivistas se pertencer à ordem jurídica, pois, se pertencer à ordem moral, embora possa ser usado para a decisão de um caso, não faz parte do âmbito jurídico (*realm of law*)" (MERLE; TRAVESSONI GOMES, 2007, p. 160).

27. "A diferença se amplia quando se considera o papel dos princípios, os quais nos positivistas justificam o poder discricionário e nos pós-positivistas são usados justamente para superar essa discricionariedade. Essa talvez seja a maior colaboração da crítica de Dworkin ao positivismo jurídico, pois ele enfatiza, ao longo de toda sua argumentação, a necessidade de superação da discricionariedade do poder judicial pregada por Hart. Essa crítica, que é um ponto importante, pode ser dirigida também a Kelsen. Talvez muito mais que a distinção entre regras e princípios e a percepção da existência (ou normatividade) dos princípios, essa seja a colaboração mais importante de Dworkin para a construção da de um pós-positivismo" (MERLE; TRAVESSONI GOMES, 2007, p. 162-163).

28. Em virtude dessas constatações é que Dworkin compreende o pragmatismo e o convencionalismo como duas faces da mesma moeda. Conforme aponta Lúcio Antônio Chamon Junior, "ao assumirmos uma postura meramente descritiva do Direito, e quando não deparamos com um caso não imaginado por aquelas descrições, não decidiríamos com base naquilo que seria o direito, mas sim referente àquilo que gostaríamos que ele fosse" (CHAMON JUNIOR, 2006, p. 56).

29. Conforme Dworkin "Em linhas gerais, a interpretação construtiva é uma questão de impor um propósito a um objeto ou prática, a fim de torná-lo o melhor exemplo possível da forma ou do gênero aos quais se imagina que pertençam. Daí não se segue, mesmo depois dessa breve exposição, que um intérprete possa fazer de uma prática ou de uma obra de arte qualquer coisa que desejaria que fossem; (...) Pois a história ou a forma de uma prática ou objeto exerce uma coerção sobre as interpretações possíveis destes últimos, ainda que, como veremos, a natureza dessa coerção deva ser examinada com cuidado. Do ponto de vista construtivo, a interpretação criativa é um caso de interação entre objeto e propósito" (DWORKIN, 2003, p. 64).

2006, p. 57), porque afasta argumentos metajurídicos que implicam o uso discricionário e decisionista do poder jurisdicional. Segundo esse modelo interpretativo, todo caso a decidir é um *hard case* porque não há como encontrar respostas prontas dentro do ordenamento, tendo em conta que a aplicação do direito sempre pressupõe a problematização de todas as questões envolvidas diante do sistema aberto de princípios.

Conforme Chamon Junior (2006, p. 57), Dworkin entrelaça alguns conceitos centrais a certas metáforas elaboradas em sua obra tais como "romance em cadeia", "Juiz Hércules", "moralidade política", "comunidade jurídica personificada" e "direito como integridade"[30]. Na verdade, é a famosa figura metafórica do "romance em cadeia" que vem a explicar a proposta de interpretação construtiva defendida pelo autor, a qual irá possibilitar a aplicação do direito como integridade.

Ao afirmar que a interpretação de uma prática social deve ser construtiva, Dworkin pretende dizer que ela não deve se deter somente em pesquisar a intenção do autor da prática no passado, mas deve procurar impor um propósito àquele material que está sendo interpretado, para que ele seja visto sob sua melhor luz (DWORKIN, 2005, p. 276). O autor compara os juízes a críticos literários, pois ao interpretar uma norma jurídica e decidir um caso, eles são ao mesmo tempo autores e críticos dessa prática, pois introduzem novos elementos na tradição que interpretam. Por sua vez, futuros juízes se depararão com uma tradição renovada, e assim por diante (DWORKIN, 2006, p. 275).

Dessa maneira, o romance em cadeia nada mais é que a criação de um gênero literário criado pelo autor para explicitar o mecanismo de transformação do direito pela interpretação judicial. A metáfora consiste em um projeto em que um grupo de romancistas escreve "a várias mãos", em que cada romancista deve interpretar os capítulos que receber para escrever um novo capítulo, que será repassado a um novo romancista, e assim por diante. Desse modo, cada romancista tem o compromisso de escrever seu capítulo de modo a criar da melhor maneira possível o romance em elaboração. Dworkin acredita que esta tarefa é tão complexa quanto a tarefa de um juiz ao decidir um caso difícil, através da concepção do direito como integridade (DWORKIN, 2003, p. 275).

Isto porque a tarefa dos romancistas, assim como a dos juízes, tem a responsabilidade da continuidade. Eles devem criar, em conjunto, um só romance unificado,

---

30. Imperativo citar trecho de autoria de Chamon Junior em que o enlace entre esses elementos todos é posto de maneira clara e objetiva: "Hércules seria um juiz que vive numa comunidade jurídica que é autora de uma 'obra'; o direito, assim entendido, não seria fruto exclusivo da comunidade atual, nem se basearia tão somente em acordos explicitamente tomados no passado; antes, o Direito é fruto de um contínuo processo de interpretação que se iniciou no passado e que se abre para o futuro. Somente assim podemos assumir o Direito como uma unidade, integrado, enfim, quando o compreendemos como perpassado por princípios que, em cada momento, hão que ser interpretados para dar uma continuidade coerente a esta praxis" (CHAMON JUNIOR, 2006, p. 57, grifos no original).

que seja coerente e da melhor qualidade possível. Em outras palavras, devem tentar criar o melhor romance possível como se fosse fruto de apenas um único autor e não produto de várias mãos (DWORKIN, 2003, p. 276). Dessa maneira, cada romancista precisa de uma teoria à qual se apegar para que possa trabalhar todos os elementos do romance, de modo que sua contribuição se afigure como uma continuidade e não como um novo começo.

Com base nessas premissas, Dworkin afirma que o direito como integridade é única concepção verdadeiramente interpretativa do direito. O convencionalismo e o pragmatismo[31] apenas se apresentam como tal, mas não o são, pois não possuem autênticos programas de interpretação, não possuem atitude interpretativa propriamente dita (DWORKIN, 2005, p. 57). Nesse âmbito, o direito como integridade afirma que as proposições jurídicas são elementos interpretativos, que levam em consideração o passado e o futuro – tomando por base ensinamentos gadamerianos –, pois exige coerência de princípio: direitos e deveres possuem um conteúdo explícito e um conteúdo implícito, este fornecido por princípios necessários à sua justificação.

Por consequência, o *princípio judiciário da integridade* comanda que os juízes identifiquem os direitos e deveres como frutos da elaboração da *comunidade personificada*, enquanto *agente moral*, expressando uma concepção coerente de justiça e equidade, exigindo que seus juízes permaneçam sempre reinterpretando o material jurídico, de modo que ele seja visto sob sua melhor luz, como um verdadeiro romance em cadeia (DWORKIN, 2003, p. 272).

Nota-se que, em seu combate ao positivismo jurídico, Dworkin faz a distinção entre direito positivo e direito íntegro. O direito positivo seria o conjunto de disposições constantes nos diplomas legislativos e nas decisões jurisdicionais do passado. Nesse sentido, o direito íntegro nada mais seria do que o conjunto de normas cujo sentido é obtido através de uma correta contextualização. Ou seja, um direito dado

> por um contexto de princípios de moralidade política que, uma vez tomados em consideração, proveem a melhor interpretação do direito positivo, enfim, oferecem a melhor justificação, de um ponto de vista de coerência, que o direito positivo anuncia definitivamente quando assumido sob sua melhor luz. (CHAMON JUNIOR, 2006, p. 60).

Aqui, é importante consignar que Dworkin menciona que esse processo de interpretação envolve dois níveis que correspondem à dimensão da adequação e da justificação (CHAMON JUNIOR, 2006, p. 60). Na primeira dimensão, Dworkin

---

31. Para Dworkin, o convencionalismo se atém a exigir dos juízes, em casos difíceis, que estudem os repertórios de convenções do passado no sentido de encontrar a regra que se ajuste ao caso decidendo. Não é necessário que os juízes reinterpretem tal convenção, de modo que ela seja melhor aplicada (DWORKIN, 2005, p. 142). A seu turno, juízes pragmáticos apenas pensam de modo instrumental sobre quais sejam as melhores regras para o futuro. Não há exercício interpretativo e, por muitas vezes, é necessário extrapolar a esfera da matéria jurídica, por uma questão de política utilitarista (DWORKIN, 2005, p. 186).

afirma que é possível encontrar duas ou mais interpretações que se apoiam no mesmo texto legal e na mesma práxis jurídica como adequadas para aquela dada situação.

Todavia, para saber qual dessas interpretações é a melhor entre as interpretações possíveis, há que se valer de uma dimensão de justificação no intuito de revelar qual delas melhor satisfaz a interpretação de uma *moralidade política*, que, na leitura de Chamon Junior, nada mais é que "um conjunto de discursos práticos racionais conformados institucionalmente" (CHAMON JUNIOR, 2006, p. 60), e que, no atual Estado Democrático de Direito, representa a efetivação de direitos fundamentais em toda a práxis jurídica nacional.

É a partir dessas considerações que o direito ao livre planejamento familiar deve ser interpretado e aplicado em toda práxis jurídica: concretizado segundo uma orientação hermenêutica que fará desse instituto um instrumento de efetivação dos direitos fundamentais dos indivíduos idealizadores do projeto parental, tendo em conta a história e a integridade institucional do ordenamento jurídico brasileiro. Cada provimento judicial que decida pela legitimidade de uma determinada escolha como liberdade de planejamento familiar prescinde de fundamentos jurídicos que façam dessa decisão uma continuidade de uma história institucional que, no atual marco político brasileiro, quer significar o respeito pelo ser humano, seja pelo viés da autonomia, seja pelo viés da alteridade.

Destarte, a efetivação do direito fundamental ao livre planejamento familiar, através da aplicação desse processo de correção hermenêutica, não pode ser realizada a partir de um sistema rigorosamente hermético ou fechado, haja vista a celeridade dos avanços biotecnológicos e da pluralidade social. Todavia, é necessário repensar a legislação brasileira para que a regulamentação do direito ao livre planejamento familiar avance em uma série de questões que urgem a atenção do legislador face às novas demandas sociais que impõem a ampliação dos espaços de liberdade reprodutiva, e que, diante da ausência de regras específicas, transformam todas as questões atinentes à (não) autoria do projeto parental em *hard cases*, a desafiar de modo muito particular corretos discursos de aplicação normativa em torno da operacionalização deste espaço de liberdade.

Diante da possibilidade de tomada de decisões (descarte, seleção e manipulação) acerca do embrião obtido *in vitro*, torna-se necessário discutir e delimitar quais escolhas efetivamente podem ser tomadas de forma legítima dentro do âmbito do planejamento familiar. Tal como está a legislação brasileira, a maioria das questões acabam por ser definidas através de teorias argumentativas no âmbito dos discursos de aplicação normativa. Em busca de correção normativa, cabe à práxis jurídica articular coerentemente todos os características permanentes da liberdade de planejamento familiar de forma técnica e racional para obter uma resposta que seja continuidade de nosso projeto constitucional.

Contudo, a delimitação do planejamento familiar consiste em tarefa que não pode simplesmente ser relegada ao encargo do julgador, mas exige a atuação do legislador. Basta pensarmos na dificuldade de estabelecer uma real distinção entre escolhas parentais de seleção terapêutica e de seleção por melhoramento. Logo, trata-se de questão de política legislativa, que merece o levantamento de todas as razões políticas necessárias para o estabelecimento de regras universais de forma legítima, conforme aponta Habermas:

> O limite conceitual entre a prevenção do nascimento de uma criança gravemente doente e o aperfeiçoamento do patrimônio hereditário, ou seja, de uma decisão eugênica, não é mais demarcado. Isso passa a ter uma importância prática tão logo se cumpra a expectativa crescente de intervir de forma corretiva no genoma humana e de que as doenças condicionadas monogeneticamente possam ser evitadas. *Com isso, o problema conceitual proposto pela delimitação entre prevenção e eugenia transforma-se numa questão de legislação política.* (HABERMAS, 20014, p.30, grifos nossos).

Deste modo, concluímos pela necessidade de revisão da Lei n. 9263/96, que regula o planejamento familiar, de modo a constituir verdadeiro microssistema do livre planejamento familiar. A legislação brasileira urge ser atualizada para demarcar de forma legítima e democrática, a partir do princípio do discurso e da complementariedade entre a autonomia pública e privada, as legítimas e válidas possibilidades em torno da (não) autoria do projeto parental no sistema brasileiro.

Para além disso, a criação deste microssistema impõe a necessidade de se levar a sério a construção de uma principiologia própria, tal qual delineada aqui, que oriente a operacionalização do livre planejamento familiar de forma sistematicamente contextualizada, e sem engessar a tutela jurídica apenas para as situações tipo previstas de forma expressa na lei.

Capítulo 4
APLICAÇÃO DOS PRESSUPOSTOS TEÓRICOS

Por tudo que foi exposto, o tema acerca do direito ao livre planejamento familiar caracteriza-se, sobremaneira, espinhoso. As premissas necessárias para conseguirmos traduzir o perfil da relação entre público e privado nas decisões que competem aos indivíduos na realização do projeto parental foram delineadas de forma sistemática nos capítulos anteriores, abordando desde sua contextualização no mundo da vida, conceituação, natureza jurídica até a correta operacionalização no contexto sistêmico do Direito brasileiro. Desse modo, temos subsídios para responder às perguntas iniciais levantadas na introdução de nosso trabalho.

Sabemos, em teoria, como certas escolhas podem se inserir no âmbito de autodeterminação dos indivíduos que devem ser livres na autoria de seu projeto parental dentro de um espaço demarcado por característicos permanentes da ideia de liberdade inerente ao nosso contexto civilizatório e vigente em nosso Estado Democrático de Direito. Tais característicos permanentes se enfeixam em torno da conjugação de fatores como autonomia, alteridade, beneficência e prudência, os quais são corolários derivados precisamente dos princípios constitucionais da dignidade humana e da paternidade responsável, caracterizadores da liberdade de planejamento familiar.

Além disso, como se viu, mais do que simplesmente conformar coerentemente o espaço de liberdade de atuação dos indivíduos, cabe ao Estado uma postura eminente prospectiva ou promocional, auxiliando os cidadãos e os casais com informações e recursos técnicos e financeiros, para a plena (não) realização do projeto parental, de modo que a vontade formada e exprimida por eles possa ser efetivamente autônoma e responsável.

Certo é que em torno da temática do aborto existem profundas divergências e, normalmente, as pessoas se perfilham radicalmente em lados opostos, seja a favor das doutrinas *pro life*, contra o aborto, ou a favor das doutrinas *pro choice*, na defesa do aborto. Pretendemos mostrar neste capítulo que há fortes argumentos políticos e jurídicos em nosso contexto e em nosso sistema para adotarmos uma orientação em prol das doutrinas *pro choice*.

Diante disso, a tese pretende confirmar a teoria de que é possível tratar o aborto eletivo no primeiro trimestre de gestação como ato de liberdade de planejamento familiar, em razão da articulação das seguintes premissas: i. o sistema jurídico brasileiro não trata como direito à vida humana, conforme podemos depreender da análise da própria legislação, que permite a realização do aborto em algumas situações, e também da análise de precedentes de nossa corte constitucional, que autorizam a pesquisa com células tronco embrionárias e a antecipação terapêutica do feto anencéfalo. ii. Tal conclusão é aferível independentemente de analisarmos a condição jurídica do embrião e do nascituro como pessoa, como ente despersonalizado ou como ser humano sem personalidade jurídica; iii. o aborto realizado no primeiro trimestre de gestação não viola a dignidade humana e nem a alteridade, que nos impõe um dever de reconhecimento de sua humanidade. Tendo em vista que, no primeiro trimestre de gestação, o feto não tem ainda desenvolvido seu sistema nervoso central, não haveria sequer violação do direito fundamental de não sentir dor, revelando-se, por tudo isso, imperiosa a decisão de permitir o aborto como ato de liberdade de planejamento familiar, privilegiando os direitos de liberdade e de autonomia, em prol da vida digna daqueles que não pretendem constituir prole ou levar a cabo a autoria daquele projeto parental.

Portanto, cabe, a partir de agora, promover o teste destes pressupostos teóricos construídos, indagando a pertinência da inserção do ato de aborto voluntário dentro do espaço de (não) autoria do projeto parental, para validar a correção normativa dos característicos permanentes da liberdade de planejamento familiar, assim questionando se a interrupção voluntária da gravidez pode consistir em ato de natureza de planejamento familiar.

É importante ressaltar que aborto e planejamento familiar se referem a questões que inexoravelmente integram áreas temáticas que guardam afinidade entre si, tais como políticas de população e de regulação da fecundidade, bem como tutela e regulamentação do direito à saúde e dos direitos reprodutivos. Mas, apesar disto, são tópicos que não são necessariamente tratados ou abordados de forma conjunta. No Brasil, muito antes pelo contrário, em razão da tipificação do aborto como crime, regra geral, há enorme resistência em pensá-lo como ato de liberdade de planejamento familiar. De fato, as discussões sobre planejamento familiar e aborto são, muitas vezes, inspiradas em orientações distintas do ponto de vista ético, político e jurídico.

> O surgimento do tema envolto no planejamento familiar é historicamente recente e tem se tornado objeto de preocupação dos governos na maior parte dos países ocidentais com diferentes enfoques diante da peculiaridade de cada nação, mas sem dúvida se encontra relacionado à noção de direitos reprodutivos, assim considerados os direitos básicos vinculados ao livre exercício da sexualidade e da reprodução humana com os limites que lhe são inerentes. (GAMA, 2009, p. 232).

Portanto, não estamos ignoramos o fato de que, no estado da arte do Direito brasileiro, o aborto é tipificado como ilícito penal e constitui crime contra a vida, deixando de ser punível apenas nas modalidades de aborto terapêutico, praticado para salvar a vida da gestante, e aborto humanitário ou sentimental, em razão de gravidez fruto de estupro, conforme previsão do Código Penal brasileiro:

CAPÍTULO 4 • APLICAÇÃO DOS PRESSUPOSTOS TEÓRICOS **111**

Art. 124. Provocar aborto em si mesma ou consentir que outrem lho provoque:

Pena: detenção, de um a três anos.

Art. 125. Provocar aborto, sem o consentimento da gestante:

Pena: reclusão, de três a dez anos.

Art. 126. Provocar aborto com o consentimento da gestante:

Pena: reclusão, de um a quatro anos.

Parágrafo único. Aplica-se a pena do artigo anterior, se a gestante não é maior de quatorze anos, ou é alienada ou débil mental, ou se o consentimento é obtido mediante fraude, grave ameaça ou violência

Art. 127. As penas cominadas nos dois artigos anteriores são aumentadas de um terço, se, em consequência do aborto ou dos meios empregados para provocá-lo, a gestante sofre lesão corporal de natureza grave; e são duplicadas, se, por qualquer dessas causas, lhe sobrevém a morte.

Art. 128. Não se pune o aborto praticado por médico:

I – se não há outro meio de salvar a vida da gestante;

II – se a gravidez resulta de estupro e o aborto é precedido de consentimento da gestante ou, quando incapaz, de seu representante legal.

Nesse sentido, as perspectivas legislativas não são animadoras. Segundo dados do Centro Feminista de Estudos e Assessoria (Cfemea)[1], desde a Constituinte de 1988, a atuação do Congresso Nacional é, nos dias de hoje, a que mais impacta negativamente movimentos sociais de defesa dos direitos das mulheres e dos direitos reprodutivos. Segundo a avaliação, de todos os 34 projetos de lei que tramitam hoje versando sobre os direitos reprodutivos, apenas três têm o objetivo de ampliá-los em alguma medida. Dentre os outros 31 projetos de lei, o Cfemea destaca propostas que se destinam a criminalizar o aborto em casos de estupro e de risco de vida para a mãe, hoje legalmente autorizados, como na hipótese do chamado "Estatuto do nascituro", projeto de Lei 478/2007.

Em 2005, tramitavam na Câmara 33 proposições envolvendo direitos reprodutivos. Desse total, 14 favoreciam a agenda feminista e 19 seguiam no sentido contrário. Ela observa que o quadro mudou, sobretudo, após a campanha presidencial de 2010, quando a questão do aborto se transformou num dos principais pontos de debate eleitoral.

Houve um recuo até no meio de parlamentares que tradicionalmente apoiavam as feministas. De 2011 a 2021, 69 projetos de lei foram apresentados para apreciação no Congresso nacional, dos quais 80% criminalizam o procedimento de alguma forma.

Em 2019, foram 18 projetos que enfatizavam normas desfavoráveis às mulheres. Tal tendência se manteve em 2020 e, até meados do ano, mais outras 11 propostas

---

1. Disponível em: http:www.cfemea.org.br/index.php?option=com_content&view=article&id=3801:assine--edivulgue-peticao-contra-o-estatuto-do-nascituro&catid=219:noticias-e-eventos&Itemid=154. Acesso em: 25 set. 2014.

foram criadas na Câmara e no Senado, sendo que apenas uma delas se mostrava favorável à agenda feminina e à descriminalização do aborto. Chama atenção o volume de projetos desfavoráveis, sobretudo, por apresentarem propósitos semelhantes.

Destes 69 projetos propostos entre 2011 a 2021, apenas um propõe a descriminalização do aborto. Trata-se do PL n. 882/2015, de autoria do deputado federal Jean Wyllys (PSOL-RJ).

O texto deste projeto reconhece às mulheres o *"direito à maternidade voluntária e livremente decidida"* e ainda assevera que *"toda a mulher tem o direito a realizar a interrupção voluntária da gravidez, realizada por médico e condicionada ao consentimento livre e esclarecido da gestante, nos serviços do SUS e na rede privada"*.

O projeto de lei foi anexado a outro PL n. 313/2007, de autoria do deputado Maurício Trindade do PR-BA, que visa regulamentar outros aspectos da lei do planejamento familiar, mas não o aborto. Foi arquivado no fim da legislatura de 2018 e desarquivado em fevereiro de 2020. Desde então, aguarda o parecer do relator na Comissão de Seguridade Social e Família (CSSF), desde junho de 2020.

Destaca-se que, desde o episódio ocorrido no Espirito Santo, envolvendo uma menina de 10 anos, que engravidou após ter sido estuprada pelo próprio tio, o número de projetos de lei que visam restringir práticas relacionadas ao aborto subiu 83%.

O caso aconteceu em agosto de 2020, quando um juiz que atua na Vara da Infância e da Juventude acolheu um pedido formulado pelo Ministério Público do Espírito Santo para autorizar a realização do aborto na menina, que já se encontrava com 22 semanas de gestação.

O Hospital Universitário Cassione Antônio Moraes (HUCAM) se negou a realizar o procedimento sob a alegação de que a gravidez já estava adiantada. A menina foi conduzida para outro estado da federação, acompanhada da família e de um assistente social, para, enfim, conseguir se submeter ao procedimento em sigilo.

Após o caso, em 28 de agosto de 2020, o governo do presidente Jair Bolsonaro, através do Ministério da Saúde, editou a Portaria n. 2.282/2020 que obrigava os profissionais da saúde a notificar compulsoriamente todas os pedidos de aborto em razão de gravidez indesejado por estupro à polícia.

A medida causou uma onda de repulsa no país em razão do possível constrangimento e medo causado nas gestantes vítimas de estupro e de sua flagrante inconstitucionalidade.

Dentre outras previsões, a portaria exigia que exigia que a gestante elaborasse um relato sobre a violência sofrida, fornecendo informações sobre o local do ataque, dia e hora, descrição do agressor e possíveis testemunhas do fato. Outra passagem extremamente polêmica dizia respeito à obrigação do médico de oferecer um exame de ultrassom para que a gestante vítima de estupro pudesse ver o feto.

CAPÍTULO 4 • APLICAÇÃO DOS PRESSUPOSTOS TEÓRICOS **113**

Algumas ações de controle de constitucionalidade chegaram a ser distribuídas perante o STF (ADPF 737 e ADI 6.5220). No entanto, foram brevemente retiradas de pauta, tendo em vista a revogação da medida por outra portaria assinada pelo então Ministro da Saúde, Eduardo Pazuello.

Sendo assim, ao que tudo indica, o Congresso Nacional segue caminho oposto ao caminho trilhado pelo STF. O cenário se opõe aos recentes avanços nas votações do Supremo Tribunal Federal (STF), que autorizam pesquisas com células-tronco, reconhecem a constitucionalidade da Lei Maria da Penha e descriminalizam a antecipação do parto de fetos anencéfalos, entre outros.

Da lista de projetos acompanhados pelo Cfemea, quatro destinam-se a incluir qualquer tipo de aborto voluntário na lista de crimes hediondos, com penas previstas de até 3 anos para as mães e de 10 a 15 anos para os médicos. Outros dois projetos desejam tipificar o aborto como tortura. Também tramitam cinco propostas parlamentares destinadas a criar formas de apoio às mulheres vítimas de estupro, desde que não optem pelo aborto. Um deles, assinado pelo deputado petista Odair Cunha (MG), pretende obrigar o governo a garantir uma pensão para as mães até que o filho, fruto do estupro, complete 21 anos.

O Cfemea também inclui na lista de propostas hostis aos direitos reprodutivos aquelas destinadas a criar uma semana nacional de prevenção do aborto, criminalizar a venda de remédios abortivos e restringir as orientações na rede pública sobre o uso de métodos anticonceptivos.

Por outro lado, dentre as propostas consideradas positivas pelas feministas, destaca-se uma que foi apresentada por Eduardo Jorge (PV), quando ainda era deputado federal. Tal proposição destina-se a obrigar os hospitais do SUS a cumprir as leis, isto é, realizar o aborto nos casos legalmente autorizados, o que nem sempre ocorre.

É evidente, entretanto, que nenhuma das construções aqui por ventura edificadas pode ser efetivamente operacionalizada nos discursos de aplicação normativa sem que antes ocorra uma revisão legislativa, descriminalizando o aborto. O que pretendemos é, caso concluamos que há necessidade de uma política legislativa que leve a sério todas as boas razões e argumentos políticos existentes em prol da legalização do aborto nos discursos de elaboração normativa, evidenciar que também há boas razões técnico-jurídicas na defesa do direito ao aborto como direito de planejamento familiar.

Nesse diapasão, não podemos perder de vista que as controvérsias se multiplicam quando se trata de entabular qualquer tentativa de tratar o aborto dentro do âmbito do direito ao livre planejamento familiar e da autodeterminação reprodutiva.

O aborto não se inclui nas formas ou meios de planejamento familiar ou método de controle de fecundidade – daí o esforço para aprová-lo como tal na Conferência sobre População e Desenvolvimento, em setembro p. f., no Cairo, tendo sido repudiado, como tal, na Conferência

Preparatória da América Latina, realizada no período de 29 de abril a 4 de maio de 1993, no México. (CHINELATO, 1996).

No direito comparado, os posicionamentos se dividem acerca da tipificação do aborto como crime ou não, sendo poucas as ordens jurídicas que o criminalizam, mas ao mesmo tempo abrem exceção para realização do aborto eugênico. Países sul-americanos, talvez em virtude de forte tradição católica, não preveem a possibilidade de aborto eugênico e, via de regra, tipificam qualquer prática abortiva como crime, salvo exceções similares às da legislação brasileira. É o caso de Argentina, Colômbia e Bolívia (TEODORO, 2007, p. 228).

Muito recentemente, mais precisamente em 17 de outubro de 2012, o Uruguai modificou sua legislação sobre aborto para descriminalizá-lo no primeiro trimestre da gestação, representando algo quase inédito no contexto da América Latina[2]: ao lado de Cuba, Uruguai passou a ser o segundo país a descriminalizar o aborto. O Senado uruguaio aprovou a descriminalização do aborto até o primeiro trimestre de gestação. A lei determina que mulheres, cidadãs uruguaias, que queiram pôr fim à gravidez nesse período sejam submetidas a um comitê formado por ginecologistas, psicólogos e assistentes sociais, que lhe informarão sobre riscos e alternativas ao aborto. Se a mulher desejar prosseguir com o aborto mesmo assim, poderá realizá-lo imediatamente em centros públicos ou privados de saúde.

Abortos que não sigam esses procedimentos continuarão sendo ilegais. Também é permitido o aborto em casos de riscos à saúde da mulher, de estupros ou de má-formação fetal, que seja incompatível com a vida extrauterina, até 14 semanas de gestação.

Na Europa, Alemanha e Espanha, por fundamentos diversos, também criminalizam a prática do aborto e não admitem a possibilidade do aborto eugênico. No entanto, Itália[3] e Portugal permitem sua prática. A legislação portuguesa é a mais minuciosa em relação a uma série de circunstâncias que autorizam o procedimento

---

2. Segundo o *site* Terra, 5 mil abortos foram realizados no Uruguai no primeiro ano de vigência da nova lei entrou em vigor. Disponível na Internet. Acesso em: 14 dez. 2013.
3. "Desde 1978, havendo perigo para gestante ou má-formação fetal, a legislação italiana permite a prática do aborto. Além da legislação penal, é oportuno trazer a lei italiana em cujo texto está prevista a objeção de consciência diante da interrupção da gravidez" (TEODORO, 2007, p. 228). Trata-se do art. 9º da lei 194/78, que dispõe trata da tutela social da maternidade e da interrupção voluntária da gravidez: "L personale sanitario ed esercente le attività ausiliarie non è tenuto a prendere parte alle procedure di cui agli articoli 5 e 7 ed agli interventi per l'interruzione della gravidanza quando sollevi obiezione di coscienza, con preventiva dichiarazione. (...) L'obiezione di coscienza esonera il personale sanitario ed esercente le attività ausiliarie dal compimento delle procedure e delle attività specificamente e necessariamente dirette a determinare l'interruzione della gravidanza, e non dall'assistenza antecedente e conseguente all'intervento. (...) L'obiezione di coscienza non può essere invocata dal personale sanitario, ed esercente le attività ausiliarie quando, data la particolarità delle circostanze, il loro personale intervento è indispensabile per salvare la vita della donna in imminente pericolo. L'obiezione di coscienza si intende revocata, con effetto, immediato, se chi l'ha sollevata prende parte a procedure o a interventi per l'interruzione della gravidanza previsti dalla presente legge, al di fuori dei casi di cui al comma precedente".

CAPÍTULO 4 • APLICAÇÃO DOS PRESSUPOSTOS TEÓRICOS 115

abortivo. O Código Penal Português, cuja redação foi alterada pela Lei 16/2007 em 17 de abril de 2007, tem um capítulo dedicado somente aos "crimes contra a vida intrauterina". A nova redação do artigo 142 passou a tratar da "interrupção da gravidez não punível", cuja hipótese da alínea *c* concerne exatamente à realização do aborto eugênico[4].

O sistema italiano se baseia na Lei n. 194, de 22 de maio de 1978, que evidencia, como centro da discussão sobre o aborto, o direito a autonomia procriativa, pois trata-se de regulamentação que confere ampla liberdade à mulher grávida. O artigo 1[05] da lei estabelece que o Estado italiano garante o direito à procriação consciente e responsável, além de reconhecer valor social à maternidade e à tutela da vida humana desde o seu início.

A Lei passa a apresentar os requisitos para interrupção voluntária da gravidez entre os artigos 4 e 8 e distingue as modalidades de interrupção de gravidez entre aquelas realizadas antes dos 90 dias de gravidez (o que abrange, mais ou menos, o primeiro trimestre de gravidez) e aquelas realizadas após este período.

No artigo 4[6], a lei vai afirmar, portanto, que nos primeiros noventa dias o aborto é possível em razão de sério risco de vida ou risco à saúde física e psíquica da gestante, risco à sua condição econômica, social e familiar, além de por circunstâncias sob as quais tenha ocorrido a gravidez e em situações de anomalias ou má formação fetal. Como se vê, a lei italiana deixa a cargo da autonomia da mulher a decisão de abortar e o faz em respeito à sua dignidade e privacidade.

---

4. 1 – Não é punível a interrupção da gravidez efectuada por médico, ou sob a sua direcção, em estabelecimento de saúde oficial ou oficialmente reconhecido e com o consentimento da mulher grávida, quando, segundo o estado dos conhecimentos e da experiência da medicina:

a) Constituir o único meio de remover perigo de morte ou de grave e irreversível lesão para o corpo ou para a saúde física ou psíquica da mulher grávida;

b) Se mostrar indicada para evitar perigo de morte ou de grave e duradoura lesão para o corpo ou para a saúde física ou psíquica da mulher grávida e for realizada nas primeiras 12 semanas de gravidez;

c) (*) Houver seguros motivos para prever que o nascituro virá a sofrer, de forma incurável, de grave doença ou malformação congénita, e for realizada nas primeiras 24 semanas de gravidez, comprovadas ecograficamente ou por outro meio adequado de acordo com as *leges artis*, excepcionando-se as situações de fetos inviáveis, caso em que a interrupção poderá ser praticada a todo o tempo;

d) (*) A gravidez tenha resultado de crime contra a liberdade e autodeterminação sexual e a interrupção for realizada nas primeiras 16 semanas.

5. Art. 1. Lo Stato garantisce il diritto alla procreazione cosciente e responsabile, riconosce il valore sociale della maternità e tutela la vita umana dal suo inizio. L'interruzione volontaria della gravidanza, di cui alla presente legge, non è mezzo per il controllo delle nascite. Lo Stato, le regioni e gli enti locali, nell'ambito delle proprie funzioni e competenze, promuovono e sviluppano i servizi socio-sanitari, nonché altre iniziative necessarie per evitare che lo aborto sia usato ai fini della limitazione delle nascite.

6. Art. 4. Per l'interruzione volontaria della gravidanza entro i primi novanta giorni, la donna che accusi circostanze per le quali la prosecuzione della gravidanza, il parto o la maternità comporterebbero un serio pericolo per la sua salute fisica o psichica, in relazione o al suo stato di salute, o alle sue condizioni economiche, o sociali o familiari, o alle circostanze in cui è avvenuto il concepimento, o a previsioni di anomalie o malformazioni del concepito, si rivolge ad un consultorio pubblico istituito ai sensi dell'articolo 2, lettera a), della legge 29 luglio 1975 numero 405 o a una struttura socio-sanitaria a ciò abilitata dalla regione, o a un medico di sua fiducia.

A seu turno, o artigo 6[7] faz referência às situações nas quais a mulher pode abortar após o prazo de 90 dias de gravidez, quais sejam: grave risco de vida à gestante e diante do diagnóstico de patologias e má formações fetais que impliquem grave risco para a saúde física ou psíquica da mãe.

Contrariamente ao que ocorre nos EUA, como se verá adiante, a lei italiana contém previsão específica direcionada a mulheres menores e incapazes, no sentido de exigir o consentimento de seus pais ou tutor para realização do aborto, cabendo, ainda, suprimento judicial quando o consentimento for negado injustificadamente.

4.1 BOAS RAZÕES POLÍTICAS PARA INSERIR O ABORTO NO ÂMBITO DE AUTODETERMINAÇÃO DO PLANEJAMENTO FAMILIAR

Apesar de trabalharmos o aborto como ato relacionado ao livre planejamento familiar e, portanto, como ato cuja titularidade deva ser compartilhada em entidades familiares conjugalizadas, não há como negar que, tradicionalmente, o debate mundial sobre o tema sempre esteve alinhado, em grande medida, à luta feminista e aos direitos das mulheres. O mesmo se deu no Brasil.

> É no contexto do movimento feminista organizado da década de 1970 que se coloca com intensidade a luta para reformar o Código Penal em relação ao aborto. A legalização do aborto sempre foi para o feminismo uma questão prioritária de direitos humanos das mulheres. Ao final daquela década, o discurso feminista dos direitos humanos das mulheres assumia, como premissa, o "nosso corpo nos pertence", o que diferenciava o movimento feminista do movimento de mulheres. Para as mulheres feministas, o direito ao aborto, a escolha de ter ou não ter filhos e o livre exercício da sexualidade eram, e ainda são, em requisitos básicos e necessários de justiça social para consolidação das democracias. (PIMENTEL; VILLELA, 2012, p. 20).

Em razão de fortes embates com a Igreja Católica, a disputa política pelo aborto tomou força na medida em que estes movimentos feministas passaram a definir como estratégia a defesa do aborto como um direito enfeixado em torno da tutela integral à saúde da mulher. Portanto, a discussão migrou da questão da autonomia

---

7. Art. 6. L'interruzione volontaria della gravidanza, dopo i primi novanta giorni, può essere praticata: a) quando la gravidanza o il parto comportino un grave pericolo per la vita della donna; b) quando siano accertati processi patologici, tra cui quelli relativi a rilevanti anomalie o malformazioni del nascituro, che determinino un grave pericolo per la salute fisica o psichica della donna.

Art. 7. I processi patologici che configurino i casi previsti dall'articolo precedente vengono accertati da un medico del servizio ostetrico-ginecologico dell'ente ospedaliero in cui deve praticarsi l'intervento, che ne certifica l'esistenza. Il medico può avvalersi della collaborazione di specialisti. Il medico è tenuto a fornire la documentazione sul caso e a comunicare la sua certificazione al direttore sanitario dell'ospedale per l'intervento da praticarsi immediatamente. Qualora l'interruzione della gravidanza si renda necessaria per imminente pericolo per la vita della donna, l'intervento può essere praticato anche senza lo svolgimento delle procedure previste dal comma precedente e al di fuori delle sedi di cui all'articolo 8. In questi casi, il medico è tenuto a darne comunicazione al medico provinciale. Quando sussiste la possibilità di vita autonoma del feto, l'interruzione della gravidanza può essere praticata solo nel caso di cui alla lettera a) dell'articolo 6 e il medico che esegue l'intervento deve adottare ogni misura idonea a salvaguardare la vita del feto.

para a garantia de acesso a equipamentos sociais. Certo é que discutir o aborto nos força a romper com o paradigma da "maternidade compulsória" (PIMENTEL; VILLELA, 2012, p. 20) e encarar de frente uma realidade na qual inúmeras mulheres abortam na clandestinidade, colocando em risco sua integridade física, psíquica e, fundamentalmente, a própria vida.

> Defender a descriminalização do aborto é lutar por um projeto de sociedade equânime nas relações de gênero, tendo a equidade como princípio e diretriz para que as diferenças possam ser convividas e vivenciadas dentro do mesmo. Ao negar a subsunção das mulheres à maternidade e, afirmando que elas podem ser mulheres na sua integralidade sem ter filhos e dissociando sexualidade com reprodução, constrói-se a ancoragem necessária para tratar do aborto no âmbito dos direitos humanos e dos direitos reprodutivos e sexuais. Admitindo-se a dignidade humana e os direitos fundamentais da mulher, considerando-se que a vida do feto, em geral, deve ser protegida e reconhecendo que a educação na área da sexualidade e da reprodução humana é comprovadamente a única política pública que apresenta resultados satisfatórios na redução da incidência do aborto, conclui-se que qualquer legislação que vise a diminuir a realização de abortamentos, deve ser preventiva e não punitiva. (PIMENTEL; VILLELA, 2012, p. 20).

Na verdade, o debate sobre o aborto não pode ser reduzido em "ser contra" ou "ser a favor" de sua prática. Trata-se de uma visão maniqueísta que reduz as complexidades em torno do tema, transformando-o em uma falácia que se resume à distinção entre aqueles que são pró-vida e aqueles que se denominam pró-eleição. Falácia, vale dizer, porque não há lógica em afirmar que os defensores do direito ao aborto são contra a vida. O aborto não é um bem jurídico em si mesmo e, portanto, defender o direito ao aborto não equivale à defesa do aborto ou à sua elevação ao *status* de bem jurídico tutelável.

Fato é que, nos últimos anos, especialmente a partir da I e II Conferências Nacionais de Políticas para as Mulheres, o trato do aborto assumiu contornos delineados pelas políticas públicas, ou mais assertivamente, contornos delineados pelo âmbito da saúde pública, ao mesmo tempo em que o debate recrudesceu diante do aumento de posições conservadoras que ganharam força política no Congresso Nacional Brasileiro.

No Brasil, o que se vê é que, por mais que a legislação seja altamente restritiva e criminalizante, ela não é capaz de inibir a prática clandestina do aborto que ocorre em larga escala e coloca a vida de milhares de mulheres em risco, sobretudo, a vida de mulheres de baixa renda. Neste cenário, o aborto tem oscilado como a quarta e quinta causa de morte materna no Brasil (FREIRE, 2012, p. 31).

Segundo Nilcéa Freire,

> Em 2009, foi apresentado um estudo financiado pelo Ministério da Saúde, "20 anos de pesquisa sobre o aborto no Brasil", coordenado por Débora Diniz e Marilena Côrrea, em que se revela o perfil das mulheres que realizam aborto no Brasil, concluindo-se que são predominantemente, mulheres entre 20 e 29 anos de idade, em união estável, com até 8 anos de estudo, trabalhadoras e católicas. Os resultados da pesquisa põem por terra o estereótipo de que somente mulheres "ir-

responsáveis" e "inconsequentes" recorrem ao aborto como solução para o problema da gravidez indesejada e o reposiciona como opção, via de regra difícil, de mulheres e, porque não dizer, de homens, que por diferentes razões vivenciam esta contingência de vida. (FREIRE, 2012, 31).

No Brasil, os números são os seguintes:

O tabu que cerca o tema leva à imprecisão dos números. Resultados preliminares do estudo "Magnitude do abortamento induzido por faixa etária e grandes regiões", obtido com exclusividade pelo GLOBO, mostram que, somente no ano passado, foram 205.855 internações decorrentes de abortos no país, sendo que 154.391 por interrupção induzida. Este número, no entanto, é apenas uma ponta do iceberg. As estimativas de abortos do estudo conduzido pelos professores Mario Giani Monteiro, do Instituto de Medicina Social da Uerj, e Leila Adesse, da ONG Ações Afirmativas em Direitos e Saúde, revelam que o número de abortos induzidos é quatro ou cinco vezes maior do que o de internações. Com isso, é possível calcular que o total de abortos induzidos em 2013 variou de 685.334 a 856.668. No entanto, segundo dados do Ministério da Saúde, foram apenas 1.523 casos de abortos legais (por estupro, ameaças à saúde materna e anencefalia fetal) no período. (Disponível em: http://cebes.org.br/2014/09/interrupcao-da-gravidez-e-quinta-maior-causa-de-morte-materna/. Acesso em: 21 abr. 2021).

Contraditoriamente, o Brasil assumiu compromissos em diferentes instrumentos internacionais, através dos quais se reconheceu que o aborto inseguro implica violação de direitos humanos de meninas e mulheres, tais como a Declaração de Viena de 1993 e a IV Conferência Mundial sobre a mulher em Pequim, em 1995. O país se comprometeu a tratar a temática do aborto como problema de saúde pública e da necessidade de revisão de sua legislação punitiva sobre o tema.

A avaliação do VI Relatório Nacional Brasileiro fez com que o Comitê de Eliminação da Discriminação contra Mulheres das Nações Unidas recomendasse que o Brasil procedesse à revisão profunda de sua legislação, com objetivo de descriminalizar do aborto, além de promover medidas outras no sentido de incrementar o acesso das mulheres a serviços de saúde sexual e reprodutiva, incluindo a assistência aos casos de complicações advindas de práticas abortivas, uma vez que são elevados os números de mortes maternas no Brasil em virtude do aborto inseguro.

A organização mundial de saúde (OMS) define clinicamente por abortamento a interrupção da gravidez até a 22ª semana, com produto da concepção pesando menos que 500 gramas. O aborto é considerado inseguro quando feito em condições sanitárias precárias ou inadequadas e/ou quando realizado por pessoas não capacitadas. A cada ano, cerca de 20 milhões de abortos são praticados no mundo em condições de risco. Quase 95% desses abortos são realizados em países em desenvolvimento, os mesmos que insistem em manter leis severas e ineptas que proíbem o aborto. Como resultado, até 25% da mortalidade materna resulta diretamente do aborto inseguro, levando desnecessariamente à morte quase 67 mil mulheres a cada ano. As evidências são contundentes em demonstrar a ineficácia da proibição do aborto como forma de evitar sua prática, contrastando com os efeitos dramáticos da proibição legal sobre a morte de mulheres (DREZETT; PEDROSO, 2012, p. 35-36).

Diante desse panorama, considerando a insegurança e os riscos do aborto clandestino, não é de se espantar que ele seja a quinta maior causa de mortes maternas no Brasil. Com isso, o aborto tem um custo financeiro tão alto quanto o custo emocional.

Calcula-se quanto os governos gastam com complicações de interrupções clandestinas de gravidez. Com base em dados do estudo "Magnitude do abortamento induzido por faixa etária e grandes regiões e do DataSus", realizado pelos pesquisadores Leila Adesse e Mario Giani, com base no DATASUS, em 2014 foram 205.855 internações decorrentes de abortos no país – sendo 51.464 espontâneos e 154.391 induzidos (ilegais e legais).

Levando em consideração que o valor médio da diária de uma internação no SUS é de R$ 413,00 e que as hospitalizadas passaram apenas um dia sob cuidados médicos, o governo gastou R$ 63,8 milhões por conta dos abortos induzidos. Também em 2013 foram realizadas 190.282 curetagens (método de retirada de placenta ou de endométrio do corpo), a grande maioria de quem quis interromper a gravidez, representando um custo total de R$ 78,2 milhões, já que, pela tabela do SUS, cada intervenção custa, em média, R$ 411,00. No total, chega-se a, no mínimo, R$ 142 milhões. (Disponível em: http://cebes.org.br/2014/09/interrupcao-da-gravidez-e--quinta-maior-causa-de-morte-materna. Acesso em: 21 abr. 2021).

4.2 O TRATO JURÍDICO DO ABORTO NOS EUA: O CASO ROE *VERSUS* WADE

A discussão em torno do aborto nos EUA é uma das mais acirradas e acaloradas no mundo. O modelo norte-americano baseia-se fundamentalmente no paradigmático precedente criado pelo julgamento do caso *Roe vs. Wade* (410 U.S.113, 1973) em 1973, quando a Suprema Corte Americana reconheceu que a mulher tem o direito de abortar livremente no primeiro trimestre de gravidez.

Maria Luísa Cuerda Abreu e Tomás S. Vives Anton afirmam que a possibilidade do aborto nos EUA se manifesta a partir de alguns pontos centrais, quais sejam:

> En primer lugar, que el debate norteamericano es fundamentalmente un debate acerca de en qué se consiste ser persona (*personhood*), condición que ni los partidarios de restringir el alcance de Roe reconocen al feto. En según lugar, interesa destacar la perspectiva desde la que el Tribunal Supremo Federal norteamericano (TSF) enfoca siempre el problema, que no es otra que la de partir de un derecho o conjunto de derechos fundamentales – los de la mujer, claro está – y enjuiciar la constitucionalidad de las limitaciones que el legislador impone a los mismos (ABREU; ANTON, 2012, p. 140).

A sentença reconheceu às mulheres, em 22 de janeiro de 1973, o direito de abortar no primeiro trimestre de gravidez com base no direito constitucional à intimidade (right of privacy). Com isso, a sentença considerou o direito de abortar como uma derivação do direito a intimidade, mesmo apesar de a constituição americana não prever expressamente o direito à intimidade. O juiz Blackmun, relator da sentença, considerou que este direito se apresentava como corolário de um outro precedente da

Corte, o caso Griswold vs. Connecticut (381 U.S 479, 1965), no qual se decidiu que as pessoas deveriam ter liberdade para tomar suas próprias decisões em termos de procriação diante da proibição de venda de anticoncepcionais. Nesse sentido, o juiz Brennan afirmou que "si el derecho a la privacidad significaba algo, era justamente el derecho do individuo, casado o soltero, a no sufrir intromisiones del gobierno en asuntos que afectan tan radicalmente a una persona como la decisión de engendrar y tener un hijo" (ABREU; ANTON, 2012, p. 140).

> O caso Griswold (Connecticut) declarou que o Estado não pode considerar como delito o uso de meios contraceptivos por parte de pessoas casadas e, por isso, tampouco pode condenar a quem os proporciona. Aqui se entendeu que o Estado não tinha poder algum para transpor "os sagrados recintos das habitações matrimoniais". E uma situação parecida, com base no direito à privacidade dos implicados, encontra-se no caso Eisenstadt (Band). Aqui, afirma-se que a privacidade é um direito individual, cujo significado consiste na liberdade de gerar e ter filhos. (ROCA Y TRIAS, 2002, p. 102).

A partir disso, a Suprema Corte construiu toda sua argumentação a partir da afirmação de que o feto não teria natureza jurídica de pessoa e, portanto, não gozaria dos direitos fundamentais, dentre eles o direito à vida, que a décima quarta emenda confere aos seres humanos nascidos, para protegê-los frente a terceiros e frente ao próprio poder estatal. Para além, a Corte afirmou que não há interesse em proteger a vida do nascituro desde o primeiro momento. Tal interesse é avaliado sob a perspectiva do argumento da *viabilidade da vida extrauterina*. Deste modo, a Corte resolveu dar prioridade aos direitos da mulher em detrimento da tutela do direito à vida do feto.

A Corte dividiu a gravidez em três etapas e, para cada uma, regulamentou limitações impostas à mulher que podem ser assim sistematizadas: nos primeiros três meses, prevalece o direito à intimidade da mulher, em virtude do qual se reconhece a ela o direito de decidir orientada por seu médico sobre a (des)continuação de sua gravidez sem interferências externas no exercício de seu direito constitucional; no segundo trimestre da gravidez, cabe ao Estado regulamentar as situações e as condições em que o aborto pode ser realizado, em nome da proteção da saúde da mulher; no terceiro trimestre, a partir do momento em que o feto se apresenta "viável", os estados podem proibir o aborto e impor sanções, inclusive sanções penais, uma vez que o feto já poderia sobreviver sem o "suporte biológico da mãe". A única exceção seria a necessidade de salvar a vida da mãe[8].

Após o julgamento do caso *Roe vs. Wade* em 1973, uma das primeiras decisões que, de certa forma, limitaram o alcance daquele precedente foi o julgamento do caso *Maher vs. Roe* 432 US 464 (1977), no qual se discutiu se o estado deveria pagar

---

8. Disponível em: http://caselaw.lp.findlaw.com/cgi-bin/getcase.pl?court=us&cvol=410&invol=113. Acesso em: 29 set. 2014.

CAPÍTULO 4 • APLICAÇÃO DOS PRESSUPOSTOS TEÓRICOS **121**

os gastos com a realização de abortos não terapêuticos na medida em que se tinha como legítimo o fato do estado ter que pagar por gastos com partos.

A Suprema Corte decidiu que a opção pelo custeamento de partos e pelo não custeamento de abortos era uma questão de política legislativa, que não pode ser imposta judicialmente, através da qual o estado teria decidido priorizar nascimentos em detrimentos de abortos. Nesse sentido, houve, em seguida, uma outra decisão (Harris vs. Mc Era, 448 US 297 1980) na qual a Corte considerou que nem mesmo em casos de abortos terapêuticos existiria a obrigação de que fossem financiados com fundos públicos.

Para além disso, existem ainda dois interessantes julgamentos na jurisprudência norte-americana e que refletem a aplicação da doutrina *Roe vs. Wade* a mulheres menores de idade, para declarar inconstitucional qualquer disposição que permita que seus pais ou tutores impeçam seu direito de abortar. São eles os precedentes *Planned Parenthood of central of Missouri vs. Danforth* 428 US 476 (1976) e *Belloti vs. Bair* 428 US 297 (1979).

A Suprema Corte reconheceu que não é possível tratar os direitos constitucionais dos menores de idade da mesma forma que são tratados os direitos constitucionais de pessoas maiores, em razão da vulnerabilidade decorrente da falta de discernimento e maturidade para decidir de forma responsável. Contudo, reconheceu que os menores são titulares de direitos constitucionais assim como os adultos, uma vez que a titularidade de tais direitos não se vê atrelada à aquisição de maioridade. Assim sendo:

> Por consiguiente, si un Estado decide exigir que la menor obtenga el consentimiento de uno de sus padres o de ambos, debe asimismo establecer un procedimiento alternativo, mediante el cual se asegure que goza de madurez suficiente y que está bien informada para adoptar, tras consultar a su médico, la decisión de abortar. (ABREU; ANTON, 2012, p. 145).

A despeito de se tratar de decisões proferidas na década de 70 do século passado, nota-se que consistem em decisões que primam pela autonomia privada dos menores, em consonância com as mais atuais e modernas tendências de valorização dos espaços de manifestação de vontade juridicamente válidos que podem ser reconhecidos e protegidos em relação a menores de idade.

Como se vê, a Corte Constitucional comandou pontualmente a necessidade de mecanismos de aferição do discernimento e da maturidade do menor no caso concreto, desvinculando sua aquisição de critérios etários, tais como ocorre no regime das incapacidades brasileiro, para presumir aprioristicamente que todos aqueles que não atingiram a maioridade civil são incapazes, no todo ou em parte, e não podem exercer pessoalmente seus direitos, inclusive direitos existenciais, tais como uma eventual escolha por abortar.

A análise, porquanto, deve ser casuística, levando-se em conta a vontade da menor autonomamente manifestada, a partir de informações médicas adequadas e completas sobre o procedimento abortivo e suas consequências, o que converge, inclusive, com a natureza jurídica do direito ao livre planejamento familiar em nosso sistema pátrio, uma vez que as informações providas pelo Estado e por especialistas são absolutamente fundamentais no exercício da liberdade de planejamento familiar.

4.2.1 A análise de Ronald Dworkin

Segundo Ronald Dworkin, os críticos da decisão do caso Roe vs. Wade nos EUA podem ser divididos em duas categorias: críticos implacáveis e críticos sofisticados. Para os implacáveis, o tribunal autorizou o homicídio, pois acreditam que o feto é pessoa desde a concepção e seu direito à vida é mais importante que os eventuais direitos maternos que justifiquem uma decisão pelo aborto (DWORKIN, 2003, p. 141).

Por sua vez, os críticos sofisticados não trabalham com a questão se o Tribunal errou ou não quando decidiu. Acreditam que a decisão é um erro porque não cabe ao Tribunal decidir sobre questões filosóficas que restrinjam ou não as liberdades individuais (DWORKIN, 2003, p. 142). Esta prerrogativa ou legitimidade cabe às Assembleias Legislativas estaduais, eleitas democraticamente, por força da própria Constituição, e nunca a juízes simplesmente nomeados pelo Presidente. A decisão não apresenta argumentos jurídicos, consistindo, em última instância, em decisão política que o Tribunal não tinha o direito ou a prerrogativa de tomar. Dworkin cita a opinião do jurista Robert Bork, representante desta crítica, para explicitar tal ponto de vista:

> Infelizmente, ao longo de toda sentença não há uma unia explicação, uma única frase que se possa considerar como um argumento jurídico. Nos dezesseis anos que desde então se passaram, o Tribunal tampouco ofereceu a explicação que já deixar de dar em 1973. É improvável que venha a fazê-lo algum dia, pois o direito de abortar, sejam quais forem as opiniões a respeito, não é contemplado pela Constituição. (BORK *apud* DWORKIN, 2003, p. 142).

Contudo, para Dworkin, apesar da repercussão do caso e das divergências acerca da sentença *Roe vs. Wade*, poucas pessoas entendem as questões constitucionais efetivamente suscitadas no caso. Segundo ele, apesar de as pessoas saberem o que foi decidido – que toda e qualquer lei estadual que proíba o aborto antes dos seis meses de gravidez é inconstitucional –, elas não entendem quais foram os argumentos dos juízes que tomaram a decisão. Segundo o autor, leis que proíbem o aborto privam ou ferem a liberdade das mulheres, roubando-lhes oportunidades que podem ser cruciais na vida de cada uma delas (DWORKIN, 2003, p. 143). São leis que impõem um certo tipo de escravidão e podem significar a destruição de suas próprias vidas. Dworkin argumenta que o sofrimento causado a estas mulheres por leis antiaborto pode ser traumatizante e insuportável[9]. Neste sentido:

---

9. Dworkin descreve seu argumento da seguinte maneira: "Uma mulher forçada a ter uma criança que não deseja porque não pode fazer um aborto seguro pouco depois de ter engravidado não é dona de seu próprio corpo, pois a lei lhe impõe uma espécie de escravidão. Além do mais, isso é só o começo. Para muitas mulheres, ter filhos indesejados significa a destruição de suas próprias vidas, porque elas próprias

As leis que proíbem o aborto, ou que o tornam mais difícil e caro para as mulheres que desejam fazê-lo, privam as mulheres grávidas de uma liberdade ou oportunidade que é crucial para muitas delas. Uma mulher forçada a ter uma criança que não deseja porque não pode fazer um aborto seguro pouco depois de ter engravidado não é dona de seu próprio corpo, pois a lei lhe impõe uma espécie de escravidão. Além do mais, isso é só o começo. Para muitas mulheres, ter filhos indesejados significa a destruição de suas próprias vidas, porque elas próprias não deixaram ainda de ser crianças, porque não mais poderão trabalhar, estudar ou viver de acordo com o que consideram importante, ou porque não têm condições financeiras de manter os filhos. (DWORKIN, 2003, p.143).

Marcelo Lucas Sarsur e Silva opina nesta direção, afirmando que:

Entretanto, quando a gestação não é desejada, nem esperada, nem querida, a mulher se vê numa posição de intensa privação, comparável à prisão ou à escravidão. [...] A gravidez, contudo, "não se limita ao espaço físico do corpo da mulher; insere-se também no seu espaço psíquico, pois o feto não se nutre apenas de elementos físicos, mas também de elementos emocionais, mentais e existenciais" (BERTI, 2008: 28). Uma gravidez indesejada também gera seríssimas consequências de ordem emocional e psicológica, prejudicando tanto a gestante quanto o nascituro. De fato, "ocupando um mesmo espaço, mãe e filho podem viver em mundos antagônicos" (BERTI, 2008: 140). A rejeição do feto, pela mulher, acaba traduzindo-se numa rejeição ao próprio corpo da mulher, uma ocupação do espaço que aniquila a individualidade feminina, impondo-lhe, sem arroubo retórico, situação análoga à tortura61. A mulher que suporta uma gravidez involuntária é reduzida à corporeidade, perde sua dimensão enquanto pessoa dotada de opiniões, de vontades, de aspirações. A maternidade, ao invés de ser escolha, passa a ser fatalidade biológica, imposição heterônoma. Vale destacar, ainda, que a proibição do aborto eletivo, ao invés de coibir esta prática tornada ilícita, acaba por impor à mulher que a realize na clandestinidade, de forma muito mais arriscada e potencialmente nociva. (SILVA, 2014, p. 41).

Dworkin afirma que a Constituição dos EUA, tal como tem sido interpretada pelo Supremo Tribunal, limita o poder que os estados têm de causar danos aos cidadãos. Essa limitação se dá por controles ou testes de constitucionalidade. Um destes mecanismos de controle é a *cláusula de processo legal justo*, instituída pela 14ª emenda. Esta cláusula se aplica a todas as leis e exige que estado aja racionalmente sempre que restringir a liberdade (DWORKIN, 2003, 144). A exigência por respeito e responsabilidade com a liberdade dos cidadãos fundamentou o voto dissidente do Juiz Rehnquist, que denominou tal exigência de *interesse de liberdade*. Contudo, para Dworkin, trata-se de uma restrição muito frágil imposta pela Constituição.

---

não deixaram de ser crianças, porque não mais poderão trabalhar, estudar ou viver de acordo com o que consideram importante, ou porque não têm condições financeiras de manter os filhos. (Sem dúvida, esses diferentes tipos de prejuízos serão multiplicados e intensificados se na origem da gravidez estiver um incesto ou um estupro, ou se a criança nascer com graves deficiências físicas ou mentais). A adoção, mesmo quando possível, não põe fim a esses prejuízos, pois muitas mulheres passariam por um grande sofrimento emocional durante muitos anos se entregassem um filho para que outras pessoas o criassem e o amassem. (Uma das mulheres entrevistas das por Carol Gilligan no estudo sobre aborto que já descrevi no capítulo 2 deste livro – uma enfermeira católica – já havia entregado o filho para adoção e não se sentia em condições de voltar a fazê-lo mesmo que a alternativa fosse o aborto. "Psicologicamente, disse ela, "eu não poderia suportar outra adoção. Precisei de quatro anos e meio para superar o trauma da primeira. Simplesmente me recusaria a passar por isso de novo" (DWORKIN, 2003, p. 143).

Para ele, não é assim que a Constituição protege e garante a liberdade dos cidadãos; ela faz muito mais que isso ao escolher certas liberdades e as transformar em direitos constitucionais específicos que Estado não pode restringir ou revogar, a menos que tenha uma razão muito forte, razão denominada pelo Supremo Tribunal como *inexorável* (DWORKIN, 2003, p.145). E aquilo que se considera como razão forte ou inexorável depende de um direito individual em questão.

O juiz Rehnquist negou que as mulheres tivessem qualquer direito constitucional específico de controlar sua própria reprodução e que elas apenas teriam um *interesse de liberdade*, protegido por um frágil critério de racionalidade. Ele acredita que esse interesse de liberdade é suficientemente forte para tornar inconstitucional qualquer lei que proíba o aborto em casos para salvar a mãe, mas que são legítimos os interesses pelos quais um Estado deve lutar para proibir os demais casos de aborto.

Contrariamente, o juiz Blackmun declarou que uma mulher grávida tem um direito constitucional específico à privacidade em questões de procriação e que esse direito inclui a liberdade abortar ou não, desde que ela e seu médico optem por fazê-lo. Ele declarou que as razões do Estado para criminalizar e proibir o aborto não eram inexoráveis a ponto de restringirem o direito à liberdade e à privacidade da mulher grávida até o sexto mês (DWORKIN, 2003, p. 145).

O objetivo de Dworkin em *Domínio da Vida*, ao citar os votos destes dois juízes, seria explicitar a real divergência entre os críticos da sentença *Roe vs. Wade*. A divergência residiria na questão específica de que se a Constituição americana fosse bem compreendida, ela não garantiria nenhum direito constitucional à liberdade de escolha a propósito do aborto, pondo em xeque as colocações do juiz Blackmun.

Entretanto, Dworkin discorda deste posicionamento e procura evidenciar que, em sua opinião, existe um direito constitucional de liberdade de escolha em casos de aborto, ou seja, a Constituição norte-americana protege o direito descrito por Blackmun e aponta uma razão inicial para isso. O autor argumenta que o supremo Tribunal é uma corte de direito e, por isso, é obrigado a proferir decisões coerentes, sobretudo, pelas razões de integridade[10], expostas em seu Império do Direito.

> [...] espero demonstrar que não poderemos entender a controvérsia constitucional que se verifica nos Estados Unidos – a complexa argumentação jurídica e política sobre o caso *Roe contra Wade* – se interpretamos essa controvérsia como se seu aspecto principal fosse a questão dos direitos e interesses do feto. Há um pressuposto geral de que a questão crítica de *Roe contra Wade* é saber se os estados têm o poder constitucional de tratar o feto como uma pessoa; se isso for verdade, porém, a decisão Roe seria obviamente – na verdade, quase indiscutivelmente correta –, e a grande oposição a ela, tanto por parte de ativistas contrários ao aborto como também de alguns

---

10. "A integridade no direito tem várias dimensões. Em primeiro lugar, insiste em que a decisão judicial deve ser uma questão de princípio, não de conciliação, estratégia ou acordo político. [...] O ponto central da integridade é o princípio, não a uniformidade: Somos governados não por uma lista ad hoc de regras detalhadas, mas sim por um ideal, razão pela qual a controvérsia se encontra no cerne de nossa história. Não obstante, a disciplina da integridade é formidável". (DWORKIN, 2003, p. 205).

CAPÍTULO 4 • APLICAÇÃO DOS PRESSUPOSTOS TEÓRICOS **125**

constitucionalistas de renome, seria totalmente inexplicável. O que estava e jogo neste caso era a questão de saber se os poderes legislativos estaduais têm o poder constitucional de decidir quais valores intrínsecos todos os cidadãos devem respeitar, e como os legisladores podem proibir o aborto com base em tal poder, e de que modo podem fazê-lo. Trata-se de uma questão muito mais difícil e complexa, e pouco surpreende que os constitucionalistas não chequem a uma posição consensual sobre ela. (DWORKIN, 2003, p. 34).

Nesse sentido, Dworkin evidencia que o Juiz Blackmun levantou precedentes em sua decisão para apontar que o Tribunal já havia decidido que uma pessoa tem o direito constitucional específico de tomar decisões relativas à procriação, como no caso *Griswold x Connecticut, em 1965:* "se o direito à privacidade significa alguma coisa, trata-se do direito do indivíduo, casado ou solteiro, a estar livre da intrusão governamental em questões que afetam tão profundamente uma pessoa, como é o caso da decisão de ter um filho e poder criá-lo" (DWORKIN, 2003, p. 146).

Dworkin acredita que o Juiz Blackmun não errou em considerar este caso um precedente, e se esta sentença é juridicamente válida, tem-se, então, realmente um direito constitucional à privacidade que garante a livre escolha das mulheres inclusive em casos de aborto, porque cabe somente a elas a decisão de ter filhos ou não. São decisões íntimas e pessoais, que levam em consideração convicções e preferências individuais, que não podem estar sujeitas a uma imposição contrária da sociedade. Além disso, é uma decisão que envolve opções não apenas sexuais, mas relacionadas com o próprio corpo da mulher, sendo que o Tribunal já havia reconhecido o direito à integridade física (DWORKIN, 2003, p. 147).

Para o autor supramencionado, admitindo-se que a sentença do caso Griswold foi correta, temos que reconhecer que o argumento do juiz Blackmun era muito forte no sentido de que há um direito de liberdade e privacidade garantido pela constituição. Porém, Dworkin (2003) adverte que isto não é suficiente para dizer que a decisão do caso *Roe vs. Wade* foi correta, pois ele acredita que é possível que os estados encontrem uma razão inexorável para restringir o direito constitucional da mulher à privacidade no caso do aborto. O autor aponta, ainda, que muitas pessoas possuem razões inexoráveis para criminalizar o aborto: o estado deve criminalizar o aborto porque tem o dever de proteger a vida humana. E era essa a razão dos estados quando o faziam antes do *Roe vs. Wade*, sendo este o argumento que os juízes contrários à decisão tomaram.

Porém, Dworkin lembra que se trata de uma razão perigosamente ambígua. Ela pode estar fundamentada em *interesses derivativos* de proteger a vida humana, que lecionam que um feto tem direitos e interesses desde a concepção e pode estar fundamentada em uma concepção independente, que afirma que o Estado tem a responsabilidade de proteger a vida humana não porque ela tem interesses e direitos, mas porque ela possui valor intrínseco pessoal (DWORKIN, 2003, p.149).

Segundo o autor, o governo pode ter tantos interesses derivativos quanto independentes na hora de formular leis que protejam a vida humana. E isso não é necessariamente problemático. Mas o será quando estes dois interesses ou responsabilidades entrarem em conflito – por exemplo, em casos de doentes terminais, com dores atrozes, com vida vegetativa. Haverá quem acredite que é um insulto ao valor intrínseco da vida humana retirá-la deliberadamente, e quem creia ser um insulto manter a vida nestas condições.

Assim, para Dworkin (2003) faz uma grande diferença saber se o governo protege a vida apenas por interesses derivativos ou se também o faz por razões independentes. Se houver legítimas razões independentes, então o estado tem o direito de impedir que pessoas abortem ou ponham fim às suas vidas, mesmo quando elas tenham motivos para crer que esta seria a melhor opção. O autor conclui sua análise do *Roe vs. Wade* preconizando que, para muitos juristas americanos, o debate se trava em questões derivativas: perguntam-se se é verdade que a constituição deu poderes aos estados de declarar que um feto é uma pessoa e possui direitos desde a concepção.

Na opinião do autor acima citado, este seria um grande equívoco e, se assim fosse, a solução seria fácil: bastaria a decisão do estado sobre o feto ser ou não pessoa para dirimir todas as controvérsias. A questão é bem mais difícil e importante quando está fundada em interesses independentes. Assim sendo, os estados devem se perguntar se podem impor uma concepção de sagrado majoritária a todas as pessoas indistintamente[11].

4.3 A PROTEÇÃO DO DIREITO À VIDA NO SISTEMA JURÍDICO BRASILEIRO. CONDIÇÕES PARA TRANSIGÊNCIA COM A VIDA E A NATUREZA HUMANA

Em toda a História do Direito, e de maneiras distintas, a vida assumiu relevância jurídica em decorrência de sua própria condição natural ligada à sobrevivência e existência dos seres humanos. Nas mais antigas legislações produzidas pelo homem, tais como, por exemplo, o Código de Hammurabi[12] e o Livro de Deuteronômio[13], sua

---

11. "Descrevi há pouco o curso natural de uma vida humana – que começa com a concepção, caminha para o nascimento e a infância, culmina com a maturidade ativa e bem-sucedida na qual se concretizam o investimento biológico natural e o investimento humano pessoal, terminando com a morte natural depois de um espaço de tempo normal. Assim compreendida, a vida pode ser frustrada de duas maneiras principais. Pode ser frustrada pela morte prematura, que deixa por realizar qualquer investimento natural e pessoal previamente feito. Ou pode ser frustrada por outras modalidades de fracasso: por deficiências físicas ou mentais, pela pobreza, por projetos malfeitos, por erros irrecuperáveis, por uma educação insuficiente, ou mesmo pela simples falta de sorte; qualquer um desses revezes pode, de diferentes maneiras, frustrar a oportunidade que uma pessoa tem de concretizar suas ambições ou de levar uma vida plena de realizações. A morte prematura será sempre, inevitavelmente, uma frustração maior do que qualquer um desses tipos de malogro? As decisões sobre aborto frequentemente colocam essa questão". (DWORKIN, 2003, p. 124).

12. O Código de Hammurabi é uma legislação cuneiforme babilônica datada do século XVIII a.C., quando o governo da cidade-estado da Babilônia, localizada na região da antiga Mesopotâmia (território atual dos Estados do Iraque e do Irã), estava centralizado na figura do soberano rei Hammurabi (GILISSEN, 1995, p. 63-66).

13. Deuteronômio é um dos cinco livros que compõem a Torá ou Pentateuco, texto sagrado e basilar da religião judaica. Igualmente, compõe a Bíblia cristã como um dos livros do Antigo Testamento. Possuía, juntamente

tutela esteve presente tanto como bem jurídico a ser preservado como alvo da aplicação de sanções, uma vez que o corpo físico do condenado, fosse no todo (pena de morte) ou em parte (penas de mutilações, torturas e castigos cruéis e degradantes), poderia ser atingido para a administração da justiça[14].

Em textos legais da Grécia Antiga e dos períodos da República e do Império Romano[15] já era possível vislumbrar reflexões jurídico-filosóficas mais sofisticadas, mas ainda assim a vida humana permaneceu sendo considerada mais como uma dádiva divina do que como um direito, e até este momento histórico, ainda podia ser objeto de penalizações quando da ocorrência/autoria de certos ilícitos.

A partir das discussões acadêmico-filosóficas da Modernidade[16], sobremaneira com a Declaração dos Direitos do Homem e do Cidadão (1789)[17], é que o tratamento da vida passou, formal e materialmente – em primeiro lugar na França – a ser compreendido como um direito básico de todo cidadão. Neste sentido, garantida, *a priori*, a vida humana, o direito à liberdade, bem como outros intitulados direitos de primeira geração[18], quais sejam, "direitos civis e políticos que inaugurariam o constitucionalismo do Ocidente, no final do século XVIII e início do XIX" (FERNANDES, 2011, p. 233), passaram a ser tutelados pelos Estados. O Estado Liberal, implantado desde então, passou a considerar o indivíduo como detentor e titular de direitos e a titularizar o dever de se abster à realização de qualquer ato que viole ou ameace violar direitos fundamentais de seus cidadãos, que surgem nesse cenário como liberdades negativas.

Em razão das interpretações jurídico-filosóficas no decorrer dos séculos XVIII a XX, o direito à vida e o direito à liberdade, hoje, só podem ser considerados em conexão ao princípio da *dignidade da pessoa humana*. Desde Kant[19] até as vigentes Constituições e diferentes tratados internacionais que objetivam a proteção regional

---

com o Livro do Êxodo e outros textos esparsos do judaísmo, caráter jurídico-normativo fundamental à estrutura, aplicação e interpretação do Direito Hebraico antigo (SOUZA, 2007, p. 54).

14. Nesse sentir, cumpre lembrar que os ordenamentos antigos relacionavam direito e religião em suas expressões de normatividade. A possibilidade de a vida ser encerrada pela brutalidade de dispositivos oriundos da vontade do soberano ou do profeta, escolhidos pelos deuses, era algo aceitável e suportado socialmente.

15. A exemplo, *Ética a Nicômaco*, de Aristóteles (384-322 a.C.); *De Legibus*, de Marco Túlio Cícero (106-43 a.C.) e alguns textos do imperador Marco Aurélio (121-180), sobretudo *Meditações*.

16. Um dos grandes expoentes da Modernidade no que concerne à defesa da emancipação humana enquanto sujeito de direitos e, neste sentido, um dos primeiros autores a mencionar a dignidade como um princípio geral das relações humanas e da compreensão jurídica do indivíduo, foi Giovanni Pico Della Mirandola, especialmente com a publicação de sua obra *Discurso sobre a Dignidade do Homem*, datada do final do século XV. (PICO DELLA MIRANDOLA, 2001).

17. Declaração criada e adotada, em 26 de agosto de 1789, pela Assembleia Nacional francesa que, desde o dia 14 de julho de 1789, após a tomada da prisão da Bastilha, governava a França e se posicionava contra Luís XVI e o Absolutismo.

18. Sobre as gerações e dimensões de direitos, remetemos à leitura: BOBBIO, Norberto. *A Era dos Direitos*. Rio de Janeiro: Elsevier, 2004.

19. Immanuel Kant, em obras como, por exemplo, *Fundamentação da Metafísica dos Costumes*, expressamente defende e consagra o homem como ser dotado de autonomia moral e, neste sentido, o considera como a finalidade maior das relações humanas. (KANT, 1980).

e/ou internacional da pessoa humana, a dignidade humana assumiu, como se sabe, o *status* de vetor hermenêutico para o Direito.

A Constituição do Brasil elenca a vida humana e a liberdade como direitos fundamentais, resguardando-os tanto em seu preâmbulo[20], como no *caput* do artigo 5º[21].

Nesse sentido é que a pena de morte é proibida no Brasil, tendo sido abolida pelo texto constitucional, conforme se lê no artigo 5º, inc. XLVII. Contudo, o dispositivo traz uma exceção, para permitir a aplicação da pena "em caso de guerra declarada, nos termos do art. 84, XIX"[22].

O Código Penal Brasileiro tipifica, no capítulo I, intitulado os chamados "Crimes contra a Vida", e prevê, em seus artigos 124 a 127, o crime de aborto. Assim sendo, a interrupção da gravidez é criminalizada, seja tal ato provocado pela própria gestante, com o seu consentimento, e/ou por terceiros.

Até o advento da ADPF 54, julgada em 2012 pelo STF, as duas únicas hipóteses de interrupção da gravidez, consideradas como causas especiais de exclusão da ilicitude, eram as previstas nos incisos I e II do artigo 128 do CP, não havendo punição ao aborto realizado por médico "se não há outro meio de salvar a vida da gestante" (aborto necessário) e se a gravidez resulta de estupro e há o consentimento prévio da gestante ou, se esta é incapaz, de seu representante legal.

Dentro desta mesma orientação de proteção absoluta da vida, o ordenamento jurídico brasileiro, a partir do disposto no artigo 2º do Código Civil, põe a salvo, a partir da concepção, certos direitos do nascituro. Outros dispositivos presentes na legislação civil também consentem ao nascituro a participação em certas relações jurídicas, atribuindo-lhe a titularidade de alguns direitos e categorias jurídicas. É

---

20. Preâmbulo da CF/88: "Nós, representantes do povo brasileiro, reunidos em Assembleia Nacional Constituinte para instituir um Estado Democrático, destinado a assegurar o exercício dos direitos sociais e individuais, a liberdade, a segurança, o bem-estar, o desenvolvimento, a igualdade e a justiça como valores supremos de uma sociedade fraterna, pluralista e sem preconceitos, fundada na harmonia social e comprometida, na ordem interna e internacional, com a solução pacífica das controvérsias, promulgamos, sob a proteção de Deus, a seguinte Constituição da República Federativa do Brasil".

21. Artigo 5º, *caput*, da CF/88: "Todos são iguais perante a lei, sem distinção de qualquer natureza, garantindo-se aos brasileiros e aos estrangeiros residentes no País a inviolabilidade do direito à vida, à liberdade, à igualdade, à segurança e à propriedade, nos termos seguintes...".

22. O artigo 84 da CF autoriza a pena de morte nas seguintes condições: "XIX – declarar guerra, no caso de agressão estrangeira, autorizado pelo Congresso Nacional ou referendado por ele, quando ocorrida no intervalo das sessões legislativas, e, nas mesmas condições, decretar, total ou parcialmente, a mobilização nacional;

A pena de morte é regulamentada pelo Código Militar Penal (CMP), que nos artigos 55 a 57.

Art. 55: As penas principais são: 1. Morte; 2. Reclusão; 3. Detenção; 4. Prisão; 5. Impedimento; 6. Suspensão do exercício do posto, graduação, cargo ou função; 7. Reforma.

Art. 56. A pena de morte é executada por Fuzilamento.

Art. 57. A sentença definitiva de condenação à morte é comunicada, logo que passe em julgado, ao Presidente da República, e não pode ser executada senão depois de sete dias após a comunicação. Parágrafo único. Se a pena é imposta em zona de operações de guerra, pode ser imediatamente executada, quando o exigir o interesse da ordem e da disciplina militares".

CAPÍTULO 4 • APLICAÇÃO DOS PRESSUPOSTOS TEÓRICOS

o que se denota, por exemplo, nos artigos 542, 1609, parágrafo único e 1798, que mencionam respectivamente a possibilidade de o nascituro receber doações, ter a paternidade reconhecida e assumir a condição de sujeito de direitos hereditários.

Com base nessa normativa e, sobretudo, com base na normativa constitucional, Ives Gandra da Silva Martins preconiza que o texto constitucional sequer admitiu a hipótese de aborto sentimental, uma vez que a Carta Magna menciona a expressão "a inviolabilidade do direito à vida" (MARTINS, 2005, p. 25). Além disso, o autor anota que, a seu ver, o constituinte declara que tratados internacionais ingressam no ordenamento jurídico como cláusulas invioláveis, uma vez que advoga a tese de que "tratados internacionais sobre direitos fundamentais, por força do § 2º do at. 5º, são cláusulas pétreas estabelecidas por Constituinte originário" (MARTINS, 2005, p. 25-26). Assim sendo, uma vez signatário do Pacto de São José da Costa Rica, para o autor, o tratado foi introduzido como norma constitucional, vigorando no país a orientação contida no art. 4º de que o direito à vida é garantido a toda pessoa desde a concepção. De modo distinto se posiciona o STF, que expressa a tendência de considerar que tratados internacionais ingressam em nosso sistema como legislação ordinária especial.

De modo radical, o eminente constitucionalista preconiza que o pacto de São José da Costa Rica não deixa nenhum espaço à legalização do aborto e considera eufemistas as expressões "interrupção da gravidez" ou "antecipação do parto". Na verdade, tratar-se-ia mesmo de "antecipação da morte" ou "interrupção da vida". Para o autor, a tese da anencefalia abre espaço "para o aborto generalizado, numa tentativa de burlar a Constituição e os Tratados fundamentais sobre direitos humanos, de que o Brasil é signatário" (MARTINS, 2005, p. 33). Em sentido semelhante, José Carlos Barbosa Moreira se manifesta pela da inviolabilidade da vida, afirmando:

> Mas as razões que aqui expusemos parecem-nos suficientes para justificar as seguintes conclusões:
>
> 1º) no direito brasileiro, conquanto desprovido de personalidade, o nascituro é titular de direitos;
>
> 2º) entre esses direitos, inclui-se necessariamente, e em posição de realce, o direito à vida;
>
> 3º) a existência do direito à vida não se subordina a qualquer conjectura, seja qual for o grau de probabilidade, atinente ao tempo que durará a vida extra-uterina;
>
> 4º) tal direito é, em princípio, indisponível; e, fora das hipóteses expressamente previstas em lei (admitida, *ad argumentandum*, a respectiva compatibilidade com a Constituição), é ineficaz a autorização de quem quer que seja para a prática de ato que o viole. (MOREIRA, 2005, p. 122).

Até a decisão da ADPF 54, e ainda hoje, a licitude da interrupção da gestação de feto anencéfalo se apresenta como matéria polêmica no Direito brasileiro. Como veremos, os argumentos levantados pela doutrina e pela jurisprudência, sejam a favor ou contra o direito da mulher de interromper tal gestação, colocam em situação de concorrência dois direitos igualmente fundamentais: a vida e a liberdade. A concepção do direito à vida como direito absoluto induziria a uma reposta fácil de que a vida deve sempre prevalecer, em razão da tradicional e histórica sacralidade em torno do seu regramento jurídico.

Contudo, considerando que a Constituição brasileira protege um conceito de vida digna, que extrapola o mero significado biológico de vida, a pergunta se impõe: o que deve prevalecer? A liberdade da mulher de dispor sobre o próprio corpo, sua integridade psicofísica e sua autonomia de planejamento parental? A vida fetal em questão, considerando sua proteção pela CRFB/88 e pela legislação civil no sentido dos direitos do nascituro[23]?

Desse modo, é que se esperava que qualquer que fosse a decisão final, apurados os votos dos Ministros do STF, que toda a discussão estabelecida estivesse vinculada à interpretação da relação existente, neste caso, entre os direitos à vida e à liberdade, sob o enfoque da dignidade da pessoa humana, isto é, de duas dignidades em concorrência: a da gestante, que desejava ser livre para interromper a gestação, se quisesse; e a do feto anencéfalo, que possuía o direito de nascer e viver, ainda que por ínfimo espaço de tempo. Passemos, então, à análise dos principais argumentos levantados na decisão da corte constitucional.

4.3.1 Análise da ADPF n. 54: aborto *versus* antecipação terapêutica do feto anencéfalo e a questão da personalidade jurídica do nascituro

Ao lado de tantas outras, a condição jurídica do nascituro é uma das questões que subjazem ao debate sobre a possibilidade de realização do aborto, e aqui, mais precisamente, sobre o aborto do feto anencéfalo, ou daquilo que parte da doutrina costuma denominar *antecipação terapêutica do parto do feto anencefálico*[24]. A condição

---

23. Mais adiante, trataremos de nossa visão sobre a personalidade do nascituro, que, conforme bem aponta José Carlos Barbosa Moreira, é trabalhada de forma turbulenta pela doutrina: ambas precisariam acertar contas com o fato de que o direito positivo, praticamente em toda parte, cuidava (cuida) de proteger interesses do nascituro. Como se compadeceria isso com a negação retórica, em diversos sistemas jurídicos, da personalidade do *nondum natus*? Por outro lado, como reconhecer personalidade a ente que ainda não tem existência separada, autônoma, e pode nunca vir a tê-la, ou não ser apto para mantê-la, ainda que por brevíssimo tempo? Ao longo dos séculos, exsurgiram numerosas teorias, apostadas em decifrar o aparente enigma. Ora se recorreu à ideia de ficção jurídica, ora se falou de direitos sem sujeito, de direitos com sujeito indeterminado, de personalidade submetida à condição de sujeito despersonalizado, e assim por diante. As teorias chegaram a extremos de sutileza, sem que lograssem evitar sempre a queda em mal disfarçado artificialismo. Não parece arbitrário observar que, em mais de um caso, se instilou no tratamento do tema uma dose de complexidade bem superior à que lhe era inerente. Talvez se consigam resultados mais significativos mirando a realidade normativa com olhar menos pretensioso e menos turvado por névoas dogmáticas. (MOREIRA, 2005, p. 114-115).

24. Na visão da dogmática do direito penal, a conduta não poderia mesmo se caracterizar como aborto, devendo ser mesmo tratada como antecipação terapêutica do parto do feto anencéfalo. Segundo eles, não se trata de mera questão semântica ou de eufemismo conceitual, conforme anota Marcelo Lucas Sarsur e Silva: não se cuida, nas hipóteses de feto anencefálico, de aborto, mas sim de antecipação terapêutica do parto, posto que o aborto, em seu sentido técnico-jurídico, implica a eliminação da vida intrauterina, fato que não ocorre quando apenas se permite a condução a termo da gravidez anencefálica, interrompendo o suporte vital oferecido pela gestante ao feto sem atividade encefálica própria. Esta distinção não é apenas semântica, posto que a interrupção da gravidez de feto com anencefalia não se confunde, como argumentam os opositores desta prática, ao aborto eugênico, feito para selecionar características do feto, ou para eliminar fetos dotados de deficiências físicas congênitas. Conforme salientou o Ministro Relator Marco Aurélio Mello: "O anencéfalo é um natimorto. Não há vida em potencial. Logo não se pode cogitar de aborto eugênico, o qual pressupõe a vida extrauterina de seres que discrepem de padrões imoralmente

jurídica do nascituro, ou seja, se ele consiste ou não em ente personificado, apto a transitar pelas relações jurídicas e se colocar como centro de imputação de direitos e deveres, dentre eles direitos fundamentais, como, inclusive, o próprio direito à vida, se faz pertinente aqui para elucidarmos alguns equívocos.

Claro que o debate não pode se descurar de mencionar as tradicionais teorias que informam o chamado processo de personificação do ser humano, quais sejam, a *teoria natalista* e a *teoria concepcionista*, não obstante reconheçamos que nenhuma delas constitua a melhor resposta, pois compartilhamos a crença de que o problema não se relaciona com o momento da personificação, mas sim no modo como a personalidade jurídica é operacionalizada[25].

Ao abandonarmos a concepção abstrata e oitocentista de personalidade e de atribuição de personalidade, como categoria jurídica estanque, ou seja, uma qualificação que deve acompanhar o sujeito por toda sua existência, é possível atribuir titularidade a seres com natureza humana, quer seja o nascituro ou o morto, em determinadas situações jurídicas, diante da análise concreta[26], transformando-os em referenciais de imputação de direitos e deveres.

O legislador brasileiro considera a possibilidade de atribuir personalidade jurídica ao nascituro em algumas determinadas situações. Assim, ao fazê-lo, o legislador consente na possibilidade de atribuição de personalidade jurídica ao nascituro em uma situação concreta específica, transformando-o em um referencial de imputação correspondente ao reconhecimento de uma esfera de liberdades e de não liberdades[27].

---

eleitos. Nesta arguição de descumprimento de preceito fundamental, não se trata de feto ou criança com lábio leporino, ausência de membros, pés tortos, sexo dúbio, Síndrome de Down, extrofia de bexiga, cardiopatias congênitas, comunicação interauricular ou inversões viscerais, enfim, não se trata de feto portador de deficiência grave que permita sobrevida extrauterina. Cuida-se tão somente de anencefalia. (BRASIL, 2012:48-49). Em igual sentido, a Resolução 1.989/2012, do Conselho Federal de Medicina, prevê que a gestante passará por antecipação terapêutica do parto, e não propriamente por aborto" (SILVA, 2014, p. 31).

25. Para aprofundamento da questão, seja consentido remeter ao nosso: Por uma Nova Forma de Atribuição de Personalidade Jurídica ao Nascituro – Análise do Confronto entre a Titularidade dos Alimentos Gravídicos e a Polêmica da Antecipação Terapêutica do Feto Anencéfalo publicado na obra O Direito das Famílias – Entre a Norma e a Realidade. (RODRIGUES; TEIXEIRA, 2010).

26. Há muito, a inteligência de Kelsen já preconizava tal ideia ao mencionar que se um determinado indivíduo é sujeito de certos direitos tal fato significa, apenas, que uma conduta sua é objeto de direito e conteúdo de uma norma. Todavia, o fato de tal conduta estar encampada por uma norma jurídica determina apenas que esse indivíduo deve agir ou se omitir de uma certa maneira, segundo uma determinada esfera de liberdade ou não liberdade, mas isso não implica, de modo algum, sua existência jurídica definitiva, ou seja, sua personalidade jurídica definitiva. Ver mais em: KELSEN, Hans. *Teoria Pura do Direito*. São Paulo: Martins Fontes, 2005, p. 137.

27. É o que leciona Lúcio Antônio Chamon Júnior ao dizer que atribuir personalidade jurídica significa tão somente considerar algo ou alguém como "referencial de imputação de direitos e deveres", ou seja, de liberdades e não liberdades, pois, partindo da teoria discursiva como marco teórico, o autor ensina que não há personalidade ou atribuição de personalidade fora da argumentação. Segundo ele "(...) o que se deve reconhecer é que a 'personalidade' há que ser tomada em conta enquanto centrada em, e referida a, uma situação tematizada e problematizada. Não há qualquer 'personalidade' fora da argumentação. (...) Não podemos concordar com leituras demasiadamente funcionalizadas que vão interpretar a noção de pessoa como um feixe de 'papéis institucionalizados' pronta para, a partir de então, fazer decorrer determinadas consequências" (CHAMON JUNIOR, 2006, p. 145).

Fato é que direitos e deveres somente podem ser pensados concretamente a partir de um discurso de aplicação, já que seus respectivos reconhecimentos obrigam considerar uma práxis jurídica legitimamente (re)construída. Consequentemente, tendo em conta o pressuposto de que a personalidade seria referencial de imputação de direitos e deveres, a definição de pessoa só poderia se dar na argumentação e não *ex ante*, de maneira abstrata.

A teoria parece sobreviver a testes de verificação ao confrontarmos a titularidade de alimentos gravídicos prevista na Lei 11.804, de 05 de novembro de 2008, com a possibilidade de aborto do feto anencéfalo, ou mesmo com outras modalidades de aborto excluídos do âmbito da ilicitude, como são o aborto terapêutico/necessário e o aborto sentimental, previstos no artigo 128 do CP, conforme debatido anteriormente. No mesmo sentido, ainda é perceptível como é diferenciado o trato jurídico direcionado ao nascituro em algumas circunstâncias concretas: ele pode receber doações (artigo 542 do CC), herança (artigo 1798 do CC), mas não se apresenta apto a titularizar outras situações de direitos disponíveis na ordem jurídica.

O debate travado no STF, por ocasião do julgamento da ADPF 54[28], envolveu também a discussão em torno da personalidade e da dignidade humana do feto anencéfalo para se determinar, por consequência, se o mesmo seria titular do direito fundamental à vida e se esse direito seria absoluto e inviolável.

A questão foi posta perante o Supremo Tribunal Federal, através da ADPF 54, ajuizada pela Confederação Nacional dos Trabalhadores na Saúde (CNTS)[29], por meio da qual foi pleiteada autorização com efeitos *erga omnes* para que as mães pudessem livremente decidir sobre a manutenção ou não da gravidez de fetos anencéfalos. Segundo a argumentação estabelecida na exordial, não se trataria de questão jurídica vinculada à prática do aborto porque, no entendimento dos autores da ação, a inviolabilidade da vida extrauterina do feto descaracterizaria totalmente a tipicidade do crime de aborto, entendimento este compartilhado pelo Ministro Ayres Brito que afirmou *que* "não é aborto, em linguagem depuradamente jurídica, por não corresponder a um fato alojado no mundo do dever-ser em que o Direito consiste".

A anencefalia apresenta-se como doença irreversível, caracterizada pela ausência de estruturas cerebrais (hemisférios e córtex cerebrais), apenas estando presente, na estrutura fisiológica do feto, o tronco cerebral. É conhecida, igualmente, como a anomalia da ausência de cérebro e, portanto, impeditiva da vida extrauterina. Há

---

28. Estado – Laicidade. O Brasil é uma república laica, surgindo absolutamente neutro quanto às religiões. feto anencéfalo – Interrupção da gravidez – Mulher – Liberdade sexual e reprodutiva – Saúde – Dignidade – Autodeterminação – Direitos fundamentais – Crime – Inexistência. Mostra-se inconstitucional a interpretação de que a interrupção da gravidez de feto anencéfalo seja conduta tipificada nos artigos 124, 126 e 128, incisos I e II, do Código Penal. (Arguição de Descumprimento de Preceito Fundamental 54, STF, Relator Ministro Marco Aurélio Mello, j. 12.04.2012, p. 30.04.2012).

29. Para maiores informações acerca da CNTS, acessar o website da instituição. Disponível em: http://www.cnts.org.br/. Acesso em: 24 de mar. 2014.

CAPÍTULO 4 • APLICAÇÃO DOS PRESSUPOSTOS TEÓRICOS | **133**

ausência de todas as funções superiores do sistema nervoso central, centro responsável pela consciência, cognição, vida relacional, comunicação, afetividade e emotividade dos seres humanos. Restam ao feto, então, e infelizmente, apenas funções vegetativas que controlam parcialmente a respiração, e as funções vasomotoras e dependentes da medula espinhal (DINIZ; RIBEIRO, 2003, p. 57). Trata-se de uma das maiores causas de má formação do feto no primeiro trimestre de gestação, justificando a relevância do debate.

A questão se localiza em suposta concorrência entre a tutela da saúde psicofísica e liberdade de escolha da genitora e a tutela da vida do feto, tornando-se obrigatória a discussão da atribuição do direito à vida ao feto como centro de imputação de direitos e deveres, ou seja, um ente personalizado com aptidão para ser titular de tal direito, o que poderia obstaculizar, em princípio, a escolha da mãe em submeter-se à realização da antecipação do parto, diante da vertente de tutela absoluta a vida humana.

Assim, em um primeiro momento, os Ministros discutiram se havia titularidade do direito à vida pelo nascituro, divergindo todos sobre o processo de personificação que conduziria a esta conclusão, para, em seguida, se debruçarem sobre a questão de saber se a vida do anencéfalo, fosse ele pessoa ou não, poderia ser considerada como vida humana juridicamente tutelada ou relevante. Nesse diapasão, anota Marcelo Lucas Sarsur e Silva:

> A discussão travada nos votos dos Ministros da Suprema Corte versou, especialmente, sobre a definição do que é a vida humana, enquanto objeto de proteção jurídica. Esta vida juridicamente protegida não coincide com todas as definições de vida humana presentes no discurso científico ou no senso comum. O argumento central adotado pelo voto condutor, e reproduzido pelos votos que a ele aderiram, parte de uma situação especial em que a vida humana deixa de existir, a despeito da persistência de reações fisiológicas: a morte cerebral, conceito empregado pela Lei de Transplantes (Lei Federal 9.434/1997). De fato, a ordem jurídica lida ambiguamente com os extremos da vida humana. Tanto o início quanto o final da vida humana são cercados de incompreensões, de modo que a pluralidade de concepções sobre a vida, mesmo em termos biológicos, acaba por se espelhar nos diferentes momentos em que a ordem jurídica estende sua proteção à vida humana. (SILVA, 2014, p.30).

Com base nisso, pela análise dos votos, denota-se que a posição da maioria dos ministros foi de considerar como vida humana juridicamente protegida pelo sistema a chamada "vida cerebral", seja ela intrauterina ou extrauterina. Trata-se, portanto, do estabelecimento de um critério para definição do conceito jurídico de vida humana, que não coincide com sua definição biológica. Nesse ínterim, o Ministro Carlos Ayres Brito baseou seu voto no entendimento de que faltam ao anencéfalo os hemisférios cerebrais, que seriam "a parte vital do cérebro", conforme Resolução 1.752/2004 do Conselho Federal de Medicina.

Entretanto, a aproximação promovida pela maioria dos julgadores entre anencefalia e morte cerebral foi contestada pelo Ministro Gilmar Mendes, que votou em prol da viabilidade da interrupção da gravidez de feto anencefálico, e que declarou, com base em dados científicos apurados em audiências públicas, que morte encefálica e anencefalia seriam conceitos distintos, pois, na hipótese de anencefalia, o sujeito teria autonomia cardíaca e respiratória, enquanto que na morte cerebral o indivíduo permaneceria vivo apenas artificialmente, com o apoio de aparelhos.

A seu turno, o Ministro Cezar Peluso acenou para o fato de que a definição de morte cerebral pela Lei de Transplantes teria um caráter operacional, uma vez que se prestaria a garantir o aproveitamento de órgãos para fins imediatos de transplante. Segundo o Ministro, "não é, pois, conceito normativo suscetível de aplicação a qualquer situação factual, nem isento de críticas no plano científico e, muito menos, no próprio âmbito jurídico".

Os argumentos favoráveis à interrupção de gestações ligadas à condição de anencefalia fetal, expostos na ADPF 54, basearam-se nos princípios constitucionais da *dignidade da pessoa humana*, da *intimidade*, da *liberdade de opção* e da *liberdade de crença*, do *direito à saúde* e à *proteção da maternidade*, equiparando, ainda, a imposição da manutenção da gravidez de um anencéfalo à tortura, tratamento proibido em nosso ordenamento jurídico, uma vez que a gestante teria a ciência de que seu filho seria natimorto ou, se nascesse com vida, sobreviveria pouco tempo fora do útero materno. A manutenção da gravidez seria tratada, então, como dever jurídico imposto à mãe, não obstante a ausência de possibilidade de sobrevida do feto. Por outro lado, os argumentos contrários à interrupção da gravidez fundaram-se, eminentemente, no *direito à vida* do feto, bem jurídico tutelado pelo ordenamento pátrio, vedado, assim, o aborto.

Dentro desta perspectiva, devemos concentrar nossos argumentos na seguinte pergunta: um feto anencéfalo, que não tem possibilidade de vida extrauterina, é um centro de imputação de direitos fundamentais? Se a resposta for positiva, ele terá direito à vida e, por hermenêutica lógica, de fato, existirá uma concorrência de direitos fundamentais entre o feto e a mãe, a qual foi apresentada ao STF por ocasião do julgamento da ADPF 54 Contudo, mesmo negada ao feto a condição de centro de imputação de direitos neste contexto, ainda há que se perguntar se o único bem jurídico a ser tutelado seria a saúde psicofísica da mãe, bem como sua autodeterminação e liberdade, com todos os seus consectários. Isto porque o outro relevante questionamento é se a vida do feto anencéfalo é uma vida juridicamente tutelável, podendo ser alçada a *status* de bem jurídico, impondo à gestante um dever, considerado este como esfera de não liberdades.

E, por fim, sendo tutelável, uma vez considerado o anencéfalo como centro de imputação de direitos e deveres, o direito à vida a ele atribuído é sempre absoluto e inviolável, ou, uma vez em concorrência com direitos fundamentais da mãe, pode ser afastado na defesa dos direitos maternos, em nome de respostas marcadas por correção normativa? Como se denota, a problemática se coloca em três instâncias distintas e, como veremos, as mesmas indagações se colocam para o aborto eletivo, em casos em que o feto a ser abortado possui a potencialidade de vida extrauterina.

CAPÍTULO 4 • APLICAÇÃO DOS PRESSUPOSTOS TEÓRICOS **135**

Nesta situação jurídica, acreditamos que o feto anencéfalo não se constitui em um centro de imputação de direitos e deveres já que, diante da certeza da não sobrevivência, não há que se falar em iguais liberdades fundamentais entre ele e a mãe, a qual passa, inclusive, por grande sofrimento ao ser obrigada a levar adiante uma gravidez que não é marcada pela viabilidade real de vida. Partimos do pressuposto teórico que a vida humana juridicamente tutelável neste caso é a vida humana com potencialidade de sobrevivência extrauterina, com vistas a se desenvolver e gerar um indivíduo autônomo. Aliás, é nesse sentido que a doutrina impõe a distinção entre os termos aborto e antecipação terapêutica do feto anencéfalo: a caracterização da violação ao bem jurídico "vida humana".

Não vislumbramos, por isso, em termos técnico-jurídicos, razões suficientes para impor à mãe o dever jurídico de manter a gravidez, justamente por não estarmos diante de uma situação de não liberdade, considerando que a inviabilidade extrauterina do feto não justifica o sofrimento materno. A mãe, enquanto portadora de liberdades fundamentais, pode ter o direito de escolher pela manutenção ou não da gravidez de acordo com suas próprias concepções pessoais e seu propósito de livre desenvolvimento da personalidade.

> Se a ratio decidendi adotada pelos Ministros do Supremo Tribunal Federal pautou-se na anencefalia como condição de morte em vida, na ausência de bem jurídico tutelado, resta claro que a decisão tomada na ADPF 54-8/DF não poderia, decerto, sofrer extensão a outros casos de aborto eletivo. Preocupou-se o STF em não criar, no direito brasileiro, um precedente tão polarizador (e tão politicamente explosivo) quanto o aresto da Suprema Corte estadunidense sobre a legalização do aborto eletivo, Roe v. Wade, de 1973. Esta preocupação é patente no voto do Ministro Relator, que afirma ser "inteiramente despropositado veicular que o Supremo examinará, neste caso, a descriminalização do aborto, especialmente porque, consoante se observará, existe distinção entre aborto e antecipação terapêutica do parto" (BRASIL, 2012:33), e semelhantes advertências podem ser encontradas nos votos dos Ministros Ayres Britto, Gilmar Mendes e Cármen Lúcia. De fato, a liberdade de escolha da gestante, na interrupção da gravidez de feto anencefálico, é condicionada ao reconhecimento de que este não será capaz de vida autônoma fora do útero, por não possuir a formação cerebral compatível com tal existência. (SILVA, 2014, p. 32).

Através de premissas teóricas distintas em torno do processo de personificação do nascituro e da definição do conceito de *vida humana tutelável*, os ministros do Supremo Tribunal Federal decidiram, em 12 de abril de 2012, pela possibilidade de interrupção da gravidez de feto anencéfalo, determinando inconstitucional a interpretação de que esta interrupção da gestação se caracterizasse como conduta ilícita tipificada nos artigos 124, 126 e 128, incisos I e II, do Código Penal.

Vale acrescentar ainda que, consistindo o Brasil em um Estado laico, cuja estrutura político-jurídica deve se apresentar neutra em relação a dogmas religiosos dos mais variados credos, o STF decidiu pela tutela da liberdade sexual e reprodutiva da mulher e pela tutela de sua saúde, dignidade e possibilidade de autodeterminação. Na ocasião, foram favoráveis os Ministros Ayres Britto, Cármem Lúcia, Celso de Mello, Gilmar Mendes, Joaquim Barbosa, Luiz Fux, Marco Aurélio Mello e Rosa

Maria Weber, ao passo em que contra, pugnando pela improcedência dos pedidos, Ricardo Lewandowski e o então Presidente da Corte, Cezar Peluso[30]. O Ministro Dias Toffoli se declarou impedido de votar a matéria, uma vez que havia atuado no processo como Advogado-Geral da União.

Ricardo Lewandowski entendeu que não se trataria de "interrupção de gravidez de anencéfalo", mas sim de aborto em uma condição não prevista pelo Código Penal como excludente de ilicitude, tratando-se, portanto, de conduta criminosa que violaria o direito à vida do nascituro. Por sua vez, Cézar Peluso alegou que o fato equipara-se à imposição de pena de morte e à eutanásia, e, a seu ver "só coisa é objeto de disposição ou de direito alheio. O ser humano é sujeito de direitos". Contrariamente, em um dos trechos de seu voto, o Ministro Relator do processo, Marco Aurélio Mello, afirmou:

> *O anencéfalo jamais se tornará uma pessoa.* Em síntese, não se cuida de vida em potencial, mas de morte segura. O fato de respirar e ter batimento cardíaco não altera essa conclusão, até porque, como acentuado pelo Dr. Thomaz Rafael Gollop, a respiração e o batimento cardíaco não excluem o diagnóstico de morte cerebral. E mais: o coração e a respiração dos anencéfalos perduram por pouco tempo – 75% não alcançam o ambiente extrauterino. Dos 25% restantes, a maior parte tem cessado a respiração e o batimento cardíaco nas primeiras horas, e os demais nas primeiras semanas após o parto. Ainda que exista alguma controvérsia quanto a esses percentuais, haja vista o que exposto pela Dra. Ieda Therezinha na Audiência Pública, é indubitável que os anencéfalos resistem muito pouco tempo fora do útero. [...] Da leitura, destaco dois trechos. No primeiro, este Supremo Tribunal proclamou que a Constituição "quando se reporta a 'direitos da pessoa humana' e até dos 'direitos e garantias individuais' como cláusula pétrea está falando de direitos e garantias do indivíduo-pessoa, que se faz destinatário dos direitos fundamentais 'à vida, à liberdade, à igualdade, à segurança e à propriedade'". *É certo, Senhor Presidente, que, no caso do anencéfalo, não há, nem nunca haverá, indivíduo-pessoa.* (Grifos nossos).

O Ministro Relator concluiu pela tutela dos direitos fundamentais da gestante, permitindo a realização da interrupção da gravidez, entendimento que prevaleceu por oportunidade do julgamento e que prevalece no Brasil até a atualidade, conforme se depreende do voto do Ministro Joaquim Barbosa, que afirma que

> Seria um contrassenso chancelar a liberdade e a autonomia privada da mulher no caso do aborto sentimental, permitido nos casos de gravidez resultante de estupro, em que o bem jurídico tutelado é a liberdade sexual da mulher, e vedar o direito a essa liberdade nos casos de malformação fetal gravíssima, como a anencefalia, em que não existe um real conflito entre bens jurídicos detentores de idêntico grau de proteção jurídica. Há, na verdade, a legítima pretensão da mulher

---

30. "O Supremo Tribunal Federal, em abril de 2012, julgou a Arguição de Descumprimento de Preceito Fundamental 54-8/DF, reconhecendo o descabimento da imputação do crime de aborto quando realizado em casos de gravidez anencefálica. Quando da decisão, dez Ministros da Suprema Corte41 participaram do julgamento, sendo que a maioria, composta por oito Ministros, reconheceu a atipicidade penal do aborto nos casos de anencefalia, restando vencidos, em relação às ressalvas quanto ao diagnóstico do feto, os Ministros Celso de Mello e Gilmar Mendes. Dois Ministros opuseram-se ao reconhecimento da anencefalia como hipótese de atipicidade penal da conduta: o Ministro Ricardo Lewandowski e o então Presidente do Supremo Tribunal Federal, Ministro Cezar Peluso" (SILVA, 2014, p. 29).

em ver respeitada sua vontade de dar prosseguimento à gestação ou de interrompê-la, cabendo ao direito permitir essa escolha, respeitando o princípio da liberdade, da intimidade e de autonomia privada da mulher.

Desde então, na prática, as mulheres surpreendidas com o diagnóstico da anencefalia de seus bebês não mais são obrigadas a dar prosseguimento à gestação, tendo, pois, o direito de, caso desejarem, submeterem-se ao lícito procedimento médico de interrupção da gravidez. Neste sentido, e no âmbito da proteção à liberdade e à dignidade feminina, como expressamente atestou a Ministra Rosa Weber em seu voto, a decisão do STF preservou muitas brasileiras de gerarem "o filho para assistir à sua Missa de Sétimo Dia".

4.3.2 Aborto e direito ao livre planejamento familiar: condições para o aborto voluntário no primeiro trimestre da gestação

Defendemos, anteriormente, que o feto anencéfalo não se constitui em um centro de imputação de direitos e deveres. A certeza da não sobrevivência e da inviabilidade da vida extrauterina impõe uma assimetria na distribuição de liberdades fundamentais entre ele e a gestante, pois a vida humana juridicamente tutelável é a vida humana com potencialidade de sobrevivência extrauterina, de modo ser possível, ao fim da gestação, produzir um indivíduo autônomo. Deste modo, a gestante do anencéfalo não se apresenta titular do dever de não violar a vida humana do feto anencéfalo, entendido este como conduta caracterizadora de um espaço de não liberdades.

Superada a análise das razões pelas quais se considera lícito e possível o aborto do feto anencéfalo, perguntamos ainda se haveria a possibilidade de tratar o aborto eletivo, realizado no primeiro trimestre de gestação, como ato de liberdade de planejamento familiar. Ou seja, seria possível tutelar a autonomia reprodutiva daqueles que não desejam ter filhos e, que, para tanto, precisariam ou desejariam se valer de um aborto?

> A esfera da autonomia reprodutiva ou dos direitos reprodutivos abarca também o acesso a informações sobre planejamento familiar, a métodos contraceptivos, a cuidados médicos pré-natais e o direito de abortar. Como se sabe, o acesso a esses serviços que promovem a efetivação da autonomia reprodutiva é muito mais satisfatório em alguns países do que em outros. Segundo algumas perspectivas, os direitos reprodutivos compreendem não apenas o direito de não ter filhos (um direito negativo que consiste na obrigação do Estado de evitar que haja interferências nas decisões reprodutivas do indivíduo) como também o direito de ter filhos, um direito positivo que implicaria na obrigação do Estado de ajudar os indivíduos com problemas de fertilidades. *A afirmação da autonomia reprodutiva nesse momento do texto afirma apenas que os indivíduos têm o direito de não ter filhos caso assim o desejem.* (TÄNNSJÖ, 2008, p. 804, grifos nossos).

Já conhecemos, a esta altura, os característicos permanentes da liberdade de planejamento familiar. O desejo de não ter filhos deve ser exercido dentro destas balizas caracterizadoras da autonomia reprodutiva, que derivam precisamente da dignidade humana e da paternidade responsável, e, em outros termos, a pergunta que aqui se coloca é se a interrupção voluntária da gravidez pode se encaixar dentro deste âmbito, mesmo que se trate de um feto que tenha efetiva viabilidade de vida extrauterina e que possa se apresentar como centro de imputação de direitos e deveres e, consequentemente, titular de direitos fundamentais, tal como o direito à vida.

Ao que se sabe, para respondermos a esta questão, as seguintes premissas se entrelaçam: i. já sabemos que o sistema jurídico brasileiro não trata de forma absoluta o direito à vida humana. A legislação permite a realização do aborto em certas situações. Somem-se a isso precedentes de nossa corte constitucional, que autorizam a pesquisa com células tronco embrionárias[31] e também a antecipação terapêutica do feto anencéfalo. ii. A transigência com a vida humana é aferível independentemente de analisarmos a condição jurídica do nascituro como pessoa, como ente despersonalizado ou como ser humano sem personalidade jurídica. Ou seja, ainda que se trate de um direito conferido a um referencial de imputação, ou quer se trate de um objeto jurídico alvo de um dever, compreendido como espaço de não liberdade de atuação, imputado aos idealizadores do projeto parental; iii. O aborto eletivo, no primeiro trimestre de gestação, não viola a dignidade humana, seja na perspectiva da autonomia, seja na perspectiva da alteridade, que nos impõe um dever de reconhecimento de sua humanidade.

Tendo em vista que no primeiro trimestre de gestação o feto não tem ainda desenvolvido seu sistema nervoso central, não há violação ao denominado *direito fundamental de não sentir dor* (SILVA, 2014). Logo, a partir disso, revela-se a possibilidade de admitirmos o aborto como ato de liberdade de planejamento familiar, para privilegiarmos, em nome de correção normativa, os direitos de liberdade e de autonomia, em prol da vida digna daqueles que não pretendem constituir prole ou levar a cabo a autoria daquele projeto parental.

As duas primeiras já foram delineadas anteriormente. A partir do recorte realizado neste estudo, consideramos que, para que o nascituro possa adquirir a qualidade de pessoa, entendida como referencial de imputação de direitos e deveres, é preciso que haja viabilidade de vida extrauterina. Defendemos esta posição ancorados nos precedentes de nossa Corte Constitucional que assim se manifestou em duas oportunidades: no julgamento da constitucionalidade da pesquisa com células tronco embrionárias e no julgamento da possibilidade de realização da antecipação terapêutica do parto do feto anencéfalo.

---

31. "O STF, quando do julgamento da Ação Direta de Inconstitucionalidade 3.510/DF, entendeu que o embrião, fruto da fertilização in vitro nas clínicas de reprodução assistida, não recebe a mesma condição de pessoa humana em formação estendida ao embrião fertilizado in utero, cujo desenvolvimento não pode ser obstado por meios externos. A diferença entre este e aquele reside na possibilidade de desenvolvimento do encéfalo, parâmetro do término da vida humana e, por consequência, de seu início. A partir desta premissa – a de que a formação do cérebro determina o início da vida humana juridicamente protegida –, entendeu se, na ADPF 54-8/DF, que o feto que padece de anencefalia não pode merecer a mesma proteção estendida aos demais fetos, nos quais esta ocorre sem sobressaltos". (SILVA, 2014, p. 30-31).

CAPÍTULO 4 • APLICAÇÃO DOS PRESSUPOSTOS TEÓRICOS

139

Assim sendo, na hipótese de aborto eletivo, que pretenda ser realizado mesmo diante da existência de fetos que possuam viabilidade de vida extrauterina, estamos a considerar uma situação jurídica concreta na qual se colocam dois referenciais de imputação de direitos e deveres: a gestante ou os pais, (não) idealizadores de um projeto parental, titulares das liberdades enfeixadas no âmbito do direito ao planejamento familiar, e o feto, titular de direitos fundamentais existenciais, como o direito à vida.

Para solução desta concorrência de dignidades ou de direitos fundamentais, não é possível hierarquizar direitos para tratar o direito à vida humana de forma absoluta. Tal posicionamento hermenêutico, assumido aprioristicamente, revelaria uma postura valorativa incompatível com a concepção de direito como integridade defendida anteriormente e com os ideais de correção normativa que dela derivam. Assim, para analisarmos a questão, é preciso se concentrar na caracterização da amplitude da liberdade de planejamento familiar, para concluirmos se o exercício da autonomia reprodutiva para a realização de prática abortiva eletiva estaria a ferir a métrica de iguais liberdades fundamentais a todos distribuídas indistintamente.

Uma vez que defendemos que o direito ao livre planejamento familiar se apresenta como direito fundamental, que se conecta ao pleno desenvolvimento da personalidade humana, o qual também se perfaz pela (não) constituição de prole, mister se faz averiguar se a permissão para a prática do aborto eletivo como ato de planejamento familiar se impõe no respeito de iguais liberdades de todos os indivíduos envolvidos no caso concreto ou se extrapola os característicos permanentes informados pela dignidade humana e pela paternidade responsável, que informam deveres de respeito à autonomia e à alteridade, prudência e cautela.

Assim, uma das dúvidas que precisa ser elucidada é se a prática do aborto causaria sofrimento fetal ao nascituro ou se haveria algum dado informado pela Medicina e pela Biologia que, de maneira complementar, possa se comunicar ao Direito para determinar um momento ou período no qual o aborto possa ser realizado sem causar dor ao ser humano em formação no ventre materno. Tal questão é relevante uma vez que tanto a natureza humana do feto quanto seu *status* de referencial de imputação de direitos e deveres comandam, a todos nós, o direcionamento de um tratamento digno e o respeito aos seus direitos fundamentais.

Marcelo Lucas Sarsur e Silva defende a tese da existência do direito fundamental ao alívio da dor enquanto consectário do princípio da dignidade humana:

> Por direito fundamental ao alívio da dor, compreende-se um direito fundamental implícito, decorrente dos artigos 1°, inciso III (dignidade da pessoa humana), 5°, caput e inciso III (direito à vida e proibição de submissão a tratamento cruel e desumano) e 6°, caput e 196 (direito à saúde) da Constituição da República Federativa do Brasil de 1988 e dos tratados de direitos humanos ratificados pelo Estado brasileiro, entre os quais se destacam a Declaração Universal dos Direitos Humanos e a Convenção Americana sobre Direitos Humanos (Pacto de San José da Costa Rica de 1969). São direitos fundamentais aqueles que compõem o núcleo rígido de uma determinada ordem constitucional, sendo insuscetíveis de emenda voltada à sua supressão ou limitação. (SILVA, 2014, p. 17).

Considerando que o princípio da dignidade da pessoa humana é importante característico da liberdade de planejamento familiar, conformando quais as práticas consistem em legítimo exercício da autonomia reprodutiva, tal construção acerca do direito fundamental ao alívio da dor ou, ainda, do direito fundamental de não ser submetido a tratamentos cruéis e degradantes se mostra relevante na análise do aborto eletivo como ato de planejamento familiar[32].

Ao que se sabe, precisar se há dor fetal é um tema de difícil análise para as ciências médicas e biológicas, uma vez que os seres humanos em formação no ventre materno não são capazes de expressar dor como nós. A suposição de que o feto venha a sentir dor se relaciona com a formação de certas partes de seu sistema nervoso e à constatada capacidade que eles têm de notar certos estímulos externos[33]. Em sua tese, Marcelo Sarsur levanta alguns dados colhidos em relevantes estudos sobre a dor fetal, realizados nos Estados Unidos da América, país que autoriza a prática abortiva desde o precedente inaugurado pelo caso *Roe v. Wade*, analisado aqui anteriormente.

> Os estudos médicos sobre a dor fetal, em especial nos Estados Unidos da América, não ocorrem num vácuo normativo. Naquele país, a prática do aborto foi autorizada, em qualquer hipótese, tomando-se por base o critério da viabilidade fetal extrauterina. Após alcançar a viabilidade, o feto não mais pode ser objeto de intervenção, mesmo se a gestante assim desejar. Este critério, contudo, não é completamente seguro, nem se pode mensurar apenas pelas semanas de gestação. Ademais, conforme os avanços da medicina neonatal se fazem mais presentes, a viabilidade extrauterina é atingida pelo feto em momentos mais próximos do início da gestação. *Em contraponto ao critério fixado pela decisão Roe v. Wade, que parte da admissão da viabilidade extrauterina, alguns Estados daquele país, como Nebraska e Kansas, por exemplo, promulgaram leis que visam a coibir o aborto após a vigésima semana de gestação contada a partir do último ciclo menstrual da mulher, entendendo que existe um interesse estatal prevalecente em coibir o aborto quando recai sobre um feto dotado de sensibilidade à dor* (COHEN; SAYEED, 2011:1). Os critérios da viabilidade extrauterina e o da formação do sistema nervoso central, embora não coincidentes, aproximam-se de uma mesma realidade: *a de que o feto, antes da formação das estruturas cerebrais que lhe permitirão reagir ao mundo que o circunda, não é dotado de interesses ou mesmo de expectativa de direitos. Embora o feto não adquira a personalidade jurídica juntamente com a percepção da dor, há de se entender que ele possui, aos moldes de outros seres dotados de sensibilidade, o interesse em não sofrer agressões que lhe provoquem sofrimento ou dor física.* (SILVA, 2014, p. 36-37, grifos nossos).

---

32. Ronald Dworkin destaca: "Sem dúvida, as criaturas capazes de sentir dor têm interesse em evitá-la. Contraria frontalmente os interesses dos animais o fato de submetê-los à dor, quando se os apanham em armadilhas ou se fazem experiências com eles, por exemplo. Da mesma maneira, infligir dor a um feto que já possui um sistema nervoso suficientemente desenvolvido também contraria frontalmente seus interesses. Mas um feto só tem consciência da dor quando sua mãe se encontra em estado avançado de gravidez, uma vez que antes disso seu cérebro ainda não está suficientemente desenvolvido" (DWORKIN, 2003, p. 21).

33. Entretanto, os fetos, ainda no ventre materno, não possuem capacidade de expressão da dor, sendo impossível mensurar seu desconforto pelos métodos usuais. Logo, a hipótese de que o feto sente dor funda-se em duas dimensões: primeiramente, na formação anatômica das parcelas do sistema nervoso central relacionadas a esta percepção; e em segundo lugar, à capacidade, percebida no feto, de reagir a estímulos externos, mesmo dentro do útero (SILVA, 2014, p. 34).

CAPÍTULO 4 • APLICAÇÃO DOS PRESSUPOSTOS TEÓRICOS 141

Certo é que, considerando que ainda há incerteza científica em torno da possível capacidade do feto de sentir dor, é necessário adotar uma postura de cautela e prudência para prevenir eventuais violações à sua dignidade humana. Assim sendo, na dúvida sobre a capacidade do feto de sentir dor e, considerando sua vulnerabilidade e o respeito a seus direitos fundamentais, nos parece salutar que a permissão do aborto eletivo como ato de planejamento familiar deva ter suas possibilidades de realização circunscritas a um determinado lapso temporal. Comungamos, portanto, do entendimento de Marcelo Sarsur:

> Melhor errar em favor da proteção do feto contra a dor, a bem do princípio da precaução, do que submeter um ser humano em desenvolvimento a condições agonizantes. A potencial capacidade de percepção de dor do feto também implica o estabelecimento de limites temporais à prática do aborto legal, mesmo nas restritíssimas hipóteses previstas no direito brasileiro. De acordo com o artigo 128 do Código Penal brasileiro, admite-se a prática do aborto, realizado por médico, quando tal conduta for necessária para salvar a vida da gestante, que não pode ser poupada por outro modo – uma aplicação, no caso, da causa de justificação do estado de necessidade (art. 24, CPB) –, e quando a gravidez resulta de estupro, e a prática do aborto possui o consentimento da gestante ou de seu representante legal. (SILVA, 2014, p. 37).

Assim sendo, restaria vedada a prática abortiva a partir de um determinado período gestacional, qual seja o primeiro trimestre de gestação, a ser estabelecido com suporte na Medicina e na Biologia que municiam o Direito com subsídios técnicos acerca do momento de formação do sistema nervoso central, responsável pela percepção da dor.

Diante disso, seria possível defender o aborto eletivo como ato de planejamento familiar, uma vez que, realizado desta forma, representaria ato de controle de prole e de (não)autoria parental e estaria conformado pelos princípios da dignidade humana e da paternidade responsável. Como vimos, o princípio da dignidade humana nos comanda trato jurídico especial ao nascituro seja pelo viés da autonomia seja pelo viés da alteridade. A seu turno, o princípio da paternidade responsável conduz a uma série de deveres relacionados, inclusive, a prudência e a cautela, fundamentais, como dito, diante da imprevisão do exato momento em que surge no feto a aptidão para a percepção da dor.

Além disso, conforme Marcelo Sarsur recorda no trecho acima mencionado, é incompreensível que o ordenamento jurídico brasileiro permita a realização do aborto eletivo na modalidade aborto sentimental sem se preocupar em impor um período no qual este aborto possa ser realizado, em respeito à dignidade humana do feto e de seu direito a não sentir dor.

Acreditamos, diante desta análise, em nome da coerência sistêmica ou da concepção do Direito como Integridade, que para que o aborto eletivo possa eventualmente assumir natureza de ato de planejamento familiar, ele deve vir acompanhado de uma solução de prazo que indique o período gestacional no qual deva ser realizado.

CONCLUSÃO

Como vimos, a fragmentação ética de nossa sociedade impõe a necessidade de abertura política e jurídica capaz de recepcionar todos os diferentes estilos de vida. Na atualidade, o ideal de vida digna assume contornos absolutamente pessoais, de modo que cada pessoa deve ter a oportunidade de se transformar naquilo que quer ser, desde que devidamente inserido em um contexto de intersubjetividades, de forma harmônica, pacífica e igualitária. Afirmamos, assim, que todos e cada um têm a possibilidade de constituir sua família no formato que atenda às suas necessidades de livre desenvolvimento da personalidade, pois a família contemporânea recebe tutela jurídica especial justamente porque se revela como instrumento de realização dos interesses e das personalidades dos membros que lhe fazem parte.

O Estado Democrático de Direito brasileiro, atento a essa realidade, absorve essas aspirações e as insculpe sob a forma de princípios fundamentais: dignidade e pluralidade. Para a conciliação e a consagração de todos os modos de vida, sem ser omisso, nem tampouco totalitário, nossa estrutura política se articula a partir de uma engrenagem que conta com mecanismos que permitem e garantem iguais liberdades individuais de atuação, de modo a propiciar o florescimento de todas as individualidades, nos limites da lei e da subjetividade alheia. Desta forma, liberdades individuais passam a ser garantidas na medida em que se apresentam como iguais liberdades distribuídas a todos, indistintamente.

Nesse contexto, a família se supera e se renova em busca de sua perpetuação. Adapta-se velozmente e reflete as mudanças culturais, filosóficas, políticas, econômicas e morais experimentadas pelo ser humano. Como espelho da identidade de seus membros, é o núcleo social que consolida essas tradições e busca reproduzi-las às próximas gerações. Ao mesmo tempo, como espelho que é, daí partem as mais profundas rupturas de paradigmas que se irradiam em toda a dinâmica de um determinado tempo e de um contexto social.

São muitos os arranjos familiares possíveis em nosso ordenamento jurídico. Certo é que nenhum deles se caracteriza pela presença de prole ou pela finalidade reprodutiva, mas não há como negar que o desejo de se perpetuar na pessoa dos filhos é um desejo bem compartilhado por muitos seres humanos, de modo que a família deve ser ambiente propício para realização se este for projeto pessoal e conjugal.

Nesse pano de fundo, insere-se o artigo 226 da CF, que preconiza uma nova tessitura principiológica à família contemporânea. E o faz ao mencionar que a família brasileira não se emoldura pelo casamento, como fazia a Constituição de 1967.

O art. 226 garante, em seu §7°, o direito ao livre planejamento familiar, destacando que não cabe a ninguém, terceiros ou Estado, interferir no exercício deste direito, que só se encontra conformado pelo princípio da dignidade da pessoa humana e da paternidade responsável. É, portanto, direito constitucionalmente garantido a todo e qualquer tipo de família o denominado direito ao livre planejamento familiar.

Com a secularização da sociedade e o avanço da tecnologia, muitas novas questões jurídicas forçam-nos a repensar o significado do exercício do direito ao livre planejamento familiar. Através da análise de fatores como a secularização da sociedade ocidental e o surgimento de múltiplos estilos de vida; a autodeterminação na edificação da pessoalidade e a construção de modelos familiares plurais; o avanço biotecnológico e a ampliação das possibilidades de reprodução humana e de controle sobre os seus resultados, procuramos investigar, ao longo desta obra, de que modo certos atos de autonomia podem ser considerados legítimos no exercício do direito ao livre planejamento familiar.

Desta forma, o sistema jurídico brasileiro deve garantir a toda e qualquer entidade familiar o direito ao livre planejamento familiar, e deve fazê-lo em nome do princípio da isonomia e da tutela ao livre desenvolvimento da personalidade humana de todos aqueles que fazem parte de qualquer família e que, através dela, desejam realizar-se plenamente, inclusive, quando for o caso, perpetuando-se na pessoa de seus filhos.

Ao albergar toda a pluralidade familiar no texto constitucional, abandonando o formalismo da família oitocentista, o ordenamento jurídico deve permitir a todos os tipos de família a consecução do projeto parental, independentemente do formato de cada uma delas. Deve, porém, ao mesmo tempo, levar em conta o formato de cada família para possibilitar que, a despeito de diferenças materiais, diferentes possibilidades e técnicas de reprodução sejam disponibilizadas em nome das iguais possibilidades de concretização do ideal de constituir prole.

Nesse sentido, no desenvolvimento desta tese, afirmamos a natureza do livre planejamento familiar como direito fundamental, e atribuímos a ele papel capital na estrutura democrática de nosso sistema jurídico-político. Isso porque é fundamentado no reconhecimento equânime de que todos os casais ou indivíduos podem e devem decidir livre e responsavelmente sobre o número de filhos que desejam ter, o momento de seu nascimento e o intervalo entre eles, além de dispor de plena informação sobre os meios para tal, alcançando o mais alto nível de saúde sexual e reprodutiva, exercendo com liberdade o poder de tomar decisões concernentes à reprodução sem sofrer discriminação, coação ou violência, em nome do livre desenvolvimento de sua personalidade.

Portanto, como direito fundamental, ainda que não enunciado de forma expressa, o direito ao livre planejamento familiar conecta-se com a garantia constitucional de desenvolvimento pleno do ser humano. Trata-se de direito fundamental implícito, conforme permissivo do próprio art. 5º, § 2º, CF. Revela-se como situação jurídica complexa que enfeixa em torno de seu conceito uma série de faculdades, deveres, ônus e responsabilidades que se situam em um espaço de liberdade de atuação reconhecido ao seu titular, mas que só pode ser exercido plenamente e praticado mediante uma postura ativa, embora não interventora do Estado, no sentido de propiciar a todo indivíduo ou casal subsídios materiais que englobam desde informações até recursos financeiros, tecnológicos e estruturais no sentido de constituir prole, procriando naturalmente ou artificialmente, ou mesmo adotando filhos.

O avanço dos processos sociais, culturais, morais, técnicos e científicos fez com que a reprodução humana passasse a ser um fator necessário, mas nem sempre imprescindível, para a constituição da *condição de parentalidade*, uma vez que o ato de ter filhos e constituir prole pode distanciar-se hoje, em alguma medida, de atos biológicos. A condição da parentalidade se coliga, apenas em certa medida, à sexualidade e à família. Daí inferirmos que a ideia de planejamento familiar hoje se emancipa da sexualidade e da reprodução humana biológica. A seu turno, a própria ideia de reprodução humana se desconecta em boa medida da sexualidade. Planejamento familiar é condição de possibilidade para a (não) autoria autônoma e responsável do projeto parental.

A reprodução humana, natural ou artificial, é uma das condições de parentalidade, mas não é a única, pois a autoria de um projeto parental pode partir de outros atos jurídicos como a adoção. É inegável que existe hoje um distanciamento entre direito sexuais e direitos reprodutivos e que todos eles acabam encampados, de alguma forma, pelo direito ao livre planejamento familiar, embora tais direitos não constituam, com exclusividade, o cerne do direito ao livre planejamento familiar.

A rigor, o planejamento familiar aproxima-se muito mais dos direitos reprodutivos do que dos direitos sexuais. Contudo, hoje, mesmo em relação aos primeiros se distancia e se amplia em possibilidades que ultrapassam o ato de se reproduzir biologicamente, abrangendo a condição e/ou necessidade humana de se tornar pai e mãe.

O direito ao livre planejamento familiar pode se apresentar titularizado por um único indivíduo – homem ou mulher sozinha – e também pode se apresentar como de titularidade compartilhada nas entidades familiares conjugalizadas, sejam fundadas pelo casamento ou pela união estável, quer se trate de pares heterossexuais ou homossexuais. Surge, todavia, como efeito necessário das entidades familiares conjugalizadas, mas não como efeito exclusivo. Como direito fundamental que se liga ao livre desenvolvimento da personalidade humana também é titularizado por todos e por cada um individualmente, independentemente do formato de uma entidade familiar conjugal. O fato de se apresentar como direito cotitularizado por um par ou casal dificulta seu exercício em muitos casos e exige do ordenamento jurídico soluções coerentes para inúmeros problemas que daí podem derivar-se.

Tradicionalmente, legisladores e doutrina jurídica associam a ideia de planejamento familiar ao uso de técnicas e métodos para conceber ou evitar a concepção, controlando e limitando a existência de prole ou seu tamanho. Muitas das políticas públicas, enunciadas anteriormente, ocorrem neste sentido. Contudo, por força dos avanços da biotecnologia, o cenário que se vislumbra na contemporaneidade oferece a cada indivíduo ou entidade familiar uma gama de possibilidades que vai além da simples concepção ou contracepção.

A evolução das técnicas de reprodução assistida permite ao casal uma série de decisões que podem ser tomadas antes da concepção, para evitá-la ou promovê-la, e uma série de deliberações que podem ser assumidas após a efetiva concepção, natural ou *in vitro*, e que dizem respeito, respectivamente, à possibilidade de realização de um aborto eugênico, como no caso dos anencéfalos, ou da efetiva destinação de embriões obtidos com o uso destas técnicas para fins reprodutivos ou fins científicos, permitindo ainda aos genitores o controle da qualidade dos embriões, através do uso de DGPI – Diagnóstico Genético Pré-Implantatório –, que serão efetivamente implantados no útero materno para fins de concretização dos ideais reprodutivos protegidos pelo direito ao livre planejamento familiar.

Dito de outra forma, o que se nota é que a contemporaneidade está promovendo uma verdadeira ampliação dos espaços de liberdade reprodutiva, forçando uma nova conceituação de planejamento familiar que irrompe com o paradigma do tradicional controle da *quantidade* de prole, através do uso de métodos contraceptivos, mas que também diz respeito, em um momento pós-concepção, com o controle da *qualidade* da prole.

Por atos de controle da *quantidade* da prole podemos compreender todas as ações que visam a evitar filhos, como os mais variados métodos contraceptivos, além do uso da chamada "pílula do dia seguinte", classificada como espécie de contraceptivo de emergência, bem como atos de planejamento em torno do número e do espaçamento da prole. Ou seja, caso o desejo seja de constituir prole, existem mecanismos para controlar o número de filhos e o momento em que cada um dos filhos planejados deve nascer.

No âmbito dos atos de controle da *qualidade* da prole, podemos inserir, de forma fundamental, o uso do DGPI e do processo de seleção de embriões, seja em nome do ideal de restrição terapêutica seja em nome da seleção por sexo, da seleção por melhoramentos, da seleção por deficiência e da seleção por compatibilidade de doação. Até onde alcança o direito de liberdade e de autonomia reprodutiva? Quais destas ações podem ser abrangidas legitimamente por este espaço de atuação? Até onde podemos definir quem é bom o suficiente para nascer?

O avanço da ciência impõe o alargamento de seu conceito, pois o planejamento familiar hodiernamente permite ações de controle da quantidade e da qualidade da prole, desde que se trate de escolhas conformadas por seus característicos permanentes, quais sejam a parentalidade responsável e a dignidade humana.

A discussão sobre a conformação da autonomia privada no Estado Democrático de Direito brasileiro é um dos temas mais recorrentes na doutrina do Direito Privado contemporâneo. O fim da dicotomia oitocentista público-privada impõe uma nova racionalidade na operacionalização das instituições jusprivatísticas, uma vez que a proposta política de nosso Estado impõe uma inusitada geografia entre os espaços concernentes à ordem pública e à autonomia privada, temática árida usualmente referida como o estabelecimento de limites ao exercício da autonomia privada.

Os limites postos ao livre exercício do planejamento familiar não são externos, mas intrínsecos à noção de autonomia de cada um. Por este raciocínio, o planejamento familiar tem como característicos permanentes de seu exercício balizas impostas pela dignidade da pessoa humana e a paternidade responsável, expressamente previstos no art. 226, § 7º, CF. Isso significa que o direito dos pais na escolha do projeto parental é conformado por fundamentos que se encontram na própria definição de liberdade, ou mais precisamente de liberdade de planejamento familiar.

No atual Estado Democrático de Direito não se compartilha um reconhecimento absoluto da vontade como fonte exclusiva de direitos e deveres, como pretendia o racionalismo liberal, mas de um espaço de iguais liberdades subjetivas de ação, reconhecido pela ordem jurídica a todos, levando-se em conta um contexto de igualdade material e de intersubjetividades que convivem e compartilham a contemporaneidade. A Constituição confere, desta maneira, uma liberdade aos autores do projeto parental que já é abstratamente condicionada. Todavia, tendo em conta que esse condicionamento tem caráter principiológico, os contornos da autonomia privada e do próprio direito ao livre planejamento familiar poderão assumir traços muito distintos diante de discursos de aplicação.

O *limite* às liberdades individuais deve ser traçado a partir da ideia do reconhecimento recíproco da condição de sujeito. Tal reconhecimento pode se dar através da garantia de autonomia e de promoção da dignidade, de modo que a todos o Estado possa garantir iguais espaços de liberdade de atuação, podendo, ainda, se concretizar através da ideia da alteridade.

Deste modo, a ideia de liberdade defendida no trabalho não implica a possibilidade infinita de decidir, escolher e agir ao ser humano. Entretanto, insistimos que isso não ocorre pela imposição de limites à liberdade individual. Tal afirmação é falaciosa, senão paradoxal ou redundante. A função jurídica de limitar o agir humano não corresponde a impor condicionamentos sociais ao exercício das liberdades individuais.

A ideia de liberdade, ou de liberdades individuais, é, *per si*, uma ideia social e só assume significado em um contexto relacional. Não se pode falar em liberdade fora de sociedade, em estado de natureza e com isenção ou ausência de leis. Diante desta constatação, é necessário conformar a liberdade através de seus característicos permanentes, que são, em verdade, próprios de cada contexto civilizatório (paradigma político, jurídico, econômico e social), o que nos conduz à necessidade de aceitação da não absolutidade de nenhum tipo de direito, nem mesmo do direito à vida.

Logo, não se trata, de fato, de impor limites à liberdade, mas de afirmar a própria ideia de liberdade como conceito social que é, demarcando suas características como meio de realização individual e da promoção da dignidade humana, na sociedade, na maior medida possível, de forma pacífica e igualitária.

Portanto, o que pretendemos ao longo do trabalho foi afirmar que a liberdade individual, como fundamento da autonomia privada não é, *per si*, um conceito ilimitado a merecer balizas ou limites jurídicos políticos e sociais (sejam eles internos ou externos), mas como conceito social é previamente condicionado por contextos civilizatórios.

Por seu turno, a noção de autonomia privada como fruto da ressignificação qualitativa e quantitativa da autonomia da vontade também não pretende delimitar um espaço de autodeterminação individual que deva ser limitado pelo Estado, mas diferentemente implica um espaço de atuação individual conformado *a priori* pela própria proposta política e jurídica de cada Estado Soberano. Não faria sentido que o Estado outorgasse irrestrito espaço de liberdade, para, em um segundo momento, preocupar-se em criar instrumentos regulatórios de controle deste espaço.

Diante do aumento do espaço de liberdade reprodutiva, evidenciado pela larga ampliação do feixe de possibilidades descortinadas pela biotecnologia, o direito ao livre planejamento familiar pulsa por expansão. Contudo, a liberdade subjacente à autonomia para reproduzir possui característicos permanentes explícitos e implícitos em nosso ordenamento jurídico que outorgam e definem um espaço legítimo de decisões (não) procriativas. Muitos destes característicos permanentes já foram apresentados ao longo do trabalho e agora buscamos apresentá-los de forma sistematizada ou sintética.

A partir da análise do princípio da dignidade da pessoa humana, inferimos que no planejamento familiar há que se respeitar a essência humana, seja pelo viés da autonomia ou pelo viés da alteridade, que aqui se revela, de forma particular, como implicação por reconhecimento e respeito ao embrião, ao feto e a gerações futuras. Não é possível aplicar a concepção de dignidade como autonomia, como um feixe de valores e escolhas que se constitui reflexo da construção biográfica de cada um em torno de seu ideal de vida boa. Portanto, em termos de reprodução humana, o respeito à dignidade do embrião, feto e gerações futuras se perfaz pela via da alteridade, do reconhecimento do outro, e de si mesmo perante o outro, como fruto da interdependência e da interrelação necessárias para a constituição do indivíduo diante da diversidade inerente nossa cultura e sociedade.

Aplicando o raciocínio ao planejamento familiar e atentos à principiologia que orienta o papel dos pais na idealização do projeto parental, qual seja o respeito à dignidade humana e à paternidade responsável, o que se percebe é que o Direito demanda que as intervenções sejam evitadas sempre que possível e que, quando feitas, o sejam de forma minimamente invasiva.

A ética da responsabilidade permeia o planejamento familiar, conforme depreendemos da leitura do artigo 226, §7°, CF, que ao enunciar o direito ao livre planejamento familiar aponta o princípio da paternidade responsável como característico permanente deste direito. O planejamento familiar surge, assim, como o conjunto de ações livres, autônomas e responsáveis para a concretização, ou a não concretização, de projeto parental.

Cabe aos genitores uma escolha responsável, ou seja, orientada pelo padrão de conduta imposto pelo princípio da paternidade responsável, que aqui se revela como beneficência reprodutiva: compete aos pais a melhor escolha entre as possíveis; incumbe a eles escolher dentre os embriões disponíveis aquele que tem maiores expectativas de bem-estar.

Diante de tudo isso, não há, em verdade, um catálogo de decisões *a priori* definidas pelo sistema, explícita ou implicitamente, que caibam aos indivíduos no exercício do planejamento familiar. O contato com a complexidade da realidade nos impõe uma postura hermenêutica que se proponha aberta e porosa às mais variadas mundividências, sob pena de, em nome da segurança jurídica e da abstração, marginalizar situações que merecem o devido enfrentamento jurídico em busca de uma resposta sistematicamente correta.

É a partir dessas considerações que o direito ao livre planejamento familiar deve ser interpretado e aplicado em toda a práxis jurídica: concretizado segundo a orientação hermenêutica que fará desse instituto um instrumento de efetivação dos direitos fundamentais dos indivíduos idealizadores do projeto parental, tendo-se em conta a história e a integridade institucional do ordenamento jurídico brasileiro.

Cada provimento judicial que decida pela legitimidade de uma determinada escolha como liberdade de planejamento familiar prescinde de fundamentos jurídicos que façam dessa decisão uma continuidade de uma história institucional que, no atual marco político brasileiro, quer significar o respeito pelo ser humano, seja pelo viés da autonomia, seja pelo da alteridade.

Destarte, a efetivação do direito fundamental ao livre planejamento familiar, através da aplicação desse processo de correção hermenêutica, não pode ser realizada a partir de um sistema hermético ou fechado, haja vista a celeridade dos avanços biotecnológicos e da pluralidade social. Todavia, é necessário repensar a legislação brasileira para que a regulamentação do direito ao livre planejamento familiar avance em uma série de questões que urgem a atenção do legislador face às novas demandas sociais que impõem a ampliação dos espaços de liberdade reprodutiva, e que, diante da ausência de regras específicas, transformam todas as questões atinentes à (não) autoria do projeto parental em *hard cases*, a desafiar de modo muito particular corretos discursos de aplicação normativa em torno da operacionalização deste espaço de liberdade.

Diante da possibilidade de tomada de decisões (descarte, seleção e manipulação) acerca do embrião obtido *in vitro*, torna-se imperioso discutir e delimitar quais escolhas efetivamente podem ser tomadas de forma legítima dentro do âmbito do planejamento familiar. Tal como está a legislação brasileira, as questões, em sua maioria, acabam por ser definidas através de teorias argumentativas no âmbito dos discursos de aplicação normativa. Em busca de correção normativa, cabe a práxis jurídica articular coerentemente todos os *característicos permanentes* da liberdade de planejamento familiar de forma técnica e racional para obter uma resposta que seja continuidade de nosso projeto constitucional.

Deste modo, concluímos pela necessidade de revisão da Lei n. 9263/96, que regula o planejamento familiar, de modo a constituir verdadeiro sistema do livre planejamento familiar. A legislação brasileira urge ser atualizada para demarcar, de forma legítima e democrática, a partir do princípio do discurso e da complementaridade entre a autonomia pública e privada, as legítimas e válidas possibilidades em torno da (não) autoria do projeto parental no sistema brasileiro.

Para além disso, a criação deste sistema impõe a necessidade de se levar a sério a construção de uma principiologia própria, tal qual delineada aqui, que oriente a operacionalização do livre planejamento familiar de forma sistematicamente contextualizada, e sem engessar a tutela jurídica apenas para as situações tipo previstas de forma expressa na lei.

Portanto, sabemos, em teoria, como certas escolhas podem se inserir no âmbito de autodeterminação dos indivíduos que devem ser livres na autoria de seu projeto parental dentro de um espaço demarcado por característicos permanentes da ideia de liberdade inerente ao nosso contexto civilizatório e vigente em nosso Estado Democrático de Direito. Tais característicos permanentes se enfeixam em torno da conjugação de fatores como, autonomia, alteridade, beneficência e prudência, as quais são corolários derivados precisamente dos princípios constitucionais da dignidade humana e da paternidade responsável, conformadores da liberdade de planejamento familiar.

Depois de delineado o iter metodológico de operacionalização do princípio da autonomia privada no exercício do direito ao livre planejamento familiar, procuramos tratar a temática do aborto dentro deste âmbito de liberdade para testarmos se seria possível considerar a interrupção da gravidez como ato de liberdade. Nesse sentido, procuramos evidenciar que há fortes razões políticas e jurídicas para adotarmos uma orientação em prol das doutrinas *pro choice*, descriminalizando o aborto.

A tese visou confirmar a teoria de que é possível tratar o aborto eletivo no primeiro trimestre de gestação como ato de liberdade de planejamento familiar, em razão da articulação das seguintes premissas: i. o sistema jurídico brasileiro não trata com absolutidade o direito à vida humana, conforme podemos depreender da análise da própria legislação, que permite a realização do aborto em algumas situações, e também da análise de precedentes, de nossa corte constitucional, que autorizam a pesquisa com células-tronco embrionárias e ainda a antecipação terapêutica do feto anencéfalo. ii. Tal conclusão é aferível independentemente de analisarmos a condição jurídica do embrião e do nascituro como pessoa natural, como ente despersonalizado ou como ser humano sem personalidade jurídica; iii. O aborto realizado no primeiro trimestre de gestação não viola a dignidade humana e nem a alteridade, que impõe o dever de reconhecimento de sua humanidade.

Considerando que, no primeiro trimestre de gestação, o feto ainda não tem desenvolvido seu sistema nervoso central e, do mesmo modo, *mutatis mutandis*, nosso ordenamento jurídico declara a morte (cerebral) da pessoa quando tal sistema para de funcionar, revela-se imperiosa a decisão de admitir o aborto como ato de liberdade de planejamento familiar, privilegiando os direitos de liberdade e de autonomia, em prol da vida digna daqueles que não pretendem constituir prole ou levar a cabo a autoria de determinado projeto parental.

REFERÊNCIAS

ALMEIDA, Silmara Juny de Abreu Chinelato e. Aborto. Planejamento familiar: Aspectos jurídicos. Conferência sobre População e Desenvolvimento. (Cairo, Setembro de 1994). *Revista do Instituto de Pesquisas e Estudos*, n. 15, p. 217-224, ago/nov., 1996.

ALTHUSSER, Louis. Politics and History: Montesquieu, Rousseau and Marx (Radical Thinkers). Boston: Harvard Book Store, 2007.

ALVES, Cristiane Avancini. A conexão entre a autodeterminação e a formação familiar na esfera do princípio da responsabilidade. In: MARTINS-COSTA, Judith; MOLLER, Letícia Ludwig (Org.). *Bioética e responsabilidade*. Rio de Janeiro: Forense, 2009.

ALVES, Leonardo Barreto Moreira. *Direito de família mínimo*. A possibilidade de aplicação e o campo de incidência da autonomia privada no direito de família. Rio de Janeiro: Lumen Juris, 2010.

AMARAL NETO, Francisco dos Santos. Autonomia privada. *Revista do CEJ: Centro de Estudos Judiciários*, Brasília, n. 9, p. 207-230, 1999.

AMARAL NETO, Francisco dos Santos. A autonomia privada como princípio fundamental da ordem jurídica. Perspectiva estrutural e funcional. *Revista de Direito Civil, Imobiliário, Agrário e Empresarial*. São Paulo, v. 46, ano 12, p. 7-26, out./dez. 1988.

ANDORNO, Roberto. "Liberdade" e "Dignidade" da pessoa: Dois paradigmas opostos ou complementares na Bioética? In: MARTINS-COSTA, Judith e MÖLLER, Letícia Ludwig (Org.). *Bioética e responsabilidade*. Rio de Janeiro: Forense, 2009.

ANDORNO, Roberto. Los principios de la Bioética. In: DADALTO, Luciana; TEIXEIRA, Ana Carolina Brochado. *Dos hospitais aos tribunais*. Belo Horizonte: Del Rey, 2013.

ANDRADE, Darcy Bessone de Oliveira. *Idéias políticas*. Rio de Janeiro: Forense-Universitária, 1987.

ANDRADE, Darcy Bessone de Oliveira. *O mundo, o Brasil, o homem*. Belo Horizonte: J.D.A, 1966.

ANTÓN, Tomás S. Vives; ARNAU, María Luisa Guerda. *El debate acerca de la legalización del aborto*. Tirant lo Blach: Valencia, 2012.

ALVARENGA, Raquel de Lima Leite Soares. Considerações sobre o congelamento de embriões. In: ROMEO CASABONA, Carlos Maria; QUEIROZ, Juliane Fernandes. *Biotecnologia e suas implicações ético-jurídicas*. Belo Horizonte: Del Rey, 2005.

ARENDT, Hannah. *A condição humana*. Rio de Janeiro: Forense Universitária, 2001.

ASCENSÃO, José Oliveira. Os direitos de personalidade no Código Civil brasileiro. *Revista Forense*, Rio de Janeiro, v. 342, p. 121-129, abr./jun. 1998.

BARRETO, Vicente de Paula. Bioética, responsabilidade e sociedade tecnocientífica. In: MARTINS-COSTA, Judith; Möller, Letícia Ludwig. *Bioética e responsabilidade*. Rio de Janeiro: Forense, 2009.

BANDEIRA DE MELLO, Celso Antônio. *Conteúdo jurídico do princípio da igualdade*. São Paulo: Malheiros, 2004.

BARCELLONA, Pietro. *Diritto privato e società moderna*. Colaborazione de Carmelita Camardi. Napoli: Jovene, 1996.

BEAUCHAMP, Tom L.; CHILDREES, James F. *Princípios de ética biomédica*. São Paulo: Loyola, 2002.

BECCARIA, Cesare. *Dos delitos e das penas*. Edição eletrônica da Ed. Ridendo Castigat Mores. 1764. Disponível em: http://www.ebooksbrasil.org. Acesso em: 14 mar. 2014.

BERTI, Silma Mendes. *Responsabilidade civil pela conduta da mulher durante a gravidez*. Belo Horizonte: Del Rey, 2008.

BETTI, Emilio. *Teoria geral do negócio jurídico*. Campinas: Servanda, 2008.

BILBAO UBILLOS, Juan María. En qué medida vinculan a los particulares los derechos fundamentales? In: SARLET, Ingo Wolfgang. *Constituição, Direitos Fundamentais e Direito Privado*. Porto Alegre: Livraria do Advogado, 2003.

BOBBIO, Norberto. *Teoria do ordenamento jurídico*. Trad. Maria Celeste Cordeiro dos Santos. 10. ed. Brasília: Universidade de Brasília, 1999.

BOBBIO, Norberto. *Dalla struttura alla funzione* – Nuovi studi de teoria del diritto. Milano: Comunità, 1977.

BOBBIO, Norberto. *A Era dos Direitos*. Trad. Carlos Nelson Coutinho. 10. tir. Rio de Janeiro: Elsevier, 2004.

BORGES, Roxana Cardoso Brasileiro. *Direitos de personalidade e autonomia privada*. 2. ed. São Paulo: Saraiva, 2007.

BRASIL. Constituição (1988). Constituição da República Federativa do Brasil. Brasília: Senado, 1988.

BRASIL. Lei n. 3.071, de 1º de janeiro de 1916. Código Civil. Diário Oficial da União. Brasília, 1º de janeiro de 1916.

BRASIL. Lei n. 9.263, 12 de janeiro de 1996. Regula o § 7º do art. 226 da Constituição Federal, que trata do planejamento familiar, estabelece penalidades e dá outras providências. Diário Oficial da União. Brasília, 12 de janeiro de 1996.

BRASIL. Lei n. 10.406, de 10 de janeiro de 2002. Código Civil. Diário Oficial da União. Brasília, 10 de janeiro de 2002.

BRASIL. Lei n. 11.105 de 24 de março de 2005. Regulamenta os incisos II, IV e V do § 1º do art. 225 da Constituição Federal, estabelece normas de segurança e mecanismos de fiscalização de atividades que envolvam organismos geneticamente modificados – OGM e seus derivados, cria o Conselho Nacional de Biossegurança – CNBS, reestrutura a Comissão Técnica Nacional de Biossegurança – CTNBio, dispõe sobre a Política Nacional de Biossegurança – PNB, revoga a Lei 8.974, de 5 de janeiro de 1995, e a Medida Provisória no 2.191-9, de 23 de agosto de 2001, e os arts. 5º, 6º, 7º, 8º, 9º, 10 e 16 da Lei 10.814, de 15 de dezembro de 2003, e dá outras providências. Diário Oficial da União. Brasília, 24 de março de 2005.

BRASIL. Lei n. 10.406, de 10 de janeiro de 2002. Código Civil. Diário Oficial da União. Brasília, 10 de janeiro de 2002.

BRASIL. Lei n. 9.434, de 4 de fevereiro de 1997. Dispõe sobre a remoção de órgãos, tecidos e partes do corpo humano para fins de transplante e tratamento e dá outras providências. Diário Oficial da União. Brasília, 4 de fevereiro de 1997.

BRASIL. Supremo Tribunal Federal. Questão de Ordem em Arguição de Descumprimento de Preceito Fundamental 54. Arguente Confederação Nacional dos Trabalhadores na Saúde – CNTS. Relator Min. Marco Aurélio. Brasília, 27 de abril de 2005. Disponível em: http://www.stf.jus.br/portal/jurisprudencia. Acesso em: 12 mar. 2012.

BRASIL. Supremo Tribunal Federal. Ação Direta de Inconstitucionalidade 3.510. Requerente Procurador-Geral da República. Relator Min. Ayres Britto. Brasília, 29 de maio de 2008. Disponível em: http://www.stf.jus.br/portal/jurisprudencia. Acesso em: 20 nov. 2013.

BRAUNER, Maria Cláudia Crespo. *Novas tecnologias reprodutivas e o projeto parental.* Contribuição para o debate no Direito brasileiro. Disponível em: http://www.bioetica.ufrgs.br/repbrau.htm. Acesso em: 24 abr. 2008.

CANTALI, Fernanda Bortheti. *Direitos de personalidade.* Disponibilidade relativa, autonomia privada e dignidade humana. Porto Alegre: Livraria do Advogado, 2009.

CARVALHO NETTO, Menelick de. Requisitos pragmáticos da interpretação jurídica sob o paradigma do Estado Democrático de Direito. *Revista de Direito Comparado.* v. 3, p. 473-486. Belo Horizonte, maio 1999.

CATTONI, Marcelo. *Devido Processo Legislativo.* Belo Horizonte: Mandamentos, 2000.

CHAMON JUNIOR, Lúcio Antônio. *Teoria Geral do Direito Moderno.* Por uma reconstrução crítico-discursiva na Alta Modernidade. Lumen Juris: Belo Horizonte, 2006.

CHAMON JUNIOR, Lúcio Antônio. *Filosofia do Direito na Alta Modernidade*: incursões teóricas em Kelsen, Luhmann e Habermas. Rio de Janeiro: Lumen Juris, 2005.

CHAMON JUNIOR, Lúcio Antônio. Estudo prévio – Dignidade e diferença: Há um futuro para os direitos de personalidade? In: FIUZA, César; NAVES; Bruno Torquato de Oliveira; SÁ, Maria de Fátima Freire. *Direito civil*: atualidades IV. Belo Horizonte: Del Rey, 2010

COOTER, Robert; ULEN, Thomas. *Law & economics.* Pearson/ Addison Wesley: Boston, 2008.

COMPARATO, Fábio Konder. *A afirmação histórica dos direitos humanos.* 8. ed. São Paulo: Saraiva, 2013.

CORTE INTERAMERICANA DE DIREITOS HUMANOS. *Caso Artavia Murillo e outros ("Fertilization in vitro") vs. Costa Rica.* San José, 24 de novembro de 2010. Disponível em: http://joomla.corteidh.or.cr:8080/joomla/es/medidasprovisionales/38jurisprudencia/2148-corte-idh-caso-artavia-murillo-y-otros qfecundacion-in-vitroq-vs-costa-rica-resolucion-de-la-corte-interamericana-de-derechos humanos-de-31-de-marzo-de-2014. Acesso em: 21 abr. 2014.

CLÍMACO, Fernando et al. *Alteridade.* A diferença que soma. Belo Horizonte: INEDE/ABRADE, 2005.

DINIZ, Débora; RIBEIRO, Diaulas Costa. *Aborto por Anomalia Fetal.* Brasília: Letras Livres, 2003.

DREZET, Jefferson; GALLI, Beatriz; NETO, Mario Cavagna. Aborto e objeção de consciência. *Ciência & Cultura: Revista da Sociedade Brasileira para o progresso da ciência,* ano 64, n. 2, p. 32-34, abril/maio/junho 2012.

DEUTERONÔMIO. *Bíblia Sagrada.* São Paulo: Paulinas, 2002.

DWORKIN, Ronald. *Domínio da vida*: aborto, eutanásia e liberdades individuais. São Paulo: Martins Fontes, 2003.

DWORKIN, Ronald. *O Império do Direito.* São Paulo: Martins Fontes, 2004.

DWORKIN, Ronald. *Taking Rights Seriously.* Cambridge: Harvard University, 1978.

EMALDI-CIRIÓN, Aitziber. A responsabilidade dos profissionais sanitários no marco do assessoramento genético. In: ROMEO CASABONA, Carlos Maria; QUEIROZ, Juliane Fernandes. *Biotecnologia e suas implicações ético-jurídicas.* Belo Horizonte: Del Rey, 2005.

FACHIN, Luiz Edson. *Repensando os fundamentos do direito civil contemporâneo.* Rio de Janeiro: Renovar, 1998.

FACHIN, Luiz Edson. *Teoria crítica do direito civil.* 2. ed. rev. e atual. Rio de Janeiro: Renovar, 2003.

FACHIN, Luiz Edson; RUZYK, Carlos Eduardo Pianovski. Direitos fundamentais, dignidade da pessoa humana e o novo Código Civil: uma análise crítica. In: SARLET, Ingo Wolfgang (Org.). Constituição, direitos fundamentais e direito privado. Porto Alegre: Livraria do Advogado, 2003.

FACHIN, Melina Girardi; PAULINI, Umberto. Problematizando a eficácia dos direitos fundamentais nas relações entre particulares: ainda e sempre sobre a constitucionalização do Direito Civil. In: FACHIN, Luiz Edson; TEPEDINO, Gustavo. *Diálogos sobre Direito Civil.* Rio de Janeiro: Renovar, 2008. v. II.

FERNANDES, Bernardo G. *Curso de Direito Constitucional.* 3. ed. Rio de Janeiro: Editora Lumen Juris, 2011.

FERNANDES, Maíra; GOLLOP, Thomaz Rafael; PEDROSO, Daniela; TORRES, José Henrique Rodrigues. Os crimes contra a vida na reforma do código penal: uma visão médico-jurista. *Ciência & Cultura: Revista da Sociedade Brasileira para o progresso da ciência,* São Paulo, ano 64, n. 2, p. 46-48, abril/maio/junho 2012.

FERREIRA, Aurélio Buarque de Holanda. *Novo dicionário Aurélio da língua portuguesa.* 3. ed. Curitiba: Positivo, 2004.

FERREIRA, João Bosco Dutra. Autonomia privada e aconselhamento genético. A prudência entre a potência e o ato: estudos de casos. In: FIUZA, César; NAVES; Bruno Torquato de Oliveira; SÁ, Maria de Fátima Freire. *Direito civil: atualidades IV.* Belo Horizonte: Del Rey, 2010.

FERRI, Luigi. *La autonomía privada.* Granada: Comares, 2001.

FINNIS, John Mitchell. The rights and wrongs of abortion. In: DWORKIN, Ronald (Org.). *The Philosophy of Law.* New York: Oxford University Press, 1977.

FIUZA, César. *Contratos.* Coleção Direito Civil. Belo Horizonte: Del Rey, 2009.

FIUZA, César; NAVES, Bruno Torquato de Oliveira; SÁ, Maria de Fátima Freire (Coord.). *Direito civil: atualidades.* Belo Horizonte: Del Rey, 2003.

FIUZA, César. *Direito civil: atualidades II.* Belo Horizonte: Del Rey, 2007.

FIUZA, César. *Direito civil: atualidades III.* Belo Horizonte: Del Rey, 2008.

FIUZA, César. *Direito civil: atualidades IV.* Belo Horizonte: Del Rey, 2010.

FOUCAULT, Michael. *Microfísica do poder.* Rio de Janeiro: Graal, 1995.

FRANCO, Camila Ament Giuliani dos Santos; KUSMA, Solena Ziemer. Planejamento familiar com o olhar da saúde pública. In: SANCHES, Mário Antônio. *Bioética e planejamento familiar.* Perspectivas e escolhas. Petrópolis: Vozes, 2014.

FREIRE, Nilcéa. Aborto seguro: um direito das mulheres? *Ciência & Cultura: Revista da Sociedade Brasileira para o progresso da ciência*, São Paulo, ano 64, n. 2, p. 31-32, abril/maio/junho 2012.

FREUD, Sigmund. *Obras psicológicas completas de Sigmund Freud*: o futuro de uma ilusão, o mal-estar na civilização e outros trabalhos. Trad. Jayme Salomão. Rio de Janeiro: Imago Editora, 1996. v. XXI.

FRIAS, Lincoln. *A ética do uso e da seleção de embriões*. 2010. 348f. Tese (Doutorado). Universidade Federal de Minas Gerais, Faculdade de Filosofia e Ciências Humanas, Belo Horizonte, 2010.

GALUPPO, Marcelo Campos. Os princípios jurídicos no estado democrático de direito: ensaio sobre o modo de sua aplicação. Revista de Informação Legislativa, Brasília, n. 143, ano 36, p.191-209, jul./set. 1999;

GALUPPO, Marcelo Campos. *Igualdade e diferença*: Estado Democrático de Direito a partir do pensamento de Habermas. Belo Horizonte: Mandamentos, 2002.

GAMA, Guilherme Calmon Nogueira da. Cuidado e planejamento familiar. In: GAMA, Guilherme Calmon Nogueira; PEREIRA, Tânia da Silva. *Cuidado e vulnerabilidade*. São Paulo: Atlas, 2009.

GARCIA, Emerson. Dignidade da pessoa humana: referenciais metodológicos e regime jurídico. *Revista de Direito Privado,* São Paulo, ano 6, n. 21, p. 85-111, jan./mar. 2005.

GARCÍA, Maria del Carmem Massé. Planejamento familiar e decisões do casal. In: GARCÍA, Maria del Carmem Massé. *Bioética e planejamento familiar.* Perspectivas e escolhas. Petrópolis: Vozes, 2014.

GEBER, Selmo. Implicações éticas do diagnóstico pré-implantacional. In: ROMEO CASABONA, Carlos Maria; QUEIROZ, Juliane Fernandes. *Biotecnologia e suas implicações ético-jurídicas*. Belo Horizonte: Del Rey, 2005.

GEDIEL, José Antônio Peres. Autonomia do sujeito e biopoder. In: RAMOS, Carmem Lúcia Silveira et al (Org.). *Diálogos sobre Direito Civil*. Construindo a racionalidade contemporânea. Rio de Janeiro: Renovar, 2002.

GHÜNTER, Klaus. *Teoria da argumentação no direito e na moral*: justificação e aplicação. Trad. Cláudio Molz. São Paulo: Landy Editora, 2004.

GILISSEN, John. *Introdução histórica ao direito*. 2. ed. Lisboa: Fundação Calouste Gulbenkian, 1995.

GOMES, Orlando. *Introdução ao Direito civil*. 16. ed. Rio de Janeiro: Forense, 2000.

GOMES, Orlando. Autonomia privada e negócio jurídico. In: GOMES, Orlando. *Novos temas de direito civil*. Rio de Janeiro: Forense, 1983.

GRACIA, Diego. *Pensar a Bioética*: metas e desafios. Trad. Carlos Alberto Bárbaro. São Paulo: Centro Universitário São Camilo; Loyola, 2010.

GUSTIN, Miracy Barbosa Sousa. *Das necessidades humanas aos direitos*: ensaio de sociologia e filosofia do direito. Belo Horizonte: Del Rey, 1999.

HABERMAS, Jurgen. *Três modelos normativos de democracia*. Belo Horizonte: Cadernos da Escola do Legislativo, jan./jun. 1995.

HABERMAS, Jurgen. *Facticidad y validez:* sobre el derecho y el Estado democrático de derecho en términos de teoría del discurso. Trad. Manuel Jiménez Redondo. Madrid: Trotta, 1998.

HABERMAS, Jurgen. *O futuro da natureza humana:* A caminho de uma eugenia liberal? São Paulo: Martins Fontes, 2004.

HERRERA FLORES, Joaquín. *Teoria crítica dos Direitos Humanos:* os direitos humanos como produtos culturais. Rio de Janeiro: Lumen Juris, 2009.

HIRONAKA, Giselda Maria Fernandes Novaes. A incessante travessia dos tempos e a renovação de paradigmas: a família, seu *status* e seu enquadramento na pós-modernidade. In: MATOS, Ana Carla Harmatiuk; MENEZES, Joyceane Bezerra de (Org.). *Direito das famílias:* por jurista brasileiras. São Paulo: Saraiva, 2013.

HUXLEY, Aldous. *Admirável mundo novo.* 8. ed. Rio de Janeiro: Cia. brasileira de divulgação do livro, 1971.

RODRIGUES JUNIOR, Walsir Edson; Almeida, Renata Barbosa de. *Direito Civil.* Famílias. Rio de Janeiro: Lumen Juris, 2010.

KANT, Immanuel. A fundamentação da metafísica dos costumes. *Os Pensadores.* Kant (II). Seleção de textos: Marilena de Souza Chauí. Trad. Tânia Maria Bernkopf. Paulo Quintela, Rubens Rodrigues Torres Filho. São Paulo: Abril Cultural, 1980.

LEITE, Eduardo de Oliveira. *Procriações artificiais e o direito:* aspectos médicos, religiosos, psicológicos, éticos e jurídicos. São Paulo: Ed. RT, 1995.

LILIE, Hans. Contracepção e esterilização. In: ROMEO CASABONA, Carlos María. *Biotecnologia, Direito e Bioética.* Belo Horizonte: Del Rey; PUC Minas, 2002.

LILIE, Hans. Aborto eugênico. In: ROMEO CASABONA, Carlos María. *Biotecnologia, Direito e Bioética.* Belo Horizonte: Del Rey; PUC Minas, 2002.

LÔBO, Paulo Luiz Netto; AZEVEDO, Álvaro Vilaça (Coord.). *Código Civil comentado:* direito de família, relações de parentesco, direito patrimonial: arts. 1.591 a 1.693. São Paulo: Atlas, 2003, v. XVI.

LÔBO, Paulo Luiz Netto. A constitucionalização do direito civil. In: FIUZA, César; NAVES, Bruno Torquato de Oliveira; SÁ, Maria de Fátima Freire (Coord.). *Direito civil:* atualidades. Belo Horizonte: Del Rey, 2003.

LORENZETTI, Ricardo Luís. A descodificação e a possibilidade de ressistematização do Direito Civil. In: FIUZA, César; NAVES, Bruno Torquato de Oliveira; SÁ, Maria de Fátima Freire de (Coord.). *Direito civil:* atualidades. Belo Horizonte: Del Rey, 2003.

LORENZETTI, Ricardo Luís. *Fundamentos do direito privado.* Trad. Vera Maria Jacob de Fradera. São Paulo: Ed. RT, 1998.

MANTOVANI, Ferrando. Sobre o genoma humano e manipulações genéticas. In: ROMEU CASABO-NA, Carlos María. *Biotecnologia, Direito e Bioética.* Belo Horizonte: Del Rey; PUC Minas: 2002.

MARTINS, Ives Gandra da Silva (Coord.). *Direito fundamental à vida.* São Paulo: Quartier Latin, 2005.

MARTINS-COSTA, Judith. *Pessoa, personalidade, dignidade:* (ensaio de uma qualificação). 2003. 273f. Tese de livre-docência em Direito Civil. Faculdade de Direito da Universidade de São Paulo, São Paulo, 2003.

MARTINS-COSTA, Judith. As interfaces entre a Bioética e o Direito. In: CLOTET, Joaquim (Org.). *Bioética.* Porto Alegre: EDIPUCRS, 2001.

MARTINS-COSTA, Judith. Capacidade para consentir e esterilização de mulheres. In: *Bioética e responsabilidade*. MARTINS-COSTA, Judith; MOLLER, Letícia Ludwig (Org.). Rio de Janeiro: Forense, 2009.

MARTINS-COSTA, Judith; MÖLLER, Letícia Ludwig. *Bioética e responsabilidade*. Rio de Janeiro: Forense, 2009.

MATOS, Ana Carla Harmatiuk; MENEZES, Joyceane Bezerra de (Org.). *Direito das famílias*: por juristas brasileiras. São Paulo: Saraiva, 2013.

MEIRELLES, Jussara. O ser e o ter na codificação civil brasileira: do sujeito virtual à clausura patrimonial. In: FACHIN, Luiz Edson (Coord.). *Repensando os fundamentos do Direito Civil Brasileiro Contemporâneo*. Rio de Janeiro: Renovar, 1998.

MENDES, Gilmar Ferreira; BRANCO, Paulo Gustavo Gonet; COELHO, Inocêncio Mártires. *Curso de Direito Constitucional*. 3. ed. São Paulo: Saraiva, 2008.

MERLE, Jean Christophe. TRAVESSONI GOMES, Alexandre. *A Moral e o Direito em Kant*. Ensaios analíticos. Trad. Marinella Machado Araújo. Mandamentos: Belo Horizonte, 2007.

MORAES, Maria Celina Bodin de. A Caminho de um direito civil constitucional. *Revista de Direito Civil*. São Paulo, n. 65, p. 21-32, 1993.

MORAES, Maria Celina Bodin de. *Danos à pessoa humana* – uma leitura civil-constitucional dos danos morais. Rio de Janeiro: Renovar, 2003.

MORAES, Maria Celina Bodin de. Ampliando os direitos de personalidade. In: VIEIRA, José Ribas (Org.). *20 anos da Constituição cidadã de 1988*: efetivação ou impasse institucional? Rio de Janeiro: Forense, 2008. p. 369-388.

MORAES, Maria Celina Bodin de. Perspectivas a partir do direito civil-constitucional. In: TEPEDINO, Gustavo (Org.). *Direito civil contemporâneo*: novos problemas à luz da legalidade constitucional. São Paulo: Ed. RT, 2001.

MORAES, Maria Celina Bodin de. Vulnerabilidades nas relações de família: o problema da desigualdade de gênero. In: DIAS, Maria Berenice (Org.). *Direito das famílias*. Contributo do IBDFAM em homenagem a Rodrigo da Cunha Pereira. São Paulo: Revista dos Tribunais, 2009.

MORAES, Maria Celina Bodin de. A família democrática. *Anais do V Congresso Brasileiro de Direito de Família*. São Paulo: IOB Thomson, IBDFAM, 2006.

MORENO, Nicolás Pájaro. *Autonomía privada y constitucionalización del derecho*. Bogotá: Universidade Externado de Colômbia, 2006.

MOREIRA, José Carlos Barbosa. O direito do nascituro à vida. In: MARTINS, Ives Gandra da Silva (Org.). *Direito fundamental à vida*. São Paulo: Quartier Latin, 2005.

MOUREIRA, Diogo Luna. Meu, seu e nosso – a função social da propriedade privada: sua fundamentação teórica e manifestabilidade prática no contexto democrático de Estado e de Direito. In: FIUZA, César; NAVES; Bruno Torquato de Oliveira; SÁ, Maria de Fátima Freire. *Direito civil*: atualidades IV. Belo Horizonte: Del Rey, 2010.

MOUREIRA, Diogo Luna; NAVES, Bruno Torquato de Oliveira; SÁ, Maria de Fátima Freire de. Pesquisas com células-tronco embrionárias no Brasil e a (in)constitucionalidade do art. 5º da Lei de biossegurança. In: MEIRELLES, Jussara Maria Leal de; RIBEIRO, Marcia Carla Pereira (Coord.). Direito e desenvolvimento: biomedicina, tecnologia e sociedade globalizada. Belo Horizonte: Fórum, 2011.

NAVES, Bruno Torquato de Oliveira Naves. "Princípio do Interesse Público" no Direito Contratual? Pela revisão da "Utilidade social" dos contratos. In: FIUZA, César; NAVES; Bruno Torquato de Oliveira; SÁ, Maria de Fátima Freire. *Direito civil*: atualidades III. Belo Horizonte: Del Rey, 2009.

NOVAIS, Jorge Reis. Direitos como trunfos contra maioria – sentido e vocação contramajoritária dos direitos fundamentais no estado democrático de direito. In: CLEVE, Clèmerson Merlin; PAGLIARINI, Alexandre Coutinho; SARLET, Ingo Wolfgang (Coord.). Direitos humanos e democracia. Rio de Janeiro: Forense, 2007.

OLIVEIRA, Guilherme de. *Temas de Direito da Medicina*. Coimbra: Coimbra Editora, 1999.

ORDEIG, Enrique Gimbernat. *Vida e morte no direito penal*: estudos sobre eutanásia, pena de morte e aborto. Trad. Maurício Antônio Ribeiro Lopes. Barueri: Manole, 2004.

PATRIOTA, Tânia. Relatório da Conferência Internacional sobre população e Desenvolvimento – Plataforma de Cairo. 1994. Disponível em: http://www.unfpa.org.br/Arquivos/relatorio-cairo. pdf. Acesso em: 19 jun. 2014.

PARGLENDER, Mariana Souza. *A ressignificação do princípio da autonomia privada*: o abandono do voluntarismo e a ascensão do valor de autodeterminação da pessoa. Pesquisa orientada na Universidade Federal do Rio Grande do Sul (UFRGS) pela Profª Dr.ª Judith Martins-Costa, no âmbito do programa de bolsas de iniciação científica da UFRGS. Disponível em: http://www.ufrgs.br/pro-pesq/livro2/artigo_mariana.htm. Acesso em: 15 out. 2008.

PEREIRA, Caio Mário da Silva. *Instituições de Direito Civil*. Atual. por Maria Celina Bodin de Moraes. 20. ed. Forense: Rio de Janeiro, 2004. v. I.

PEREIRA, Caio Mário da Silva. *Instituições de Direito Civil*. Atual. por Tânia da Silva Pereira. 16. ed. Forense: Rio de Janeiro, 2006. v. V.

PEREIRA, Jane Reis Gonçalves. *Interpretação constitucional e direitos fundamentais*. Rio de janeiro: Renovar, 2006.

PERLINGIERI, Pietro. *Perfis de Direito Civil*. Trad. Maria Cristina De Cicco. 2. ed. Rio de Janeiro: Renovar, 2001.

PERLINGIERI, Pietro. *O Direito civil na legalidade constitucional*. Rio de Janeiro: Renovar, 2008.

PERLINGIERI, Pietro. Normas constitucionais nas relações privadas. *Revista da Faculdade de Direito da UERJ*, Rio de Janeiro, n. 6-7, p. 63-77, 1998-1999.

PICO DELLA MIRANDOLA, Giovanni. *Discurso sobre a Dignidade do Homem* – Tradução e Introdução de Maria de Lurdes Sirgado Ganho. Lisboa: Edições 70, 2001.

PIMENTEL, Sílvia; VILLELA, Wilza. Um pouco da história da luta feminista pela descriminalização do aborto no Brasil. *Ciência & Cultura: Revista da Sociedade Brasileira para o progresso da ciência*, São Paulo ano 64, n. 2, p. 20-21, abril/maio/junho 2012.

PINHEIRO, Rosalice Fidalgo. Planejamento familiar e condição feminina. In: LIU, Alice Bark; WAPNIARZ, Maria dos Anjos Porciuncula; WAIHRICH, Mariana Carvalho; BARWINSKI, Sandra Lia Leda Bazzo. (Org.). *Pela conquista de uma justiça sem fronteiras*. Coleção Comissões. Comissão da Mulher Advogada. III. Curitiba: OAB Paraná, 2006.

REALE, Miguel. *Pluralismo e liberdade*. São Paulo: Editora Saraiva, 1963.

REALE, Miguel. *Lições preliminares de Direito*. 3 ed. São Paulo: Saraiva, 1976.

ROCA Y TRIÁS, Encarna. Direitos de reprodução. In: ROMEO CASABONA, Carlos María. *Biotecnologia, Direito e Bioética*. Belo Horizonte: Del Rey; PUC Minas, 2002.

RODOTÀ, Stefano. *La vita e le regole*. Tra diritto e non diritto. Milano: Feltrinelli, 2006.

RODOTÀ, Stefano. *Il diritto di avere diritti*. Bari: Laterza, 2012.

RODRIGUES JUNIOR, Walsir Edson; Almeida, Renata Barbosa de. *Direito Civil*. Famílias. Rio de Janeiro: Lumen Juris, 2010.

RODRIGUES, Renata de Lima. Diretivas antecipadas de vontade: planejamento preventivo para decisões futuras sobre o exercício do direito ao próprio corpo, à saúde e à vida digna. In: TEIXEIRA, Ana Carolina Brochado; DADALTO, Luciana. *Dos hospitais aos tribunais*. Editora Del Rey: Belo Horizonte, 2013.

RODRIGUES, Renata de Lima. Horizontes de aplicação da adoção no direito de família brasileiro contemporâneo. In: TEIXEIRA, Ana Carolina Brochado. RIBEIRO, Gustavo Pereira Leite. *Manual de Direito das Famílias e das Sucessões*. 2. ed. Belo Horizonte: Del Rey, 2010.

RODRIGUES, Renata de Lima; TEIXEIRA, Ana Carolina Brochado. *O Direito das famílias entre a norma e a realidade*. São Paulo: Atlas, 2010.

RODRIGUES, Renata de Lima. Características e consequências do exercício do direito ao livre planejamento familiar conferido à pluralidade de entidades familiares. In: RODRIGUES, Renata de Lima. *O Direito das Famílias entre a norma e a realidade*. São Paulo: Atlas, 2010.

RODRIGUES, Renata de Lima. *Incapacidade, curatela e autonomia privada*: estudos no marco do Estado Democrático de Direito. 2007. 200f. Dissertação (Mestrado) Pontifícia Universidade Católica de Minas Gerais, Faculdade Mineira de Direito, Belo Horizonte, 2007.

RODRIGUES, Renata de Lima; RÜGER, André. Autonomia como princípio jurídico estrutural. In: FIUZA, César; NAVES; Bruno Torquato de Oliveira; SÁ, Maria de Fátima Freire. *Direito civil*: atualidades II. Belo Horizonte: Del Rey, 2007.

ROMEO CASABONA, Carlos Maria (Org.). *Biotecnologia, Direito e Bioética*. Belo Horizonte: Del Rey; PUC Minas, 2002.

ROMEO CASABONA, Carlos Maria. Aspectos jurídicos do aconselhamento genético. In: ROMEO CASABONA, Carlos Maria. *Biotecnologia, Direito e Bioética*. Belo Horizonte: Del Rey; PUC Minas, 2002.

ROMEO CASABONA, Carlos Maria. Libertad de conciencia y actividad biomédica. In: SÁ, Maria de Fátima Freire (Coord.). *Biodireito*. Belo Horizonte: Del Rey, 2002.

ROMEO CASABONA, Carlos Maria. *El Derecho y la Bioética ante los límites de la vida humana*. Madrid: Centro de Estúdios Ramón Aceres, 1994.

ROMEO CASABONA, Carlos Maria. O consentimento informado na relação entre médico e paciente: aspectos jurídicos. In: ROMEO CASABONA, Carlos Maria; QUEIROZ, Juliane Fernandes. *Biotecnologia e suas implicações ético-jurídicas* (Coord.). Belo Horizonte: Del Rey, 2005.

ROMEO CASABONA, Carlos Maria. O Direito Biomédico e a Bioética. In: ROMEO CASABONA, Carlos Maria; QUEIROZ, Juliane Fernandes. *Biotecnologia e suas implicações ético-jurídicas*. Belo Horizonte: Del Rey, 2005.

ROMEO CASABONA, Carlos María. La investigación con células troncales, técnicas de clonación y otras de reprogramación celular: el debate jurídico y jurídico-penal actual sobre su función respecto a las biotecnologías. In: MEIRELLES, Jussara Maria Leal de; RIBEIRO, Marcia Carla Pereira (Coord.). Direito e desenvolvimento: biomedicina, tecnologia e sociedade globalizada. Belo Horizonte: Fórum, 2011.

ROSADO-NUNES, Maria José. O tema do aborto na Igreja Católica: divergências silenciadas. *Ciência & Cultura: Revista da Sociedade Brasileira para o progresso da ciência*. São Paulo, ano 64, n. 2, p. 23-30, abril/maio/junho 2012.

ROUDINESCO, Elizabeth. *A família em desordem*. Rio de Janeiro: Nova Fronteira, 2002.

ROXIN, Claus. *Estudos de Direito Penal*. 2. ed. Trad. Luís Greco. Rio de Janeiro: Renovar, 2008.

RÜGER, André. *Conflitos familiares em genética humana:* o profissional da saúde diante do direito de saber e do direito de não saber. Dissertação (mestrado) 2007. 224f. Dissertação (Mestrado) Pontifícia Universidade Católica de Minas Gerais, Faculdade Mineira de Direito, Belo Horizonte, 2007.

SÁ, Maria de Fátima Freire de; TEIXEIRA, Ana Carolina Brochado. Diagnóstico genético pré-implantatório. In: FIUZA, César; NAVES; Bruno Torquato de Oliveira; SÁ, Maria de Fátima Freire. *Direito civil:* atualidades IV. Belo Horizonte: Del Rey, 2010.

SÁ, Maria de Fátima Freire de; NAVES, Bruno Torquato de Oliveira. Da relação jurídica médico--paciente: dignidade da pessoa humana e autonomia privada. In: SÁ, Maria de Fátima Freire de. (Org.). *Biodireito*. Belo Horizonte: Del Rey, 2002. v. 1.

SÁ, Maria de Fátima Freire de; NAVES, Bruno Torquato de Oliveira. *Manual de Biodireito*. Belo Horizonte: Del Rey, 2009.

SÁ, Maria de Fátima Freire de. *Direito de morrer*. Eutanásia, suicídio assistido. 2 ed. Belo Horizonte: Del Rey, 2005.

SÁ, Maria de Fátima Freire de. (Coord.). *Biodireito*. Belo Horizonte: Del Rey, 2002.

SÁ, Maria de Fátima Freire de. *Biodireito e direito ao próprio corpo*. 2. ed. Belo Horizonte: Del Rey, 2003.

SÁ, Maria de Fátima Freire de. A dignidade do ser humano e os direitos de personalidade: uma perspectiva civil-constitucional. In: SÁ, Maria de Fátima Freire de (Coord.). *Biodireito*. Belo Horizonte: Del Rey, 2002.

SÁ, Maria de Fátima Freire de. Bioética: impacto do projeto parental na escolha do filho. In: Família e Dignidade. *Anais do V Congresso Brasileiro de Direito de Família*. São Paulo: IOB Thomson, 2006.

SÁ, Maria de Fátima Freire de. O microssistema do biodireito. In: FIUZA, César; NAVES, Bruno Torquato de Oliveira; SÁ, Maria de Fátima Freire de (Coord.). *Direito civil:* atualidades. Belo Horizonte: Del Rey, 2003.

SAMPAIO, José Adércio Leite. *Direitos Fundamentais*. 2. ed. Belo Horizonte: Del Rey, 2010.

SANCHES, Mário Antônio. Planejamento familiar no contexto da Bioética. In: SANCHES, Mário Antônio. *Bioética e planejamento familiar*. Perspectivas e escolhas. Petrópolis: Vozes, 2014.

SANCHES, Mário Antônio; SANCHES, Leide da Conceição. A dignidade do embrião humano: análise da distinção entre "humano" e "pessoa" em Bioética. In: MEIRELLES, Jussara Maria Leal de; RIBEIRO, Marcia Carla Pereira (Coord.). *Direito e desenvolvimento*: biomedicina, tecnologia e sociedade globalizada. Belo Horizonte: Fórum, 2011.

SANCHES, Mário Antônio; VIEIRA, J.O.; MELO, E.A. *A dignidade do embrião humano* – Diálogo entre teologia e Bioética. São Paulo: Ave Maria, 2012.

SÁNCHEZ, Fernando Abellán-García. Diagnóstico genético embrionario e eugenesia: un reto para el derecho sanitario. *Revista Derecho y Salud*. Pamplona, v. 15, n. 1, p. 75-97, 2007.

SANTOS, Vanessa Cruz; ANJOS, Karla Ferraz dos; SOUZAS, Raquel; EUGÊNIO, Benedito Gonçalves. Criminalização do aborto no Brasil e implicações à saúde pública. *Revista Bioética*, São Paulo, vol. 21, n. 3, p. 494 – 508, 2013.

SARLET, Ingo Wolfgang. *Dignidade da pessoa humana e direitos fundamentais na Constituição Federal de 1988*. 2. ed. rev. ampl. Porto Alegre: Livraria do Advogado, 2002.

SARLET, Ingo Wolfgang. *A eficácia dos direitos fundamentais*. 3. ed. rev., atual. e ampl. Porto Alegre: Livraria do Advogado, 2003.

SARMENTO, Daniel. *Direitos fundamentais e relações privadas*. 2. ed. Rio de Janeiro: Lúmen Júris, 2010.

SARMENTO, Daniel. *Interesses públicos versus interesses privados*. Desconstruindo a supremacia do princípio de supremacia do interesse público. Rio de Janeiro: Lumen Júris, 2010.

SAVULESCU, Julian. KAHANE, Guy. The Moral Obligation to Create Children with the Best Chance of the Best Life. *Bioethics*, local, v. 23, n. 5, p. 274-290, 2009.

SHEEN, Fulton J. *O problema da liberdade*. Rio de Janeiro: Agir, 1945.

SILVA, José Afonso. *Curso de Direito Constitucional Positivo*. 14. ed. São Paulo: Malheiros Editores, 1998, p. 175-176.

SILVA, José Afonso. *Comentário contextual à Constituição*. São Paulo: Malheiros Editores, 2005.

SILVA, Marcelo Sarsur Lucas da. *Do direito a não sentir dor*: fundamentos bioéticos e jurídicos do alívio da dor como direito fundamental. 2014. 141f. Tese (Doutorado) Universidade Federal de Minas Gerais, Faculdade de Direito, Belo Horizonte, 2014.

SOUZA, Paulo Vinícius Sporleder de Souza. *Bem jurídico-penal e engenharia genética humana*: contributo para a compreensão dos bens jurídicos supra-individuais. São Paulo: Ed. RT, 2004.

SOUZA, Paulo Vinícius Sporleder de Souza. *Direito Penal Genético e a lei de biossegurança*: Lei 11.105/2005: comentários sobre crimes envolvendo engenharia genética, clonagem, reprodução assistida, análise genômica e outras questões. Porto Alegre: Livraria do advogado, 2007.

STANCIOLI, Brunello Souza. *Relação jurídica médico-paciente*. Coleção Qualitas, dirigida por João Baptista Villela. Belo Horizonte: Del Rey, 2004.

STANCIOLI, Brunello Souza. *Renúncia ao exercício dos direitos de personalidade*. Ou como alguém se torna o que quiser. Belo Horizonte: Del Rey, 2010.

SZANIAWSKI, Elimar. *Direitos de personalidade e sua tutela*. 2. ed. rev., atual. e ampl. São Paulo: Ed. RT, 2005.

TÅNNSJÖ, T. Our Right to In Vitro Fertilization – Its Scope and Limits. *Journal of Medical Ethics*, Bethesda, v. 34, n. 11, p. 802-806, 2008.

TEIXEIRA, Ana Carolina Brochado; VALADARES, Maria Goreth Macedo. Anencefalia e projeto parental: Uma decisão do casal? In: PEREIRA, Rodrigo da Cunha; PEREIRA, Tânia da Silva

(Coord.). *A ética da convivência familiar*: sua efetividade no cotidiano dos tribunais. Rio de Janeiro: Forense, 2006. p. 441-463.

TEIXEIRA, Ana Carolina Brochado; RIBEIRO, Gustavo Pereira Leite. *Manual de Direito das Famílias e das Sucessões*. 2. ed. Belo Horizonte: Del Rey, 2010.

TEIXEIRA, Ana Carolina Brochado. *Família, guarda e autoridade parental*. Rio de Janeiro: Renovar, 2005.

TEIXEIRA, Ana Carolina Brochado. *Saúde, corpo e autonomia privada*. Rio de Janeiro: Renovar, 2010.

TEIXEIRA, Ana Carolina Brochado. Conflito positivo de maternidade e a utilização de útero de substituição. In: CASABONA, Carlos Maria Romeu; QUEIROZ, Juliane Fernandes. *Biotecnologia e suas implicações ético-jurídicas* (Coord.). Belo Horizonte: Del Rey, 2005.

TEIXEIRA, Ana Carolina Brochado. Novas entidades familiares. *Revista Trimestral de Direito Civil*. Rio de Janeiro, v. 16, p. 3-30, out./dez. 2003.

TEMPORÃO, José Gomes. Direitos sexuais e reprodutivos das mulheres no Brasil: conquistas e recentes e desafios prementes. *Ciência & Cultura: Revista da Sociedade Brasileira para o progresso da ciência*, São Paulo, ano 64, n. 2, p. 21-22. abril/maio/junho 2012.

THOMSON, Judith Jarves. A Defense of Abortion. In: DWORKIN, Ronald (Org.). *The Philosophy of law*. New York: Oxford University Press, 1977.

TEODORO, Frediano José Momesso. *Aborto eugênico*. Delito qualificado pelo preconceito ou discriminação. Curitiba: Juruá, 2007.

TEPEDINO, Gustavo. *Temas de Direito Civil*. 3. ed. Rio de Janeiro: Renovar, 2004.

TEPEDINO, Gustavo. Premissas metodológicas para a Constitucionalização do Direito Civil. In: TEPEDINO, Gustavo. *Temas de direito civil*. 3. ed. Rio de Janeiro: Renovar, 2004.

TEPEDINO, Gustavo. Direitos humanos e relações privadas. In: TEPEDINO, Gustavo. *Temas de direito civil*. 3. ed. Rio de Janeiro: Renovar, 2004.

TEPEDINO, Gustavo (Coord.). *Problemas de Direito Civil-Constitucional*. Rio de Janeiro: Renovar, 2001.

TEPEDINO, Gustavo; BARBOZA, Heloisa Helena; MORAES, Maria Celina Bodin de (Coord.). *Código Civil interpretado conforme a Constituição da República*. Rio de Janeiro: Renovar, 2004. v. 1.

TORRES, José Henrique Rodrigues. Aborto e legislação comparada. *Ciência & Cultura: Revista da Sociedade Brasileira para o progresso da ciência*. ano 64, n. 2, p. 40-43. São Paulo, abril/maio/junho 2012.

VIEIRA, Oscar Vilhena. *Direitos fundamentais*. São Paulo: Malheiros Editores, 2006.

VILELA, Renata Dantas. Algumas reflexões sobre responsabilidade civil e nascimento indesejado. In: FACHIN, Luiz Edson; TEPEDINO, Gustavo. *Diálogos sobre Direito Civil*. Rio de Janeiro: Renovar, 2008. v. II.

VILLELA, João Baptista. *Liberdade e família*. Belo Horizonte: Faculdade e Direito da UFMG, 1980.

VILLELA, João Baptista. *Direito, coerção & responsabilidade*: por uma ordem social não violenta. Belo Horizonte: Faculdade de Direito da UFMG, 1982.

WOLKMER, Antônio Carlos (Org.). *Direitos humanos e filosofia jurídica na América Latina*. Rio de Janeiro: Lumen Iuris, 2004.